DENIS COLOMBI

QUI TRAVAILLE VRAIMENT

Essai sur l'invisibilisation du travail

PAYOT

Retrouvez l'ensemble des parutions
des Éditions Payot sur

editions-payot.fr

« Qui a construit Thèbes aux sept portes ?
Dans les livres, on donne les noms des Rois.
Les Rois ont-ils traîné les blocs de pierre ?
Babylone, plusieurs fois détruite,
Qui tant de fois l'a reconstruite ? Dans quelles maisons
De Lima la dorée logèrent les ouvriers du bâtiment ? »

Bertolt BRECHT[1]

INTRODUCTION

La France qui se lève tôt ?

Lorsqu'un représentant politique veut montrer son attachement au travail et à la « valeur travail », lorsqu'il lui semble nécessaire de souligner qu'il est du côté des travailleurs et des « petites gens », ou encore simplement lorsqu'il s'agit de faire comprendre que lui, au moins, connaît la « vraie vie », il y a alors toutes les chances pour qu'il en vienne à évoquer « la France qui se lève tôt ».

« La France qui se lève tôt », c'est celle du labeur et du courage, celle qui n'a pas peur des efforts et qui se retrousse les manches. C'est le pays « réel » sans les accents maurrassiens, celui des paysans qui font rayonner les produits français, des artisans qui partent dès potron-minet pour travailler de leurs mains, et des ouvriers qui font tourner des usines dont on imagine déjà les cheminées fumantes. C'est l'une de ces expressions qui charrient tout un imaginaire, une sorte de code ou de mot de passe qui permet d'adresser un clin d'œil appuyé à certaines franges de l'opinion publique – car face à « la France qui se lève tôt », il y a nécessairement une autre France, celle des « assistés[1] », des

« allocations[2] » ou des « bobos[3] », celle dont on veut se démarquer.

Et où la trouve-t-on, cette « France qui se lève tôt » ? Les hommes et les femmes politiques n'ont généralement pas aller bien loin pour la trouver : ils se contentent le plus souvent de se rendre au marché de Rungis, le plus grand marché agroalimentaire au monde, près de Paris, dans le Val-de-Marne, où restaurateurs et commerçants viennent se fournir afin d'alimenter toute l'Île-de-France. En 2023, au beau milieu des manifestations contre sa réforme des retraites, Emmanuel Macron a sacrifié à cette tradition de la vie politique française[4], comme François Hollande[5] ou Nicolas Sarkozy[6] avant lui. Comme eux, le président de la République en a profité pour parler du travail, clamant fièrement « Moi, je crois au travail ! » ou répétant à qui voudrait l'entendre qu'il faudrait « travailleur un peu plus longtemps ». Et dans les nombreux comptes rendus journalistiques de cette opération de communication, l'expression revient inlassablement : « La France qui se lève tôt ». Rungis avec ses fruits, ses légumes, ses pièces de viande produites par de courageux agriculteurs et distribués par de courageux commerçants à de courageux restaurateurs fournit un décor parfait pour ceux qui veulent parler de la « valeur travail » – une valeur bien française, qui sent bon le terroir et la tradition à tel point que si on voulait la représenter par une allégorie, nul doute qu'elle porterait un béret basque et une marinière. La « France qui se lève tard » n'a qu'à bien se tenir…

Et pourtant…

Et pourtant, qu'en est-il de la France qui se lève tard parce qu'elle travaille tard ? Ne pas se rendre sur le marché aux aurores ou simplement ne pas être dans les transports à

6 heures du matin ne signifie pas que l'on n'occupe pas d'emploi, encore moins que l'on ne fait rien de ses journées… ou de ses nuits. Par exemple, peut-on se demander de façon plus précise ce qu'il en est du personnel médical qui doit assurer des permanences la nuit pour que les hôpitaux fonctionnent et que les malades soient soignés ? Ou des caissiers, et surtout des caissières, qui travaillent également en soirée afin que les clients soient heureux de pouvoir faire leurs courses jusqu'à 22 heures ? Sans compter tous les travailleurs de nuit ou ceux et celles dont les horaires sont imprévisibles, irréguliers ou difficiles à définir. Selon les chercheuses Anne Lambert et Laetitia Langlois, c'est 36 % des salariés qui travaillent en « horaires atypiques », c'est-à-dire en dehors de la norme constituée par la « journée de bureau[7] ». Un peu plus d'un travailleur sur trois : pas vraiment une minorité négligeable. D'autant que cette situation concerne plus souvent les travailleurs peu qualifiés que les qualifiés, et que son essor a été plus fort chez les femmes que chez les hommes. Faut-il considérer que toutes ces personnes ne travaillent pas, puisqu'elles n'appartiennent pas à « la France qui se lève tôt » et ne sont pas visitées par les politiques qui ont envie de parler du « goût de l'effort » ? Il aura fallu la pandémie de 2020 pour que l'on se rende compte de l'importance, voire de la simple existence, de certains métiers, et encore l'attention ne s'est guère maintenue. L'œil politique est revenu sur les « lève-tôt ».

Qu'en est-il également de la France qui se lève tôt, mais pour s'occuper de ses enfants ? Le « travail domestique » qu'ont abondamment analysé les féministes ne mérite-t-il pas une certaine considération[8] ? Elles ont pourtant pris la peine de multiplier les notions et les outils pour l'analyser : « double journée », « travail de care », « charge mentale », autant de mots qui visent à rappeler son existence et son poids à ceux (masculin non neutre) qui ont toujours trop vite fait de l'oublier et de le négliger. Malgré cela, toutes ces activités dont on aura bien du mal à nier l'importance ne semblent toujours pas être sur le radar des défenseurs de la France qui bosse. Et ce d'autant plus qu'il faut y ajouter tout un pan de « travail gratuit[9] » : bénévolat, bien sûr, mais aussi travail réalisé par les consommateurs eux-mêmes – une grande partie du contenu et de l'attractivité des réseaux sociaux numériques est finalement produite par les utilisateurs eux-mêmes. S'il peut arriver qu'un ministre reconnaisse la valeur du travail des associations[10], l'hommage n'est souvent que limité et ne couvre pas toutes les tâches réalisées en dehors d'une relation proprement « économique ».

Et enfin, *last but not least*, une question qui a toutes les chances de fâcher : Rungis est-il vraiment le lieu le plus représentatif du travail en France aujourd'hui ? Même en ne retenant que le travail salarié, on peut s'étonner qu'aller à la rencontre des travailleurs se résume, pour la plupart des politiques, à se rendre dans des marchés alimentaires (à défaut de Rungis, celui de la ville ou du village fera l'affaire), dans des exploitations agricoles ou, à la rigueur, dans des usines – et encore celles-ci sont le plus souvent visitées quand elles sont sur le point de fermer, ce qui pousse à parler de sauvegarde de l'emploi, mais beaucoup moins de conditions de travail, de salaires ou même simplement du sens qu'il y a à produire ceci plutôt que cela. Évidemment, il s'agit à chaque fois d'activités importantes et qui concernent bien des hommes et des femmes, mais une partie tout aussi considérable, si ce n'est plus, de la main-d'œuvre française est aujourd'hui constituée d'employés et non d'ouvriers : en 2022, ces derniers représentaient 19 % des personnes en emploi contre 26 % pour les premiers[11]. Quant à elles, les professions intermédiaires et les cadres et professions intellectuelles supérieures constituaient respectivement 24,6 % et 21,7 % du total. Les emplois tertiaires sont d'ailleurs largement dominants, avec plus de 80 % de l'ensemble en 2023[12]. Ces quelques chiffres soulignent à quel point la représentation commune – et politique – du travail souffre d'un décalage ou au moins d'un certain biais : certaines formes de travail qui font le quotidien d'une part non négligeable de la population sont rarement mises en scène ou approchées dans le débat public. Passé quelques applaudissements et boîtes de chocolat pendant le grand confinement, les caissières sont retombées assez rapidement dans l'indifférence politique, et il est bien rare qu'elles soient interrogées ou même simplement montrées lorsque l'on veut parler aux travailleurs – et ce bien qu'elles ne constituent pas exactement une profession nouvelle, exotique, rare ou difficile à approcher. On pourrait en dire autant des personnels de ménage, des vigiles, des serveurs et serveuses (hors période de pénurie de saisonniers, situation où on les évoquera surtout pour leur reprocher de ne pas vouloir travailler[13]), des livreurs et livreuses (sorti de quelques débats sur l'uberisation où on ne leur donne pas nécessairement la parole), des vendeurs et vendeuses, d'une partie importante de la fonction publique (non seulement le travail des enseignants est régulièrement remis en cause, mais celui des « pions » ou des personnels de ménage et de cantine n'est en général rien d'autre qu'invisible), et de tant et tant d'autres qui pourraient légitimement se demander s'ils font ou non partie de cette fameuse « France qui se lève tôt ».

« La France qui se lève tôt » : si l'expression est belle et met des larmes dans les yeux des éditorialistes des grandes chaînes d'info (dont on n'est pas toujours sûr qu'ils se lèvent si tôt que cela de leur côté, au sens propre comme au figuré), elle oublie donc bien des personnes, bien des travailleurs et des travailleuses, et bien des formes d'emploi, des conditions de travail, des activités, des gestes, des compétences, des contraintes, des productions. Peut-être l'expression peut-elle sembler sans grande importance, un simple lieu commun comme il en existe d'autres, une facilité de langage, une métaphore. Mais cette formule vient bel et bien orienter le regard, à commencer par celui des caméras et, partant de là, la connaissance collective du monde du travail, laquelle détermine par la suite les débats publics, les décisions politiques et, au final, la vie matérielle de bien des gens.

Travail invisible

Une autre expression est régulièrement utilisée tant dans le débat public que les sciences sociales : celle de « travail invisible[14] ». Généralement le terme sert à désigner soit des tâches qui ne sont pas reconnues comme participant à l'activité de production, mais qui pourraient néanmoins y prétendre – c'est notamment le cas du travail domestique déjà évoqué –, soit des activités qui se font loin des yeux du « grand public » au point que leur existence est souvent oubliée, telles que, par exemple, le travail d'entretien des parcs publics dans les grandes villes dont beaucoup profitent sans se douter de qui l'effectue et dans quelles conditions[15].

Sans exclure ces différents usages, je voudrais, dans cet ouvrage, radicaliser la démarche en avançant que l'état « naturel » du travail, du moins dans les sociétés capitalistes qui sont les nôtres, est d'être invisible ou, a minima, difficile à voir. Le travail « visible », autrement dit, n'est pas la règle, mais l'exception, et ce n'est qu'au prix de différents efforts de « visibilisation » qu'il peut passer de l'ombre à la lumière. Aller à Rungis suivi par une armada de reporters, c'est effectivement rendre un certain travail visible : sans cela, il serait extrêmement facile à tout un chacun d'oublier que les fruits et légumes qui arrivent jusqu'aux étals de l'hypermarché, de la supérette de quartier ou du primeur de la rue commerçante ont dû être transportés, sélectionnés, et livrés aux petites heures du matin alors que leurs futurs consommateurs étaient possiblement encore en train de dormir. Mais, comme on vient de le voir, on invisibilise par le même coup d'autres formes de travail, d'autres activités. C'est que le regard est toujours dépendant d'un point de vue ou, pour le dire à la façon du sociologue américain Erving Goffman, d'un certain « cadre[16] », au sens cinématographique du terme. Aller rencontrer « la France qui se lève tôt » relève, comme au cinéma, d'une certaine mise en scène qui laisse hors cadre certaines choses auxquelles le spectateur est invité à ne pas penser, à ne pas tenir pour importantes.

Fiction et réalité

Un autre exemple permettra de clarifier ce point. Pour écrire son ouvrage *La force de l'ordre*[17], l'anthropologue Didier Fassin a mené une enquête ethnographique sur une brigade anticriminalité de la région parisienne, une des fameuses BAC qui patrouillent dans les quartiers réputés les plus difficiles et ont été souvent au cœur des accusations de violences policières depuis leur création en 1994. Des deux années passées auprès de ces agents de police, à les suivre dans leur quotidien, aussi bien dans leurs arrestations que dans leurs nombreuses tâches administratives, le chercheur relève notamment la fascination de ses enquêtés pour une série américaine : *The Shield* qui suit une brigade antigang de Los Angeles et ses méthodes peu « conventionnelles ». Vic Mackey, le protagoniste de cette fiction, et sa « Strike Team » apparaissent comme de véritables héros pour ces policiers français, au point d'avoir punaisé plusieurs de ses portraits sur les murs de leurs bureaux « entre une affiche du film *Tolérance Zéro* (sur laquelle on pouvait lire : "un film dopé à la testostérone", ainsi que "Faire face, riposter, ne rien tolérer") et une photo d'une Ferrari rutilante (contre laquelle un bel homme subissait une fouille à corps suggestive effectuée par deux jeunes femmes en uniforme et minijupe) ».

Certaines ressemblances entre la réalité française et la fiction américaine peuvent expliquer cette identification : travail en tenue civile, liberté donnée par la hiérarchie au nom de l'efficacité, goût de la mise en scène et de la menace pour « calmer » les situations difficiles. Pourtant, selon Didier Fassin, « il est toutefois un point sur lequel ils ne pouvaient ressentir que de l'envie à leur égard : c'est l'intensité de leur vie de policiers à Los Angeles telle que le réalisateur la reconstituait ». Courses-poursuites en voiture, arrestations musclées de barons de la drogue et de criminels extrêmement dangereux, résolution fulgurante des affaires : voilà qui tranche fortement avec un quotidien fait de vide et d'ennui, où les patrouilles ne rencontrent quasiment jamais de crime en train de se produire, où les criminels sont surtout des « shiteux » (des consommateurs de cannabis) et des étrangers sans-papiers, et où l'on passe un temps considérable à remplir de la paperasse. Difficile d'imaginer décalage plus profond.

La représentation qu'ont ces policiers de leur travail ne se contente pas de produire chez eux une certaine déception face à la triste réalité du quotidien : elle modèle aussi leurs attitudes et inspire des comportements. Avec *The Shield* comme référence, ils vont par exemple provoquer une course-poursuite avec des jeunes à scooter pour se rapprocher un peu de leurs héros fictionnels. Ou, plus simplement, ils vont se montrer agressifs, méprisants, insultants vis-à-vis des personnes interpellées, user de leur pouvoir de façon arbitraire, se venger sur l'un ou sur l'autre parce que c'est ainsi qu'ils perçoivent leur rôle dans la société, etc. De ce fait, certaines activités qui pourraient faire partie du travail de la police sont dévalorisées et négligées, comme tisser des liens avec la population des quartiers – l'idée même d'une « police de proximité » n'ayant pas de place dans l'idéologie professionnelle de ces agents, ce qui explique l'échec des tentatives d'introduire de telles pratiques en France. Au contraire, ils ont tendance à partager avec leurs modèles télévisés une idéologie professionnelle qui fait d'eux le dernier rempart entre la civilisation et le crime, la violence, la sauvagerie.

The Shield et les autres séries télévisées du même tonneau agissent ici comme autant de dispositifs de visibilisation du travail policier : elles donnent à voir ce que font ou devraient faire les agents. Aux États-Unis, le terme de *copaganda*, contraction entre *cops* (policiers) et *propaganda* (propagande), a d'ailleurs été forgé pour critiquer ces œuvres de fiction qui héroïsent à outrance les forces de l'ordre en masquant ou en justifiant leurs abus[18]. Sans doute est-il un peu simpliste, le public n'étant pas aussi manipulable qu'on veut bien le croire, mais le fait est qu'une grande partie de la population ne connaîtra véritablement la police qu'au travers de ces représentations fictionnelles. Ce qui est particulièrement notable dans ce que rapporte Didier Fassin, c'est que le cadre proposé par ces productions n'affecte pas tant les spectateurs extérieurs que les acteurs eux-mêmes : la représentation du travail joue ici le rôle d'obstacle entre les policiers eux-mêmes et leurs tâches, les empêchant de voir ou au moins les encourageant à ignorer ce qu'ils font effectivement et ce qu'ils devraient ou pourraient faire. En un sens, ici, la fiction est plus forte que la réalité : c'est à cause d'elle, finalement, que ces représentants de l'ordre peuvent parfois dire qu'ils n'ont « rien fait » parce qu'une patrouille ne s'est pas soldée par une arrestation ou un rodéo motorisé – alors que ce pourrait tout aussi bien être perçu comme un succès, le signe que leur présence et l'action de l'ensemble de l'institution ont contribué à maintenir la paix civile.

Ce que montre plus particulièrement cet exemple, c'est que l'invisibilité du travail ne concerne pas que le travail d'autrui mais aussi, parfois, celui que l'on fait soi-même. Exercer une activité professionnelle n'en donne pas une vision exactement « objective », mais plutôt un point de vue particulier, lequel peut être influencé par toutes sortes de mécanismes, de la représentation populaire à l'idéologie professionnelle. Voir le travail n'est décidément pas chose aisée, même pour ceux qui l'exercent et, le plus souvent, des fictions ou des représentations s'interposent entre nous et la réalité.

Valeur partout, travail nulle part

Cette cécité vis-à-vis du travail n'est donc pas le propre des policiers. Elle affecte bien des professions et, plus généralement, l'ensemble du débat public. Même quand il est question du travail, il est rare qu'on regarde celui-ci en face, pour ce qu'il est, ce que les gens font et vivent. Le plus souvent, quand on parle du travail, c'est pour parler d'autre chose.

Rien n'est plus illustratif de cela que la récurrence des débats français sur la « valeur travail ». Comme pour le marché de Rungis, c'est une thématique qu'apprécient excessivement les représentants politiques, et notamment les présidents et candidats à la présidence. Du « travailler plus pour gagner plus » de Nicolas Sarkozy au projet de 2017 d'Emmanuel Macron qui proclamait dès ses premières lignes que « notre projet est celui de la société du travail », en passant par le socialiste Manuel Valls (« Je veux que la valeur travail soit partagée par tous ») ou le communiste Fabien Roussel (« Le travail, c'est la vie »)[19], c'est tout à la fois un consensus assez largement partagé dans le monde politique et un motif pour se lancer des anathèmes et des accusations de toutes sortes – car celui ou celle qui évoque la « valeur travail » s'en fait toujours le défenseur contre ceux et celles qui l'auraient abandonnée. En la matière, bien rares sont ceux qui, comme la députée écologiste Sandrine Rousseau au moment des débats sur la réforme des retraites de 2023[20], se risquent à évoquer un « droit à la paresse » qui fut pourtant une des modalités de critique du capitalisme à une autre époque[21]. Il faut dire que tout ce que l'on peut y gagner, ce sont des volées de bois verts venus de tous les côtés, y compris du camp politique où est née cette idée[22]. De ce point de vue, le travail peut sembler se tailler une part tout à fait remarquable dans les débats contemporains…

Mais, de fait, si récurrentes que soient ces polémiques, elles ne permettent jamais de voir véritablement le travail, pas même de le montrer, encore moins d'en discuter. La question de la « valeur travail » n'est jamais posée qu'en termes moraux : il faut être pour ou contre, il faut savoir si, dans l'abstrait, le travail, c'est bien ou pas. Pas de place, donc, pour ses dimensions concrètes : évoquer les difficultés que des personnes peuvent rencontrer, c'est prendre le risque d'être classé dans les adversaires de l'émancipation et du goût de l'effort, si ce n'est dans les défenseurs d'un « assistanat » qui ne peut que détruire la France de l'intérieur – un « cancer », selon le mot devenu célèbre de Laurent Wauquiez[23]. En fait, ces « débats » suivent une chorégraphie bien rodée : celui qui défend la « valeur travail » accuse du même coup ses adversaires ou ses concurrents d'une faute morale inacceptable, lesquels vont être obligés de répondre que pas du tout, eux aussi sont pour la « valeur travail » et même plus que les autres d'abord. Et pendant que chacun parle de soi et du camp dans lequel il veut se classer et duquel il souhaite exclure les autres, on ne parle ni du travail ni des travailleurs. La thématique de la « valeur travail » participe ainsi directement de l'invisibilisation de celui-ci.

À quoi bon ?

Mais après tout, y a-t-il tellement de sens à parler du travail, du moins à en parler encore ? Ils sont nombreux, ceux et celles qui en annoncent sinon la fin, au moins le déclin, du fait des avancées technologiques en matière de robotisation et d'intelligence artificielle notamment. Le remplacement par les machines ne concernerait plus, comme par le passé, les seuls travaux de force et autres emplois peu qualifiés, mais menacerait toutes les activités, même les plus intellectuelles, même les plus créatives que nous avions prises pour les plus humaines – demain, ChatGPT écrira les scénarios des films dont Midjourney réalisera les images, et le destin des humains sera réduit à celui de consommateurs, peut-être semblables aux bibendums gavés d'images et de milk-shakes qui peuplent le vaisseau entièrement automatisé du film *Wall-E*[24]. De sombres perspectives donc qui incitent moins à s'interroger sur la place du travail dans nos vies qu'à s'inquiéter de notre obsolescence programmée et de la manière d'y échapper.

De façon intéressante et presque amusante, ce débat cohabite fort bien avec des discours qui proclament à cor et à cri la nécessité de travailler plus, que ce soit « pour gagner plus », pour sauver une protection sociale en pleine crise (à commencer, évidemment, par les systèmes de retraite) ou simplement pour faire face à la concurrence internationale[25]. Nous voilà donc coincés avec un travail qui ne cesserait de disparaître et de se raréfier tout en devant être intensifié et augmenté... Les deux affirmations se retrouvent finalement dans l'injonction morale à voir le travail comme une « valeur » à protéger et à étendre à tout prix contre une menace décrite comme existentielle – le déclassement de la nation ou de l'humanité, au choix.

La prophétie d'une « fin du travail » n'est pourtant pas exactement nouvelle, et mérite d'être regardée avec circonspection. Elle occupait déjà, a minima, les pensées de l'économiste John Maynard Keynes qui dans sa *Lettre à nos petits-enfants*[26] espérait en 1930 que, un siècle plus tard, ses descendants n'auraient qu'à travailler trois heures par jour, une fois que l'augmentation du niveau de vie aurait permis à l'humanité de résoudre son « problème économique », celui de la subsistance – une vue plutôt optimiste. Laquelle s'est avérée globalement fausse : si la richesse a bien augmenté considérablement, plus rapidement même que dans les prédictions de Keynes, le temps de travail, entendu ici dans le sens le plus restrictif du « travail économique », n'a pas décru dans les mêmes proportions. L'économiste britannique pensait que le capitalisme ne serait qu'une phase transitoire, bien que nécessaire, vers une société où la recherche du gain et du profit perdrait de son intérêt une fois les besoins fondamentaux de tout un chacun satisfaits : il n'avait pas perçu que de nouveaux besoins ne cesseraient d'apparaître et que les incitations au travail ne déclineraient pas. En 1995, l'essayiste américain Jeremy Rifkin réactivait un tel discours dans une version beaucoup plus pessimiste en annonçant littéralement *La fin du travail*[27], dont l'ombre plane toujours dans les débats sur l'évolution technologique. Là où Keynes établissait ses prédictions sur un siècle, Rifkin est beaucoup plus pressé : à le suivre, nous devrions déjà vivre dans l'ère « post-marchande » où le travail aurait complètement disparu. Force est de reconnaître que ce n'est guère le cas, ce qui invite à considérer avec une grande prudence les prophéties actuelles – comme celles de l'Américain Martin Ford[28] qui joue largement la même partition.

Il est bien sûr possible que, à force de répéter les mêmes promesses, celles-ci finissent par se réaliser un jour ou l'autre, mais il y a d'excellentes raisons de douter que cet horizon soit si proche. Même dans un secteur aussi ancien que celui de l'automobile, la perspective d'un « grand remplacement » par les machines semble encore éloigné : bien que très régulièrement annoncée, la voiture autonome tarde toujours à être complètement mise au point, son coût et ses risques sont sans cesse réévalués (surtout comparativement aux transports en commun) et son arrivée régulièrement retardée[29] ; sur le plan de la production, Tesla avait lancé une usine autonome à Fremont aux États-Unis, mais a rapidement dû faire machine arrière au point que son dirigeant, le médiatique Elon Musk, a lui-même dû reconnaître que « l'automatisation excessive [...] était une erreur[30] » – le site comptait toujours la bagatelle de 22 000 salariés en 2022 ; les ouvriers, d'ailleurs, sont loin d'avoir disparu (comme on le verra plus en détail dans le chapitre 1). Cela devrait inviter à ne pas vendre la peau des humains avant d'avoir rencontré une véritable intelligence artificielle, celles qui existent pour l'instant ne méritant que très imparfaitement ce nom et ayant encore considérablement besoin d'être conçues, programmées, nourries de créations humaines et finalement utilisées – ce qui ne veut pas dire qu'elles seront sans conséquences ni que celles-ci ne sont pas de nature à inquiéter, bien sûr.

Ces débats se caractérisent cependant par une conception limitée de ce qu'est le travail. Ils constituent eux-mêmes des cadres qui laissent hors champ certaines activités. Lorsque Keynes parle de ne travailler que trois petites heures par jour (ou quinze par semaine), il parle des tâches nécessaires à la subsistance humaine *stricto sensu*, celles dont était déjà libérée la « classe de loisirs » de son époque : il évoque ainsi les femmes fortunées qui n'ont plus à cuisiner ou à entretenir la maison. Dans son esprit, des choses comme les sciences ou la littérature ne sauraient constituer du travail. Pour ce membre du groupe de Bloomsbury, ami proche de Virginia Woolf, il s'agissait sans nul doute des « arts de la vie » auxquels le progrès permettrait enfin de se consacrer – alors qu'il s'agit aujourd'hui d'industries puissantes et, pour un grand nombre de personnes, de leur job quotidien, pas toujours désagréable mais certainement pas libéré de toute contrainte économique. De l'autre côté, la « fin du travail » façon Rifkin est d'abord celle de l'emploi, et encore parfois ne s'agit-il que de l'emploi salarié. Le travail domestique, notamment, n'est que rarement promis à une disparition complète, peut-être du fait d'un désintérêt des intellectuels pour ces tâches « invisibles » (et perçues comme féminines). Pourtant, il serait intéressant de souligner que, si la technologie a déjà beaucoup joué dans ce domaine grâce aux lave-vaisselle, lave-linge, robots de cuisine toujours plus perfectionnés, friteuses (désormais sans huiles) et autres aspirateurs de plus en plus autonomes, cela n'a pas signifié la disparition totale des contraintes, ni même une perte de sens total. Même dans un domaine aussi facile à automatiser que la cuisine, l'industrialisation n'est parvenue à remplacer ni la production artisanale ni le « fait maison », pas même les pâtissiers du dimanche. Sans doute ces derniers ne diraient-ils pas qu'il s'agit d'un « travail » à proprement parler, mais c'est précisément la question qui devrait se poser lorsque l'on évoque une disparition de cette activité : de quoi parle-t-on au juste ?

Retour aux origines

Poser cette question n'est pourtant pas facile. Lorsque l'on agite une menace aussi existentielle que le soulèvement des machines ou la perte de quelque chose d'aussi fondamental qu'une « valeur », celui qui demande « Mais au fait, de quel travail est-il question ? Qu'entendons-nous exactement par ce mot ? » a toutes les chances de passer pour un incorrigible enquiquineur incapable de saisir l'urgence de la situation et les réalités de l'époque. C'est pourtant précisément dans de tels moments que la réflexion est le plus nécessaire, et enquiquiner les penseurs trop pressés n'est jamais une tâche inutile. C'est en tout cas l'une de celles qu'affectionnent les sciences en général et la sociologie en particulier. Or cette dernière a justement beaucoup de choses à dire sur le travail.

La sociologie, en effet, entretient un lien étroit avec la question du travail. D'abord pour la simple et bonne raison qu'elle naît à peu près au moment où ce terme prend son sens contemporain, c'est-à-dire dans ce XIXe siècle qui voit l'industrialisation s'étendre et le capitalisme moderne devenir dominant[31]. Sur une période de temps exceptionnellement courte, les modes de production sont bouleversés : les manufactures et usines apparaissent, le commerce et la marchandisation s'accélèrent, les ouvriers sont toujours plus nombreux et le salariat commence la longue marche qui le verra se formaliser et devenir dominant[32]. D'une simple expression pour désigner l'effort ou, parfois, la vertu, le travail va devenir, comme le dit la sociologue Marie-Anne Dujarier, une « catégorie de pensée incontournable dans les discours et pratiques institutionnelles mais aussi la philosophie, les nouvelles sciences, comme dans les échanges sociaux ordinaires[33] ». Il y a alors un véritable besoin de réfléchir, de penser, de comprendre le travail, que ce soit pour le rendre plus efficace (« l'organisation scientifique du travail » du taylorisme, sur lequel on reviendra) ou pour l'émanciper (« Prolétaires de tous les pays, unissez-vous ! » conclut le *Manifeste du Parti communiste*[34]).

Les inquiétudes sont en effet nombreuses. L'apparition de nouvelles « classes laborieuses » faites d'une masse d'ouvriers plus ou moins déracinés par l'exode rural fait peur aux élites politiques, qui y voient surtout des « classes dangereuses[35] », assimilées aussi bien à la délinquance et à l'alcoolisme qu'aux risques révolutionnaires que font courir les idées socialistes et communistes. Certains des travaux précurseurs de la sociologie vont naître précisément de cette « question sociale », comme on l'appelle alors[36]. En France, par exemple, le médecin Louis René Villermé va mener l'une des premières grandes enquêtes empiriques sur les conditions de vie et de travail des ouvriers, qui débouchera notamment sur l'interdiction du travail des enfants de moins de 8 ans en 1841, point de départ du droit du travail. De son côté, l'ingénieur des mines Frédéric Le Play produira quelques-unes des plus anciennes monographies, également sur les ouvriers, notamment parce qu'il s'inquiète des menaces de ces modes de travail sur l'harmonie familiale. Il faut dire que les transformations rapides des modes de vie qu'implique la nouvelle « division du travail » font craindre à beaucoup l'anéantissement des solidarités traditionnelles : ce sera le thème de la thèse d'Émile Durkheim, fondateur de la sociologie proprement dite en France – son but est alors de montrer que l'on a affaire à une transformation et non à une disparition des liens sociaux[37]. En ce sens, la naissance de la sociologie peut se lire comme une réponse à la demande de connaissance que font naître les révolutions du XIXe siècle[38].

Le travail occupe ainsi une place centrale chez les fondateurs de la sociologie, particulièrement en Europe : outre Durkheim, l'allemand Max Weber consacre une étude aux ouvriers[39] et analyse le capitalisme à partir des motivations de l'activité productive, cherchant là la spécificité de ce système économique[40] ; son confrère Georg Simmel s'intéresse lui aux distinctions entre travail manuel et travail intellectuel[41] ; mais bien sûr, aucune pensée n'aura jamais donné plus de place à cette question que celle de Karl Marx, pour qui le travail est tout à la fois objet d'étude, concept théorique central et cause à défendre. Même aux États-Unis, où les premiers sociologues s'intéressent plutôt aux questions urbaines et « raciales », les monographies sur les ouvriers et sur d'autres professions s'accumulent rapidement, donnant lieu, notamment au travers de l'école de Chicago, à une puissante tradition d'analyse qui perdure aujourd'hui[42].

Le point de vue du sociologue

L'héritage de tous ces penseurs et de leurs travaux demeure vivace, faisant de la sociologie du travail l'un des sous-champs les plus importants de cette discipline. Peut-être n'est-ce pas la plus visible, puisque, depuis plusieurs années déjà, les sociologues qui apparaissent dans les médias sont plus souvent interrogés sur des questions aussi diverses que le genre, le racisme, les inégalités, la délinquance ou encore le terrorisme – ce qui n'est pas si étonnant si, comme ce livre entend le défendre, le travail devient toujours plus invisible. Mais les travaux portant sur le travail et les travailleurs n'en existent pas moins, et présentent une remarquable qualité dans le débat public d'aujourd'hui : il s'agit, pour un très grand nombre d'entre eux, d'enquêtes *empiriques*. Qu'il s'agisse d'exploiter des données quantitatives, d'observer les situations de travail ou encore de mener des entretiens avec les travailleurs et les travailleuses concernés, les sociologues vont sur le terrain et tentent ainsi de voir le travail même quand on l'ignore. Ils peuvent aussi bien prêter attention à ceux et celles qui travaillent loin des regards, tels que, par exemple, les micro-travailleurs du numérique, les aides à domicile, ou les ouvriers des abattoirs, qu'aux postes si familiers qu'on a l'habitude de ne pas leur prêter attention, tels que les caissières de supermarché ou les personnels de ménage[43]. Ils doivent également se montrer soucieux de voir aussi bien les tâches « officielles », celles qui figurent sur les fiches de poste et qui sont l'objectif manifeste des personnes impliquées, que les tâches « officieuses », celles qui sont nécessaires mais jamais signalées, les objectifs divers qui ne se résument pas toujours à ceux affichés ou les à-côtés du travail qui pourtant y participent. Enfin, à l'instar des féministes, ils sont souvent amenés à chercher le travail là où l'on nie son existence, en dehors des frontières que l'on donne généralement à ce concept, que ce soit dans l'espace domestique[44] ou chez les jolies filles qui fréquentent les boîtes de nuit[45].

En un sens, on peut dire que les sociologues, certains d'entre eux tout au moins, sont littéralement entraînés à *voir le travail*. Ils disposent pour cela de gestes, aussi bien empiriques (les pratiques d'observation par exemple) que théoriques (des notions, des définitions, etc.), qui les amènent à exercer un certain regard, une certaine façon de voir les choses. Un chercheur le remarquait avec humour en 2015 sur le blog collectif *Scriptopolis* : « Une fois que vous avez été confronté à ce genre d'idées, il est compliqué de ne pas voir du travail là où vous n'en voyiez pas auparavant. Et quand au restaurant le serveur vous apporte le menu en lui joignant une feuille blanche sur laquelle vous êtes supposé inscrire votre commande, vous ne pouvez pas vous empêcher de penser qu'il vous demande de faire une partie de son travail[46] » – un exemple qui montre, soit dit en passant, que les sociologues arrivent parfois à s'enquiquiner eux-mêmes. Ce « regard sociologique », pour reprendre une expression d'Everett C. Hughes, a en effet quelque chose d'une malédiction : une fois qu'on l'a acquis, il est difficile de revenir en arrière, il est difficile d'arrêter de se poser des questions, il est difficile, ici, de ne pas voir toute la fragilité qu'il y a dans nos usages de la notion de travail. Le sociologue Corey Dolgon note, dans le même esprit, que « voir de la sociologie partout » est un « risque professionnel[47] » pour les chercheurs qui se consacrent à cette discipline. Mais c'est un risque qu'il peut être bon de prendre pour tout un chacun, dans la mesure où il permet de se libérer de certaines « prénotions » dont le travail fait partie.

Le travail comme prénotion

Pour Émile Durkheim, les prénotions désignent des « représentations schématiques et sommaires » qui « défigurent le véritable aspect des choses et que nous prenons pourtant pour les choses elles-mêmes[48] ». « Formés dans la pratique et pour elle », ces concepts sont ceux que l'on utilise au quotidien, sans réflexion supplémentaire, pour évoluer au sein de la société : nous savons tous et toutes ce qu'est le travail, de la même façon que nous savons tous et toutes ce qu'est le temps – aussi longtemps que l'on ne nous demande pas de les définir, pour paraphraser Augustin d'Hippone. De ce fait, ces notions sont non seulement impropres à la réflexion scientifique, mais en viennent également à encombrer nos façons de penser et même de percevoir le monde tel qu'il est, biaisant notre regard pour le faire apparaître tel que nous l'imaginons par avance. Et c'est d'autant plus vrai concernant le travail que l'on aura facilement tendance à considérer que ce que l'on fait soi-même relève bien évidemment de cette catégorie, mais que, par contre, ce que font les autres, ce n'est pas tout à fait sûr…

Un bon exemple de cela se trouve dans une déclaration du PDG de LVMH Bernard Arnault en 2016, selon lequel « les emplois publics ne sont pas de vrais emplois[49] ». Dans son élan, il précise même que « les vrais emplois, ce sont des emplois marchands du secteur des entreprises. Ce sont les seuls à même de réduire le chômage et améliorer le pouvoir d'achat global du pays ». Le milliardaire épouse ici une vieille façon de penser qui considère que seules les entreprises privées créent des richesses tandis que ce qui se fait ailleurs n'est pas vraiment de la production ou alors n'existe qu'en ponctionnant les richesses produites par les courageux entrepreneurs. Il suffit pourtant de seulement quelques secondes de réflexion pour voir les apories de cette façon de voir les choses – pourquoi le vigile d'une entreprise privée créerait-il plus de richesse ou réduirait-il plus le chômage qu'un policier ? Pourquoi un médecin de ville aurait-il un emploi plus « vrai » qu'un médecin hospitalier ? Payer des frais d'inscription à des écoles privées contribue-t-il vraiment plus au pouvoir d'achat du pays (ou du moins des ménages) que l'accès à des établissements publics non marchands ? Dès la classe de seconde, les élèves qui suivent l'enseignement de sciences économiques et sociales savent qu'il existe diverses organisations productives, notamment des administrations, et que le produit intérieur brut (PIB), principal indicateur de richesse, prend en compte aussi bien la production marchande des entreprises que celle non marchande des administrations publiques[50]. Mais répéter une telle prénotion est évidemment utile à un propriétaire d'entreprises dont la richesse dépend directement de la conquête de nouveaux marchés et donc de l'extension de ceux-ci à des secteurs de la société qui en sont encore protégés. Cela ne veut pas dire que Bernard Arnault ne fait une telle déclaration que par cynisme ou stratégie : peut-être est-il sincère et ne s'agit-il là qu'un effet de sa position sociale[51] qui lui fait voir la création de richesse à un endroit (quand elle gonfle les résultats de ses entreprises) mais pas ailleurs (quand il doit payer ses impôts). Il faut bien noter que la répétition régulière de cette même idée par toute une armée d'éditorialistes, de think tanks et d'autres commentateurs professionnels finit par lui donner une telle force que l'on en vient à voir le monde au travers d'elle sans la remettre en question – sans que cela la rende plus vraie pour autant.

Se détacher de ces prénotions n'est évidemment pas si simple. Elles s'inscrivent, comme le dit le sociologue Pierre Bourdieu, « à la fois dans les choses et dans les cerveaux[52] » : aussi bien dans les discours et les habitudes de pensée que dans des dispositifs matériels, comme les statistiques et les lois qui reconnaissent certaines formes de travail et en ignorent d'autres, nouvelles comme anciennes. Il faut alors une véritable « conversion de regard », se « donner de nouveaux yeux[53] » – bref, il faut parvenir à adopter ce fameux « regard sociologique ».

Ceci n'est pas du travail

On connaît le tableau de Magritte, *La trahison des images* (1928-1929) : un dessin élégant d'une pipe accompagné de la mention « Ceci n'est pas une pipe. » C'est une adresse au spectateur : attention, nous dit le peintre, ce que vous avez sous les yeux est une représentation et non l'objet lui-même : l'image de la pipe n'est pas une pipe, on ne peut pas la prendre dans ses mains, on ne peut pas la fumer, ni d'ailleurs attraper un cancer à cause d'elle – en ce sens, elle est plus inoffensive que la réalité, peut-être plus belle, plus idéalisée. À force de ne voir que des représentations, on peut en venir à oublier qu'elles ne sont que cela, on peut même en oublier ce à quoi ressemble l'objet réel – d'ailleurs, pour bien des enfants aujourd'hui, la pipe n'est rien de plus qu'une image dans une bande dessinée ou dans un livre. C'est donc à une forme de rééducation du regard qu'invite Magritte, de telle sorte que nous ferons peut-être plus attention à bien regarder la prochaine fois que nous rencontrerons une pipe, une vraie.

C'est la même invitation que fait ce livre à ses lecteurs : lorsque nous parlons du travail, bien souvent, nous parlons d'une de ses images, d'une prénotion. Nous y sommes parfois si fortement habitués que nous avons oublié à quoi ressemble l'objet réel au point de ne pas le reconnaître si jamais il venait à se présenter devant nous – du moins à ne pas reconnaître certaines de ses formes, trop anciennes ou trop nouvelles, trop souvent cachées ou insuffisamment familières. Il faut prendre conscience de cela et rééduquer son regard, apprendre à voir l'objet tel qu'il est et non pas tel que l'on est habitué à le voir. C'est l'une des choses que permet de faire la sociologie et c'est en devenant chacun un peu sociologue que l'on pourra, peut-être, mieux parler du travail.

I

Où est passé le travail ?

Si jamais il existe, quelque part du côté de Sirius, une civilisation extraterrestre qui capte les ondes de communication émises par l'humanité depuis la Terre, il est raisonnable de penser que, lorsque ces aliens observeront les données recueillies pour la France au début de notre XXIe siècle, ils en viennent à douter qu'il y existe encore des ouvriers.

Selon les mesures effectuées par l'Arcom (Autorité de régulation de la communication audiovisuelle et numérique), pour l'année 2021, moins de 2 % des personnes présentes sur les chaînes de télévision relevaient de cette catégorie[1], une proportion en baisse par rapport aux années précédentes, pourtant déjà guère brillantes de ce point de vue (3 % en 2019). Et encore faut-il ajouter que les rares fois où on donne la parole à des ouvriers, c'est lorsqu'il est question de leur disparition, à l'occasion de fermetures d'usines, de plans sociaux et autres délocalisations. Comme le note le sociologue Martin Thibault, « les plans de caméra sont souvent répétitifs : des pneus qui brûlent comme pour exprimer la colère, des mains usées pour accentuer le vieillissement, quelques prises resserrées sur les visages pour que l'impression de désarroi soit totale. [...]

Ce monde [ouvrier] apparaît ainsi "défait", vieux [...], laissé au bord de la "modernisation libérale", avec peu de perspectives d'avenir et dont la fin progressive n'est qu'une question de temps[2] ». L'historienne Ludivine Batigny le notait également en commentant les chiffres de l'Arcom pour l'année 2018 : « Aujourd'hui, quand la classe ouvrière est évoquée, on pense souvent que c'est du passé, que le travail à la chaîne ou le taylorisme n'existe plus[3]. »

Et pourtant, les ouvriers sont bien loin d'avoir disparu : même pris au sens le plus strict du terme, celui des « personnes qui exercent des fonctions d'exécution dans le cadre d'une division poussée du travail dans les secteurs industriels, de services à l'industrie (nettoyage, maintenance, tri, expédition, etc.) ou des tâches manuelles dans les secteurs artisanaux ou agricoles[4] », ils représentent toujours à peu près 20 % des emplois, soit un emploi sur cinq – la bagatelle de 5,3 millions de personnes[5]. C'est une part équivalente à celle des cadres et professions intellectuelles supérieures, qui représentent, de leur côté, à peu près 65 % des personnes apparaissant dans les médias[6]. Certes, les deux groupes ont connu des dynamiques très différentes sur les dernières décennies : tandis que la place des cadres n'a cessé de croître depuis 1982*, celle des ouvriers a nettement reculé – même si la baisse est plus impressionnante en part (de 30 à 20 %) qu'en valeur absolue (de 6,9 à 5,3 millions) du fait de l'augmentation globale de la population. Mais il faut bien noter que, malgré la désindustrialisation, malgré la concurrence internationale et les délocalisations, et même malgré l'automatisation, la fin du monde

* Date de la mise en place par l'Insee de l'actuelle nomenclature des professions et catégories socioprofessionnelles.

ouvrier n'a pas eu lieu. Et rien ne l'annonce vraiment : on compte, dans cette catégorie, une proportion non négligeable de jeunes (un ouvrier sur quatre a moins de trente ans, contre un cadre sur huit), et ils sont essentiels à certains secteurs d'activité toujours dynamiques, notamment la logistique[7].

« Comment expliquer que les ouvriers constituent toujours le groupe social le plus important de la société française et que leur existence passe de plus en plus inaperçue ? » demandaient dès 1999 les sociologues Stéphane Beaud et Michel Pialoux[8]. Le cas des ouvriers, toujours nombreux et pourtant invisibilisés, illustre de façon frappante l'effacement du travail aussi bien du débat public que d'une certaine conscience collective. Chacun d'entre nous bénéficie au quotidien du travail de ces ouvriers, et pourtant, il est courant de ne pas y accorder une pensée, voire même de ne pas concevoir que ce travail existe. Parfois, il peut même être plus facile de penser à l'ouvrier qui, dans un autre pays, a cousu nos paires de baskets qu'à celui qui, en France, parfois éloigné de seulement quelques dizaines de kilomètres, a découpé les carcasses de poulet acheté en barquettes au supermarché du coin. Des campagnes de sensibilisation ont attiré notre attention sur le premier, moins souvent sur le second – au contraire, il se trouvera même un certain nombre de personnes pour lui reprocher d'être un privilégié qui ne travaille que 35 heures, qui n'est pas assez productif et prend sa retraite beaucoup trop tôt, contrairement à ses concurrents internationaux. Alors que la « classe ouvrière » a longtemps constitué l'image d'Épinal du travail – au point que l'on continuera souvent à représenter celui-ci par un casque de chantier ou une usine au toit en dents de scie –, c'est à peine si on lui prête aujourd'hui la moindre substance, au point d'ailleurs de parler plus souvent de « classes populaires[9] », au pluriel et sans référence explicite au labeur.

Qu'est-il donc arrivé aux ouvriers pour qu'ils se trouvent ainsi relégués en coulisse, souvent présentés comme les vestiges d'un glorieux passé industriel que l'on n'arrive pas à faire renaître ? Plusieurs mécanismes expliquent cette situation, des mécanismes qui ne sont d'ailleurs pas propres à ce groupe social particulier. En prenant l'effacement de la classe ouvrière comme fil rouge, cette première partie voudrait présenter les principales transformations du travail contemporain qui ont contribué à son invisibilisation.

1
Atomisé par l'individualisation

La naissance du lieu de travail

Qui dit ouvriers, dit usine. La grande visibilité des ouvriers commence avec les révolutions industrielles des XVIIIe et XIXe siècles. Comme le note l'historien Xavier Vigna, celles-ci voient apparaître « d'immenses concentrations ouvrières [...] dans les grandes usines, tantôt isolées, tantôt situées au sein de vastes régions industrielles, façonnant des paysages, créant des organisations, développant une culture[1] ». Le lieu de travail de ces ouvriers est en effet loin d'être anodin : dicté par la nécessité technique d'exploiter un moteur, une machine ou des ressources minières, d'immenses bâtisses sont construites un peu partout, rapidement complétées par des dortoirs ou des quartiers spécifiques pour accompagner la venue de la masse de travailleurs nécessaire[2] – il est significatif que l'on parle encore de « bastions industriels ». Entre ces points, c'est le chemin de fer qui est déployé et recompose l'espace et la façon dont on s'y meut. La présence des ouvriers ne pouvait être alors ignorée, dans la mesure où elle remodèle l'ensemble du paysage.

Cette concentration spatiale va durablement influencer notre perception du travail, jusque dans un concept qui nous est aujourd'hui si familier qu'on en oublie qu'il est né il y a à peine deux siècles : le « lieu de travail ». Le paysan ne connaissait rien de tel, la ferme constituant un lieu de vie familial où le travail n'était pas autonomisé des autres activités. Même au tout début de l'industrialisation, il n'est pas rare que les ouvriers travaillent à domicile, pour le compte d'un négociant qui leur passe commande, notamment dans le textile. C'est avec le recours grandissant à l'énergie mécanique que l'espace professionnel et l'espace domestique commencent à se disjoindre véritablement.

Dès lors, il devient difficile d'ignorer des flots d'ouvriers et d'ouvrières qui emplissent les rues aux moments d'embauche et de débauche – à tel point que « la sortie de l'usine Lumière à Lyon » (1895) est le sujet de ce qui peut être considéré comme le premier film de l'histoire du cinéma. Au milieu du XIXe siècle, on peut lire dans le rapport Villermé cette description saisissante des ouvriers se dirigeant vers Mulhouse et se rendre compte de ce qu'elle avait de nouveau et de remarquable pour l'observateur de l'époque : « Il faut les voir arriver chaque matin en ville et en partir chaque soir. Il y a parmi eux une multitude de femmes pâles, maigres, marchant pieds nus dans la boue et qui, faute de parapluie, portent renversé sur la tête, lorsqu'il pleut, leur tablier ou leur jupon de dessus, pour se préserver la figure et le cou, et un nombre encore plus considérable de jeunes enfants, non moins sales, non moins hâves, couverts de haillons, tout gras de l'huile des métiers tombée sur eux pendant qu'ils travaillent. »

Incontournable usine

La forme de l'usine est particulièrement importante. Celle-ci est très tôt comparée à un bagne – il n'est pas rare que les villageois de 1880 désignent l'établissement local sous le sobriquet de « cayenne[3] » –, son caractère contraignant et totalitaire n'est pas pour rien dans la construction d'une conscience de classe. C'est un lieu où l'on croise de nombreux camarades, où l'on parvient à parler et à discuter malgré des formes d'organisation du travail souvent fortement atomisées, où les syndicats peuvent facilement tracter aux entrées et aux sorties, s'adresser à un groupe de grande taille, organiser des protestations et des grèves. Le récit que fait Robert Linhart dans *L'établi*[4] en offre un témoignage précieux : jeune normalien convaincu par les idées révolutionnaires, l'auteur s'était fait engager en 1968 comme ouvrier à la chaîne chez Citröen dans l'espoir de pouvoir y aider à organiser grèves et mouvements protestataires. De son récit du travail à la fois ennuyeux et physiquement éprouvant, il ressort notamment l'enjeu de la maîtrise du temps : la hiérarchie cherche sans cesse à chronométrer, à compter, à optimiser chaque instant, ne laissant rien aux travailleurs qui doivent être entièrement dévoués à leur tâche. Mais ceux-ci parviennent toutefois à grappiller du temps, à discuter, à s'entraider parfois, à lutter même. Régulièrement, la sonnerie qui annonce la reprise du travail après les dix minutes de pause réglementaire arrive une minute trop tôt – « Une minute. On nous a volé une minute. C'est celle-là précisément qui nous aurait reposés, et elle est perdue à jamais » –, mais il arrive que les ouvriers ne se laissent pas faire : « Parfois, quand même, leur mauvais coup ne marche pas : trop de fatigue, trop d'humiliation. Cette minute-là, ils ne l'auront pas, nous ne nous la laisserons pas voler : au lieu de retomber, le vacarme de la colère s'enfle, tout l'atelier bourdonne. Ça hurle de plus en plus, et trois ou quatre audacieux finissent par courir au début de la chaîne, coupent le courant, font arrêter à nouveau. Les chefs accourent, s'agitent pour la forme, brandissent leur montre. Le temps de la discussion, la minute contestée s'est écoulée, en douce. Cette fois, c'est nous qui l'avons eue ! La chaîne repart sans contestation. Nous avons défendu notre temps de pause, nous nous sentons tellement mieux reposés ! Petite victoire. Il y a même des sourires sur la chaîne[5]. »

La masse, le nombre, au même endroit, au même moment : l'organisation concrète du travail, aussi contraignante soit-elle, rend possible ce type de mobilisation, y compris dans des versions plus dures et plus longues. La grève, en tant que forme particulière de la mobilisation et de la lutte, vient également de là, ne serait-ce que dans la possibilité d'établir des piquets de grève et donc d'encourager les autres à rejoindre le mouvement ou de les décourager de reprendre le travail.

Peur et fascination

Cette concentration physique des ouvriers attire très logiquement les regards, et ce dès le début des révolutions industrielles. « Les années 1840 sont celles de la prise de conscience, par l'élite sociale et intellectuelle du pays, des dégâts humains de l'industrialisation » écrit l'historien Denis Woronoff[6]. Aux rapports Villermé et Le Play, déjà cités, on peut ajouter l'enquête d'Eugène Buret, *De la misère des classes laborieuses en Angleterre et en France* (1840), et celle d'Adolphe Blanqui, *Des classes ouvrières en France, pendant l'année 1848* (1849). Ces textes se centrent volontairement sur la partie la plus misérable des ouvrières, soulignant les faibles revenus, la précarité, les mauvaises conditions de vie et de logement, ce qui en fait des sources historiques précieuses, mais qui peuvent donner une vision déformée des conditions réelles en fait plus diverses et inégalitaires qu'on pourrait le penser – on trouve même une petite « aristocratie ouvrière » dans les métiers du luxe ou à forte valeur ajoutée[7]. Ces différentes enquêtes et travaux donnent à voir à leurs contemporains ces travailleurs et ces travailleuses et font par là de la condition ouvrière ce qu'on appellera plus tard un « problème public[8] » – une question qui se trouve dans les débats publics et sur laquelle les autorités politiques se doivent d'agir, quoiqu'il existe des façons différentes de le faire.

D'autres écrits contribuent également à rendre visible le sort des ouvriers. Il faut évidemment citer le rôle joué par la littérature : on peut penser à *Oliver Twist* (1837) ou à *David Copperfield* (1850) de Charles Dickens et, en France, aux romans naturalistes d'Émile Zola comme *Germinal* (1885) ou *La bête humaine* (1890). D'autres viendront encore, en France et ailleurs : *Le bateau-usine* de Takiji Kobayahsi en 1929, *Le cheval de Troie* de Paul Nizan en 1935, *En un combat douteux* de John Steinbeck en 1936 ou encore *La condition ouvrière* de Simone Weil en 1951. Cette tradition des romans ouvriers se perpétue d'ailleurs avec des ouvrages comme *Sortie d'usine* de François Bon (1982), *Putain d'usine* de Jean-Pierre Levaray (2002) ou *À la ligne. Feuillets d'usine* de Joseph Ponthus (2019). Dans nombre de ces récits, souvent appuyés sur une expérience de première main de la part de leur auteur, l'usine occupe une place aussi centrale. Univers clos, expérience totale, scène idéale de la lutte et de ses drames : il n'est pas étonnant qu'elle exerce une fascination pour qui veut raconter une histoire, de la même façon que la guerre et ses champs de bataille ont toujours attiré les poètes.

En plus de ces œuvres littéraires, et s'y mêlant parfois profondément, les textes politiques, et notamment d'orientation socialiste, ont également contribué à la visibilité des ouvriers, encore plus lorsqu'ils les désignaient comme la classe révolutionnaire par excellence. En un sens, on peut lire l'œuvre de Karl Marx comme une façon de pousser sous les feux des projecteurs, au beau milieu de la scène historique, la classe ouvrière naissante : c'est à elle qu'appartient, selon le penseur allemand, l'avenir. La diffusion de telles idées, y compris auprès des premiers concernés au travers des internationales et autres mouvements sociaux, inquiète évidemment les propriétaires du capital et les autorités publiques. Grèves, syndicats, mobilisations, luttes diverses : les ouvriers eux-mêmes savent se rendre visibles et sans doute de la façon la plus efficace qui soit, au point d'obtenir des réglementations et des protections plus favorables. Dès le XIXe siècle et tout au long du XXe siècle, il sera impossible de les ignorer, parce qu'ils disposent d'organisations politiques, de partis et même, pour une assez longue période, d'un modèle alternatif qui se déploie à l'échelle mondiale. L'URSS n'a pas été, bien sûr, le paradis promis pour les ouvriers, loin s'en faut, mais, suivant l'analyse de l'historien Eric Hobsbawn[9], son existence et la séduction que pouvait exercer sa mythologie ont poussé le monde capitaliste a s'inquiéter un minimum du sort de ses ouvriers, tout au moins à reconnaître leur existence et leur importance.

Fin des usines, pas des ouvriers

Que s'est-il donc passé pour que les ouvriers cessent d'être aussi visibles ? Comme on l'a dit, leur baisse numérique est loin de tout expliquer : a fortiori, ils pourraient toujours constituer une force politique significative. Pourquoi l'effacement alors ?

Si l'on y regarde de près, ce qui a disparu, ce sont moins les ouvriers que leurs usines. Les travailleurs sont toujours là, mais on les rencontre aujourd'hui dans des unités de production plus petites, plus éloignées des regards quotidiens et finalement de l'attention. Comme le dit le sociologue Roger Cornu : « Avant, il y avait les mines, la sidérurgie, Boulogne-Billancourt, de gros établissements dans de grandes régions industrielles où les ouvriers étaient regroupés. Depuis, il y a eu une baisse drastique de la main-d'œuvre dans les grandes unités de production : aujourd'hui, plus de la moitié des ouvriers travaillent dans des établissements de moins de cinquante salariés, souvent situés dans des zones rurales. Tout ce qui était spectaculaire s'est démantelé progressivement. Du coup, les ouvriers disparaissent[10]. » Le secteur de la logistique, bien étudié par le sociologue David Gaborieau, illustre ce point de façon marquante : les « usines à colis », comme il les appelle, ces grands centres de tri qui permettent d'être livré en 24 heures (avec abonnement premium) de sa dernière folie vestimentaire ou du dernier tome de sa saga littéraire préférée, concentrent bien moins de personnes au même endroit que les mythiques usines de l'automobile ou de la métallurgie. Quelques dizaines de manutentionnaires, des livreurs qui ne font que passer et croisent encore moins leurs collègues que les ouvriers à la chaîne de Robert Linhart, tous travaillant à des horaires différents : plus de sorties d'usine mais une nuée en flux tendu bien plus difficile à percevoir. On aura du mal à savoir où et quand poser sa caméra pour avoir quelques minutes de film montrant les travailleurs en train d'arriver. En outre, ces centres de tri se trouvent généralement à l'extérieur des villes, loin des lieux de résidence ou même simplement de vie, coincés entre des bretelles d'autoroute. On les aperçoit depuis sa voiture quand on passe à proximité, mais sans forcément en saisir l'activité ou même avoir une idée de ce qui s'y passe réellement[11]. Les ouvriers sont donc toujours là, mais éparpillés ou disséminés en petits groupes, loin de la « masse critique » qui leur permettait de se rendre visibles.

L'absence d'usine n'est pas un point négligeable : lorsque le sociologue Martin Thibault décide de travailler sur les agents de maintenance de la RATP, l'entreprise lui répond tout naturellement… qu'il n'y a pas d'ouvriers chez elle. Ici, il n'y a que des « agents », de la même façon que les salariés d'Amazon sont tous des *associates*. Pourtant, et même si le chercheur a dû rester aux portes de l'atelier de matériel roulant ferroviaire, ce sont bien des ouvriers qu'il a rencontrés[12] : « Il y a de la pénibilité, la saleté. On te dit de mettre un masque parce qu'il y a la poussière. T'es dans la merde. […] Il y a toutes les pièces, c'est du fer, de la ferraille, il y a de la graisse, t'as les mains dans le cambouis. Ça ressemble au BTP quoi », lui explique sans ambages l'un de ses enquêtés. Pourtant, eux non plus ne se disent pas vraiment ouvriers, surtout en début de carrière : appartenant à une génération qui a pu aller à l'école et faire des études (sans nécessairement y briller), ils ont des ambitions plus élevées que leurs parents (eux-mêmes ouvriers), au point de rejeter vivement la perspective de se contenter de reproduire le schéma familial. Et comme la RATP a l'avantage d'être une entreprise publique, d'offrir une certaine stabilité et, aussi, de ne pas avoir une chaîne de montage où l'on répète sans cesse les mêmes gestes, elle leur donne le sentiment d'avoir échappé, dans une certaine mesure, à la reproduction sociale. Être « agent » leur apparaît donc largement préférable à être « ouvrier », même si le travail effectif ne remplit pas vraiment leurs aspirations – Martin Thibault parle à leur propos de position ouvrière « atténuée ».

Cette atténuation est d'autant plus forte que la RATP n'appartient pas exactement au secteur industriel : ce qu'elle vend est avant tout un service, celui du transport. Les ouvriers étudiés par Martin Thibault occupent, comme il l'analyse, une position finalement assez marginale dans le processus de production de cette entreprise. Ils n'ont pas de véritable poids lors des conflits sociaux, faute de pouvoir bloquer l'activité aussi efficacement que les chauffeurs ou d'être en contact avec la clientèle. Ce déficit de visibilité est renforcé par des politiques qui ont conduit à la fragmentation des collectifs de travail, et ce de façon tout à fait consciente et volontaire de la part de l'entreprise : comme dans bien d'autres organisations, les horaires de travail ont été individualisés afin que les personnels se croisent moins ; l'avancement dépend désormais moins des compétences techniques que de la capacité à respecter les objectifs fixés par la hiérarchie ; lorsqu'il faut doubler un poste dans un but d'apprentissage, on évitera de mettre ensemble un jeune et un « ancien ». Moins de sociabilité, donc, et moins de transmission notamment d'une « culture réfractaire » à la fois ouvrière et militante. Autant de choses qui désarment ce petit monde ouvrier en l'empêchant, au final, de se manifester et de se rendre visible.

Individualisation générale

Les phénomènes présentés ici ne sont pas vrais pour les seuls ouvriers : ils concernent aussi le vaste secteur des services, y compris dans les activités les plus représentatives de celui-ci. Les caissières de supermarché, les vendeuses de prêt-à-porter, les femmes de ménage – et leurs confrères masculins, statistiquement moins nombreux – travaillent également dans des unités plus petites. Même lorsqu'il s'agit de grandes entreprises, voire de grandes multinationales, qui comptent leurs salariés – ou « collaborateurs » – par milliers, un volant de ces derniers est réparti entre des enseignes de petite taille où ils ne rencontrent jamais qu'une poignée de collègues : si grand soit-il, un hypermarché n'aura jamais le personnel que nécessitait une usine automobile, et même si Starbucks ou McDonald's sont des poids lourds à l'échelle mondiale, chaque franchise ne fonctionne qu'avec un personnel restreint. Même s'il est plus courant de croiser, au quotidien, certains de ces travailleurs et travailleuses, ils ne constituent pas des masses aussi concentrées, aussi importantes et aussi susceptibles d'être facilement mobilisées comme ont pu l'être les ouvriers du passé : une grève dans un café ou un supermarché n'a pas le même poids que dans une usine, et parvenir à un mouvement sur l'ensemble des franchisés est d'autant plus difficile...

C'est en effet un symptôme d'une transformation plus générale du travail que l'on connaît sous le nom d'individualisation[13]. À une gestion des salariés qui traitait ceux-ci comme des masses anonymes, les entreprises vont substituer, à partir des années 1970, des politiques de « modernisation » qui consistent à personnaliser autant que faire se peut la relation employeur-employé. Il s'agissait alors d'une rupture avec les modèles taylorien et fordiste, ceux de l'ouvrier à la chaîne ramené au rang de simple machine, au profit d'une singularisation de sa situation et d'une personnalisation de son rapport à l'employeur. Comme le note la sociologue Danièle Linhart, sur le papier, il s'agit d'une transformation plutôt positive. Polyvalence, écoute des salariés, prise en compte de ceux-ci en tant qu'hommes et femmes et non simples outils au service de la production, horaires variables pour mieux s'adapter aux besoins de chacun, rémunération également variable pour mieux récompenser les efforts, mise en avant des « compétences », des « savoir-être » et autres *soft skills*, formations personnalisées, entretiens individualisés : comment être contre ? De fait, il est bien difficile pour les syndicats de s'y opposer, d'autant que les entreprises peuvent avancer qu'elles ne font que répondre à des critiques anciennes faites au travail aliéné et abrutissant qui avaient trouvé leur aboutissement dans Mai 68 et la crise du fordisme des années 1970[14]. Mais cette individualisation, poursuit la chercheuse, constitue « un véritable cheval de Troie dans le monde du travail où elle affaiblira tout contre-pouvoir et toute contestation[15] ».

Prenons l'exemple des horaires variables ou encore du télétravail, mis sur le devant de la scène médiatique avec la pandémie du Covid-19 : « sur le papier », une fois de plus, ces dispositifs semblent plutôt bienvenus. Le travailleur ou la travailleuse peut y trouver la possibilité de s'adapter à ses contraintes personnelles, notamment familiales – vous ne pouvez pas être là à 9 heures parce que vous habitez loin et qu'il faut amener le petit à l'école ? Pas de problème, vous commencerez un peu plus tard puisque, ici, chacun est traité en individu, on ne gère pas la main-d'œuvre comme du bétail, si vous voulez, vous pouvez même travailler de chez vous, aucun problème...

Mais ces changements ont d'autres conséquences, plutôt lourdes sur le long terme. Si tout le monde a des horaires différents et des jours de présence différents, les équipes de travail ne seront plus pérennes, voire n'existeront plus du tout, et l'on ne fera plus que se croiser. D'autre part, il deviendra bien difficile pour les syndicats de se mettre à la sortie de la boîte pour distribuer des tracts puisque personne ne sort à la même heure ni n'est présent les mêmes jours. Si on y ajoute la polyvalence qui fait que le salarié possède un *poste* (dont il peut changer) plutôt qu'un *métier* (qui pourrait avoir ses propres façons de travailler, sa propre culture professionnelle, etc.), on obtient une véritable atomisation des collectifs du travail, l'objectif recherché, selon Danièle Linhart, des politiques de « modernisation » des entreprises.

La sociologue analyse en effet cette individualisation comme un mode particulier de contrôle de la main-d'œuvre : il s'agit, pour les entreprises, d'obtenir la participation des travailleurs, devenue d'autant plus importante dans des activités de services qui demandent, souvent, plus que la répétition à l'infini des mêmes gestes, tout en maintenant leur contrôle. Pour cela, elles cherchent à défaire les anciens collectifs de travail et tout ce qu'ils pouvaient porter en matière de conscience de classe. La généralisation de l'entretien annuel d'évaluation en témoigne : dans celui-ci, le salarié se trouve littéralement seul face à un supérieur hiérarchique, sans un syndicat ou un groupe de collègue pour l'épauler – « qui aurait pu imaginer une seule seconde dans les années 1960 ou 1970 qu'un ouvrier aille tout seul dans le bureau de son chef sans être accompagné par un syndicaliste, sans être soutenu par des collègues, négocier ses objectifs et se voir évalué individuellement[16] ? » comme le remarque la chercheuse. Et de quoi va-t-on parler lors de cet entretien ? Des objectifs du salarié, de son prochain poste, de sa carrière, mais certainement pas du métier qu'il exerce puisque, de toute façon, il est fort probable que le manager en face de lui n'y connaît pas grand-chose.

De fait, cette individualisation conduit à l'effacement du travail comme expérience et comme enjeu collectif : « d'une affaire de société », note encore Danièle Linhart, il « devient ainsi de plus en plus une affaire personnelle » et même « une épreuve individuelle où chacun se trouve dans une quête solitaire de sens et de valeur[17] ». Lorsque l'on rencontre des difficultés au travail, il devient courant de les interpréter en des termes seulement personnels : soit on les mettra sur le compte de sa propre inadéquation – ce qui sera générateur de stress et de souffrance –, soit on blâmera tel chef, tel client ou tel collègue d'être responsable de la situation. On remettra moins facilement en cause le travail lui-même, encore moins l'organisation économique ou le capitalisme. Ainsi vécu sur un mode subjectif, le travail devient un sujet bien difficile à aborder et à regarder en face.

2
Masqué par la division des tâches

Perdu dans le flux

S'il a été question de logistique dans les pages qui précèdent, c'est que celle-ci occupe aujourd'hui une place centrale dans les processus de production, au point que l'on peut parler d'une véritable « révolution logistique[1] » ou d'un « capitalisme de chaîne d'approvisionnement[2] ». Déplacer les biens d'un point à un autre, les acheminer à l'autre bout de la planète n'est plus une étape finale, et somme toute secondaire, dont on s'inquiète une fois la production réalisée et stockée, mais au contraire l'un des moments les plus cruciaux de toute l'activité économique : il ne s'agit plus seulement d'atteindre ainsi le consommateur final, mais aussi et surtout de produire « juste à temps », sans stocks ni surproduction, et de permettre l'assemblage des différentes parties du produit final au sein d'une « chaîne de valeur » qui se déploie à l'échelle planétaire. Tout repose donc sur cette activité, au point que l'on forme désormais des *supply chain manager* dotés d'une expertise en la matière.

Cela pourrait, et même sans doute devrait, positionner les ouvriers des entrepôts comme les dignes successeurs de ceux du charbon, des forges et de l'automobile : des figures centrales et familières, les meilleurs représentants du « monde du travail », les travailleurs par défaut, ceux et celles que l'on imagine spontanément lorsqu'on entend ce mot. Si Charlie Chaplin tournait aujourd'hui *Les temps modernes* (ou peut-être *Les temps postmodernes* ?), il ne serait pas étonnant de le voir en train de soulever des palettes dans un entrepôt ou une plateforme logistique plutôt que de visser des boulons sur une chaîne de montage. Pourtant, pour l'instant, seuls les rappeurs se font à l'occasion l'écho de ce monde du travail[3] – « tout le monde veut sa palette, personne veut soulever des palettes », chante notamment Jul –, sans jouir, jusqu'à présent du moins, d'une écoute ni d'une reconnaissance comparables à celles du réalisateur. Et si les ouvriers de la logistique ont été nombreux parmi les Gilets jaunes, utilisant notamment un Fenwick pour essayer de défoncer la porte d'un ministère[4], ils ne sont pas parvenus à s'imposer dans les représentations collectives ou le débat public, en tout cas certainement pas autant que leurs prédécesseurs.

La question se pose donc avec encore plus d'acuité pour ce secteur que pour les autres : pourquoi ces ouvriers en particulier sont-ils si peu visibles alors que bien des éléments devraient les rendre incontournables ? À la faible taille des unités de production, il faut ajouter d'autres phénomènes, à commencer par la nature même de l'activité logistique et le degré de la division du travail.

Que font-ils, en effet, ces travailleurs des chaînes d'approvisionnement ? La réponse est simple : ils déplacent des choses. Voilà qui est évidemment considérablement plus facile à écrire qu'à faire. Outre une certaine force physique, leur travail demande de la technique, des compétences, de l'expérience, et implique également des risques, des accidents aux maladies professionnelles – de façon tout à fait comparable à ce que demandaient l'épreuve de la chaîne de montage ou la manipulation des chariots de mine. Quelle différence, alors, avec les ouvriers « du passé » (on l'a dit : le travail à la chaîne n'a pas entièrement disparu) ? Et bien, ceux-ci assemblaient, montaient, construisaient, fabriquaient des objets. Les forçats de la logistique ne font *que* déplacer ces derniers. Ils ne les font pas. Ils ne créent pas.

Il ne s'agit pas ici de porter un jugement, encore moins de dévaloriser ou de minimiser les efforts quotidiens des employés de plateformes – tout au contraire même, puisqu'il s'agit précisément de se donner les moyens de voir ce travail. L'enjeu est par contre de noter que, justement, tout réside dans la perception de la tâche et non dans sa réalité. Il est plus difficile de *voir* la production de la logistique, y compris quand on est le consommateur final qui regarde le produit en bout de chaîne. L'ouvrier de l'automobile pouvait pointer une 2 CV en disant fièrement « c'est moi qui l'ai faite, c'est grâce à moi que vous roulez » – même si ce « moi » était celui, collectif, de sa classe sociale. Le maçon ou le manœuvre de chantier peuvent tous deux lever la tête vers un immeuble ou une bretelle d'autoroute et dire « on l'a fait sortir de terre ». Même le mineur, qui pourtant ne faisait lui aussi « que » déplacer des ressources extraites de la terre, avait le terril ou le crassier comme témoignages incontestables de son emprise sur la nature, si incontestables en fait qu'ils demeurent dans le paysage bien après que les mines ont cessé de fonctionner. L'employé d'Amazon ou de n'importe quel autre plateforme logistique n'a, à la fin de la journée, rien à montrer de comparable et ne peut pas dire grand-chose de plus que « j'ai bougé des trucs ». D'ailleurs, la futilité des « trucs » en question peut donner un sentiment d'inutilité : pendant le confinement de 2020, les employés d'Amazon se sont plaints de se retrouver à devoir risquer leur santé pour expédier des jeux vidéo, des disques vinyles, des coques de téléphone ou des sex-toys[5].

Cette transformation du travail où les ouvriers ne fabriquent plus les objets mais, plus souvent, les déplacent[6] rend donc leur travail moins facile à *dire* : pouvoir en rendre compte, dire ce que l'on fait, à quoi l'on sert, pourquoi on compte est moins aisé quand cette activité n'est, finalement, pas le point d'intérêt du consommateur ou du client. Si l'on livre à domicile le dernier vinyle qui manquait à la collection d'un mélomane, celui-ci pensera sans doute plus longtemps à l'auteur-compositeur, à l'interprète, aux musiciens, aux ingénieurs du son et peut-être même à la société qui a pressé le disque plutôt qu'au livreur qui le lui a apporté – et ne parlons même pas de toutes les autres « petites mains », expression déjà dépréciative, par lequel il sera passé depuis sa sortie d'usine…

PowerPoint et déjeuners

Changeons d'univers à présent, et imaginons pour un instant que nous rentrions dans les bureaux de l'une des grandes tours de la Défense à Paris – mais ce pourrait être une autre ville française, ou n'importe quel immeuble de bureau sur la surface du globe, de New York à Tokyo en passant par Mexico ou Nairobi. Qu'y verrions-nous ? Très probablement ceci : des hommes et des femmes assis devant des ordinateurs, certains dans des bureaux individuels, d'autres dans des open spaces. Ils et elles pianotent sur leurs claviers devant des tableaux de chiffres, des présentations PowerPoint, peut-être des lignes de codes ou d'autres interfaces plus ésotériques. Parfois, ils discutent entre eux, devant une machine à café ou ailleurs. Ils tiennent des réunions où ils projettent des images sur de grands écrans et s'écoutent plus ou moins les uns les autres. Dans certains cas, l'ambiance peut être austère – costumes et tailleurs de rigueur –, dans d'autres, elle peut être plus détendue, « en mode start-up », T-shirt et jeans, un baby-foot ou une console de jeux vidéo à proximité, des bonbons à disposition, mais si l'on se concentre seulement sur les gestes observables de l'extérieur, pour un œil profane qui se contenterait de regarder, tout cela se ressemble fort... et est, au final, bien difficile à comprendre.

Nous sommes très loin des ouvriers de la logistique, des plateformes, des colis et des livreurs – et pourtant, il y a un point commun non négligeable : à la fin de la journée, ces personnes peuvent avoir bien du mal à expliquer ce qu'elles ont fait. D'ailleurs, certaines de leurs remarques peuvent être étonnantes : « J'ai passé ma journée dans des réunions absurdes. Je n'ai pas eu le temps de travailler », pourront s'exclamer, avec dépit, certains cadres en rentrant chez eux[7]. Comme pour les ouvriers qui déplacent des paquets, il ne s'agit pas ici de dire que tous ces gens ne font rien, ou rien d'utile, de leurs journées : plus simplement, il s'agit de souligner la difficulté pour eux à faire comprendre ce qu'ils font, à le dire, à l'expliquer et, parfois, à le justifier.

Prenons un exemple précis : dans une enquête portant sur le secteur de la grande distribution, la sociologue Marlène Benquet rapporte ses observations sur le département des ressources humaines d'un grand groupe du domaine dans lequel elle s'est fait embaucher comme stagiaire[8]. Elle relève l'intitulé de poste de son supérieur, M. Dupont, directeur du service des relations sociales : « construire les conditions de la paix sociale nécessaires à la performance et à la réalisation des projets du groupe ». On peut imaginer sans peine la tête d'un lycéen ou d'une lycéenne à qui on présenterait ainsi les ressources humaines : à moins d'avoir déjà eu un contact avec cet univers, notamment via la famille, il est difficile de comprendre ce que fait concrètement M. Dupont de ses journées. Et même en entrant dans le service proprement dit, les choses ne sont pas forcément plus simples : « La plus grande partie [du travail des membres du service] consiste à synthétiser des données internes ou externes à l'entreprise pour élaborer des sortes de petits rapports, prenant la forme de présentations PowerPoint. Au premier abord, cette activité est déroutante tant elle semble vaine et démesurée : sur quoi porte cette centaine de présentations produites chaque année par le service des relations sociales ? À qui s'adressent-elles ? N'est-ce pas là une colossale perte de temps[9] ? »

Il faut à la chercheuse du temps et de l'expérience pour comprendre le rôle et l'importance de toute cette production écrite – renseigner l'entreprise sur sa propre situation, exposer et justifier les projets de celle-ci auprès de ses propres salariés, et calmer des critiques extérieures (par exemple, montrer que l'on s'est engagé pour la féminisation des dirigeants auprès du ministère du Travail en ayant sous la main un document qui en parle, même si celui-ci n'implique aucune action réelle). Tout cela peut déjà être bien difficile à expliquer, mais ce l'est encore plus pour les autres activités de ces cadres supérieurs : pendant leurs heures de travail (et même souvent en dehors), ils parlent avec beaucoup de gens, leur téléphonent, les invitent, leur offrent des déjeuners, leur rendent des visites de courtoisie, etc. Il s'agit alors pour eux d'« entretenir des liens » avec leurs « opposants potentiels » : syndicats, inspections du travail, organismes publics comme la Halde, médias, etc. – tous ceux qui pourront provoquer une grève ou un ralentissement de l'activité, dégrader le « climat social », mettre des grains de sable dans les rouages de l'entreprise... Le but est, à chaque fois, d'avoir quelqu'un à contacter, un interlocuteur, pour limiter les problèmes lorsque ceux-ci apparaîtront. Ainsi, un coup de téléphone « où l'on demande des nouvelles de leurs enfants à ses adversaires avant d'essayer d'obtenir un déjeuner d'un dirigeant syndical[10] » relève bien, pour les personnes concernées, de leur travail, mais le dire, en parler, l'expliquer ne sera peut-être pas si simple tant cela ressemble, vu de l'extérieur, à de la simple convivialité, voire à du « bon temps ».

Dis, papa, tu fais quoi au bureau ?

Si Marlène Benquet s'est intéressée à ce département des ressources humaines et plus encore à ce service-là, c'est parce que les personnels qui y sont employés constituent des professionnels de l'obtention du travail d'autrui : ce ne sont pas eux qui produisent directement ce que vend l'entreprise – un service de grande distribution –, mais ils s'assurent que les autres le fassent. Ou du moins, ils sont chargés de « faire passer » les projets décidés plus haut, c'est-à-dire de les faire accepter par les niveaux les plus bas, jusqu'aux hôtesses de caisse. Ils ne « font » pas, ils « font faire » ou « s'assurent que d'autres continuent à faire » – on les classera dans les « fonctionnels » ou dans les « fonctions supports » comme la communication, le marketing, la finance, plutôt que dans les « opérationnels ».

Justement, une grande partie du travail contemporain renvoie à ce genre d'activité : il s'agit moins de faire quelque chose que de rendre possible pour d'autres de faire. Il faut motiver les travailleurs, bien sûr, mais aussi assurer le droit et la conformité juridique, collecter de l'information, la traiter, la vérifier, la rendre disponible, etc. Il faut recourir à des conseils, des audits, des experts qui vont rendre rapports, directives, documents de travail. Tout cela occupe énormément de monde, énormément de travailleurs, dans énormément de bureaux.

La bureaucratie, justement, demeure la forme dominante des entreprises et plus généralement de l'activité économique. Le terme a pris, aujourd'hui, une connotation négative et est généralement réservé aux vexations des administrations publiques – on pense bien sûr à la « maison qui rend fou » des *Douze travaux d'Astérix*[11] –, mais à l'origine, il sert seulement à désigner une forme particulière identifiée par le grand sociologue allemand Max Weber à la poursuite de la rationalisation du monde[12] : une organisation impersonnelle (c'est l'entreprise qui agit, indépendamment des personnes qui la constituent, lesquelles se contentent de se soumettre à son pouvoir, jusqu'à l'entrepreneur qui se considère volontiers comme le premier employer de sa boîte), son organisation hiérarchique (avec de multiples niveaux de responsabilité, de spécialisations et d'expertises) et, *last but not least*, la multitude des documents écrits qu'elle produit (formulaires, dossiers, archives, présentations PowerPoint...). Contrairement à un lieu commun, le capitalisme n'a pas défait les vieilles bureaucraties par la seule force du marché, bien au contraire. Comme le dit David Graeber, et même si son chiffre est approximatif, « il faut mille fois plus de paperasse pour entretenir une économie de marché libre que la monarchie absolue de Louis XIV[13] ».

Pour illustrer cette « bureaucratisation du monde », la sociologue Béatrice Hibou prend l'exemple d'une infirmière, Alice, qui s'est « transformée, au gré des réformes hospitalières, en une véritable bureaucrate[14] ». Avant de réaliser le moindre acte médical, elle doit déjà remplir trois documents : fiche d'identification du patient (avec décharge à faire signer par l'intéressé), relevé des antécédents médicaux et autres données pertinentes, autorisation de pratique des soins (avec encore signature du patient). Viennent ensuite encore quatre autres documents : feuille de données cliniques, feuille de surveillance, score de Chung (une évaluation chiffrée de l'état du patient), feuille de sortie. « Au final, écrit la chercheuse, Alice aura passé plus d'un tiers de sa journée de travail à le documenter, à fournir des informations, à écrire et noircir du papier, à cocher et intégrer des données. » Or non seulement tous ces documents doivent encore être traités, vérifiés, analysés, stockés, mais en plus il a bien fallu les concevoir, les conceptualiser, mettre en œuvre l'utilisation, définir les procédures, etc. Derrière le travail d'Alice, il y a donc celui de centaines ou de milliers de cadres, de spécialistes, de managers, etc.

Cette inflation des normes et des procédures s'est faite à la faveur de la diffusion des modes de management du privé vers les hôpitaux et la sphère publique. En cela, comme le souligne Béatrice Hibou, c'est bien d'une bureaucratisation « néolibérale » qu'il s'agit – pas le vestige d'un ordre ancien, mais bien l'une des caractéristiques des transformations économiques les plus contemporaines.

Ce « travail de bureau », celui qui consiste à produire, appliquer et contrôler toutes ces normes et procédures, n'est pas simple à décrire, ni même à représenter. Il est significatif de ce point de vue que de nombreux ouvrages à destination des enfants se bornent à dire que les parents du héros – et plus souvent le père – vont « au bureau » sans préciser ce qu'il y fait ni pourquoi : citons, parmi de nombreux exemples possibles, *Le Petit Nicolas* de Sempé et René Goscinny (les adaptations récentes au cinéma ne donnant pas plus de précisions sur le métier paternel), *Calvin et Hobbes* de Bill Watterson (un unique strip suggère un lien avec le droit des brevets), *Ariol* de Marc Boutavant et Emmanuel Guibert (où l'on finit par apprendre que le père est comptable sans que son fils ne parvienne à comprendre ce que cela veut dire), ou encore *Coraline* de Neil Gaiman (où le fait que les parents passent leur temps à faire des choses mystérieuses sur les ordinateurs est un ressort du ressentiment de l'héroïne envers eux). Lorsque les parents ont une profession bien identifiée, c'est généralement quelque chose de plus simple à appréhender pour un jeune public : la mère d'Ariol, par exemple, est avocate, comme celle de *Lucrèce* dans la série du même nom d'Anne Goscinny et Anne Catel – robe noire et plaidoirie, au moins on voit bien de quoi il s'agit. On peut également penser au gag récurrent de la série *Friends* sur le travail du personnage de Chandler, celui des protagonistes dont le travail de bureau assure la plus grande sécurité économique, mais dont aucun des amis ne sait précisément ce qu'il fait – ce qui sera repris par la suite dans une autre série, *How I Met Your Mother*, avec le personnage de Barney qui évite systématiquement de dire ce qu'il a fait dans la grande banque où il travaille. Bien sûr, certaines œuvres de fiction s'efforcent de présenter ce type d'activité, comme les séries *The Office* ou *Mad Men*, mais elles demeurent rares et se concentrent souvent sur les aspects les plus visuels de leur objet – les relations amicales ou amoureuses au sein des équipes, ou l'invention de slogans publicitaires, objet familier à la plupart des spectateurs au contraire de la réalisation moins palpitante des études de marché.

Les bullshit jobs, c'est les autres

On peut considérer comme significatif de cette difficulté à dire le travail le succès du court article de David Graeber « On the Phenomenon of Bullshit Jobs[15] » publié en 2013 par le magazine *Strike !* – succès si important qu'il sera rapidement traduit dans plusieurs langues dont le français, donnant lieu à de nombreuses reprises et commentaires[16], avant d'être finalement transformé par l'auteur en un ouvrage[17] composé en partie des réactions suscitées par la première version (livre qui suscitera lui-même son lot de reprises et de commentaires, ainsi va le cycle médiatique).

La thèse de l'auteur était forte et marquante : « Des populations entières, en Europe et en Amérique du Nord particulièrement, passent toute leur vie professionnelle à effectuer des tâches dont elles pensent secrètement qu'elles n'ont pas vraiment lieu d'être[18]. » À suivre Graeber, ces « jobs à la con », selon la traduction officielle, seraient endémiques au capitalisme contemporain, et à mettre sur le compte du développement d'une « féodalité managériale » : il s'agirait de moins en moins de gagner de l'argent en fabriquant ou même en déplaçant des choses mais plutôt en s'appropriant des revenus, d'où l'existence de services entiers dédiés à collecter taux d'intérêt ou pénalités bancaires, à faire prendre des abonnements à des services toujours plus nombreux et toujours plus divers (et de moins en moins utiles), ou encore à garantir la propriété exclusive sur tel produit, tel personnage de fiction, tel brevet. Avec les sommes ainsi collectées, les managers des grandes entreprises entretiendraient de plus des armées de « larbins » à des fins de prestige, des portiers et chauffeurs personnels jusqu'aux grands cabinets d'avocat qui accumulent du personnel et des heures de travail pour montrer à leurs clients à quels points ils sont importants.

La thèse a été bien évidemment contestée. Il faut dire qu'elle est difficile à mettre à l'épreuve : se prononcer sur l'utilité ou l'inutilité d'un poste de travail ou d'un métier n'est pas simple, et même si Graeber en est conscient, il n'en a pas moins quelques idées derrière la tête, notamment du côté de l'administration, du droit et, surtout, de la finance[19] – rien d'étonnant pour un membre éminent du mouvement Occupy Wall Street qui protestait, en 2011, contre les conséquences de la crise financière de 2008. Il donne néanmoins une technique simple pour repérer ces jobs à la con : si votre activité disparaissait d'un seul coup, manquerait-elle à la marche du monde ? Si la réponse est négative, alors vous occupez sans doute un *bullshit job* – et le plus probable est que vous en êtes déjà conscient. Le sentiment de vacuité, la souffrance qu'il provoque et les dégâts psychologiques qui s'ensuivent sont, pour Graeber, les symptômes les plus sûrs d'un job à la con, et finalement les problèmes les plus importants que ceux-ci engendrent.

Une mise à l'épreuve empirique par Magdalena Soffia, Alex J. Wood et Brendan Burchell, sur la base de données européenne, relativise considérablement la prégnance de ces jobs à la con[20]. Le sentiment d'inutilité demeure largement minoritaire (seulement 4,8 % des personnes interrogées à l'échelle européenne disent n'avoir que rarement ou jamais le sentiment que leur travail est utile), ne semble pas spécialement en augmentation et n'apparaît dominant dans aucune profession, pas même celles les plus visées par Graeber – les travailleurs de l'administration ou du droit déclarent même moins souvent se sentir inutile que ceux du nettoyage ou du ramassage d'ordures que l'anthropologue voyait comme l'antithèse (injustement mal rémunérée) des *bullshit jobs*.

Malgré cela, le succès rapide de la thématique des jobs à la con – et le passage du terme *bullshit jobs* dans une sorte de langage commun médiatique – n'en est pas moins intéressant à remarquer et mérite explication. Il pointe que, même si la plupart des gens trouvent un certain sens à leur travail, il y a tout de même un problème avec celui-ci. Soffia, Wood et Burchell soulignent le rôle du management : c'est lorsque celui-ci ne valorise pas assez les travailleurs, ne leur laisse pas assez d'autonomie et de capacité d'expression, que le sentiment d'inutilité apparaît[21] – et comme beaucoup de gens ont pu connaître, au cours de leur carrière, une telle situation et donc avoir eu le sentiment, au moins une fois, de faire un job à la con, les propositions de Graeber ont su retenir l'attention. On peut y ajouter une autre hypothèse : le fait que, si chacun connaît bien son travail et peut, a minima, trouver un moyen de le justifier, il est facile de penser que ce sont les autres qui ont un *bullshit job*. L'expérience désagréable que chacun peut faire de la bureaucratie néolibérale analysée par Béatrice

Hibou[22] rend particulièrement sensible à l'idée que, décidément, il y a bien des gens qui font un métier inutile et dénué de sens : se retrouver baladé d'un conseiller à l'autre, sommé de remplir demandes et formulaires toujours plus abscons, de faire des mails ou de rappeler à un autre moment, de décliner encore et encore son identité pour des dossiers dont on ne sait pas qui les lit ni pourquoi, tout ça pour ce qui nous semble une broutille comme changer de forfait téléphonique ou régler un problème à la banque, tout cela n'invite pas à l'indulgence vis-à-vis de l'activité d'autrui ou du monde du travail en général.

De la division du travail

Les différents phénomènes dont il a été question ici – la transformation du travail ouvrier vers le déplacement, l'ésotérisme du travail de bureau, le sentiment d'inutilité vis-à-vis de bon nombre de tâches – trouvent finalement leur origine dans une tendance fort ancienne du capitalisme : la division du travail. L'expression désigne aussi bien la parcellisation des tâches dans un même processus de production (le fait que les ouvriers de l'automobile étaient réduits à toujours répéter le même geste, élémentaire, comme enfoncer le caoutchouc des portières) que la spécialisation en différents métiers : jadis, le paysan transportait lui-même sa production jusqu'au marché du village où il la vendait directement au consommateur final ; aujourd'hui, entre l'éleveur et le consommateur qui veut du lait pour son café, il y a une myriade d'entreprises (industries, transporteurs, distributeurs, etc.) et des professionnels extrêmement divers (des responsables de la sécurité alimentaire et de la traçabilité jusqu'aux créatifs qui vont réaliser les publicités qui convaincront les gens d'acheter la bouteille de lait en question).

L'organisation de la production est devenue plus complexe – mondiale, globale, en flux tendu. Le travail a naturellement suivi, les métiers se sont spécialisés, des professions sont apparues et apparaissent encore, liées aux nouvelles technologies (les informaticiens hier, les spécialistes de l'intelligence artificielle aujourd'hui), mais pas seulement – que l'on pense aux *happiness managers*, ces chargés du « bonheur au travail » qui ont fait florès il y a quelques années[23]. Au fur et à mesure, le travail est devenu plus difficile à dire et à représenter, plus insaisissable – et donc, au final, plus invisible.

Il ne s'agit pas ici de regretter un passé où le travail aurait été simple et noble, comparé à un présent où il serait devenu inutilement complexe et dénué de sens (pour ne pas dire plein de *bullshit*...). Le mouvement de division du travail tel que décrit ici n'est ni bon ni mauvais en soi. Certes, il peut mener à des bureaucraties (privées autant que publiques) tout à fait kafkaïennes, mais il est aussi souvent la condition de certaines libertés et protections tout à fait importantes – pas de droit du travail et des travailleurs sans inspecteurs et juristes spécialisés, pas de sécurité alimentaire sans normes et procédures dûment conçues et mises en œuvre, pas d'innovations sans recherche fondamentale, systèmes universitaires, administratifs, juridiques, etc. Mais, comme le soulignait déjà le sociologue français Émile Durkheim en 1893[24], cette complexité grandissante pose la question de la solidarité et des liens qui existent entre les individus et notamment entre les travailleurs. Ceux-ci ne s'effacent pas, répondait-il alors, mais se transforment : à un lien social appuyé sur la ressemblance entre individus (d'un même clan, d'une même tribu, d'un même village) succédaient, selon lui, des liens basés sur l'interdépendance et la complémentarité. Pour autant, cette forme d'intégration va de pair avec ses propres formes d'exclusion : on risque moins d'être frappé d'exil, mais plus de perdre le sens de ce que l'on fait – à commencer par celui du travail. Le sentiment d'avoir un job à la con n'est pas dominant, mais son existence est propre aux sociétés contemporaines, tout comme la pensée que de tels jobs existent. La division du travail et son approfondissement sont donc une des causes de notre rapport problématique au travail.

3
Invisibilisé par la féminisation

Ouvriers et employéEs

Posons une question simple : pourquoi les caissières de supermarché ne sont-elles pas classées parmi les ouvrières ? En termes de nomenclature statistique, l'Insee les place dans la catégorie socioprofessionnelle n° 5, celle des employés, tandis que la n° 6 rassemble les ouvriers. De façon générale, il n'est pas question d'elles lorsqu'on se lamente sur la disparition du monde ouvrier.

Une description, même superficielle, de leurs tâches suffit pourtant à voir qu'elles ne sont pas si éloignées des ouvriers les plus « traditionnels ». Travail d'exécution ? *Check.* Contraint par la hiérarchie et la machine ? *Check.* Ne laissant presque aucune marge de manœuvre sur le contrôle de son temps ? *Check.* Physiquement épuisant au point de produire des maladies professionnelles ? *Check.* Et on pourrait continuer ainsi, notamment en rajoutant la mauvaise considération dont elles font l'objet, puisque les enquêtes auprès des travailleuses de la grande distribution relèvent des remarques désagréables de la part des clients – tel celui qui dit à sa fille en pointant la caissière qui s'occupe de ses articles « si tu ne travailles pas bien à l'école, tu finiras comme elle[1] » – qui ne s'éloignent guère de ce que l'on a pu entendre (et que l'on entend malheureusement encore) sur les ouvriers (« si tu ne travailles pas bien, tu finiras à l'usine ! »).

En fait, les ressemblances sont si fortes que lorsque Marlène Benquet raconte le moment de son enquête où, souhaitant étudier le bas de la hiérarchie dans la grande distribution, elle se fait embaucher comme caissière dans une grande surface[2], il est difficile de ne pas penser aux descriptions de Robert Linhart à propos de son passage chez Citröen – et ce même si quelque cinquante années séparent les deux expériences. Là où le normalien « établi » rapportait que le plus dur pour les ouvriers de l'automobile était de simplement parvenir à « tenir le coup » et à revenir le lendemain, la sociologue souligne que « l'endurance » est l'une des principales compétences des caissières. Au moment de son embauche, elle note d'ailleurs que sa responsable, Mme Vaquin, ne lui dit rien du contenu du travail, se contentant de vérifier combien d'heures elle pourra être présente et de lui faire quelques recommandations sur son apparence physique (« si vous êtes maquillée, c'est mieux mais pas de choses flashy ou vulgaires »). Rien sur les tâches à accomplir, sur quelque chose qui ressemblerait à un métier si ce n'est qu'« on peut vous demander d'aller aider au remplissage des rayons, de ranger les caddies, de faire l'accueil[3] » : si vous êtes là, on vous trouvera toujours quelque chose à faire. Exactement ce que relevait Linhart lorsque, ayant échoué à tenir son premier poste, il fut immédiatement envoyé ailleurs : « deux bras à quatre francs de l'heure ; Citroën en aura bien l'usage[4] ». Si nos extraterrestres de Sirius débarquaient demain sur Terre, ils ne verraient peut-être pas de grandes différences entre les ouvriers et les caissières, en tout cas pas au point de les classer dans deux catégories différentes.

Alors pourquoi l'Insee classe-t-il les deux professions dans des catégories différentes ? L'institut statistique français explique de façon très simple ce choix : « l'unité du groupe des employés », peut-on lire dans la présentation de la nomenclature des PCS (professions et catégories socioprofessionnelles) de 2003, « repose [...] plus sur ce qu'ils sont que ce qu'ils font » – et ce qu'« ils » sont, c'est être pour les trois quarts d'entre « eux » des femmes... Même s'il y a, bien sûr, des ouvrières, le groupe professionnel des ouvriers est d'abord pensé comme masculin (à 80,1 % en 2022[5]) ; celui des employés comme féminin, même si, une fois de plus, il contient aussi des hommes. Ce choix de classement n'est pas un excès de sexisme chez les statisticiens, mais plutôt dans l'ensemble de la société : les PCS ont été construites en tenant compte des représentations partagées sur les différents groupes, des identités collectives et de la probabilité des individus de s'y reconnaître[6], et puisque l'on imagine depuis fort longtemps les ouvriers comme masculins, les professions qui y ressemblent pourtant à s'y méprendre ont été placées ailleurs.

Cachez ce travail que je ne saurais voir

La féminisation de la population active et des emplois est l'un des traits saillants des transformations économiques du dernier siècle. Non que, comme le voudraient certains clichés historiques issus de cours de collège à demi oubliés, les femmes se soient soudainement mises au labeur à la faveur des deux guerres mondiales : bien au contraire, comme le souligne l'historienne Sylvie Schweitzer, elles ont toujours travaillé[7], dans l'espace domestique, dans les fermes, dans l'artisanat, dans les manufactures et usines dès les débuts de l'industrialisation. Mais leur activité a longtemps été cachée, notamment parce qu'il s'agissait de « travail gratuit » tenu comme « naturel » – enfanter, nettoyer, mais aussi assister le mari en étant « la femme du boulanger/paysan/artisan/patron » (même la Veuve Clicquot, Barbe-Nicole Ponsardin, demeure partiellement effacée par le nom de son mari)… Lorsqu'elles étaient effectivement salariées, les interruptions de carrière liées aux grossesses et, par la suite, aux obligations familiales, fort mal réparties au sein des couples, les faisaient apparaître pour quantité négligeable dans la « force de travail », quelle que puisse être leur contribution réelle.

Ce qui change, au XXe siècle, n'est donc pas le *travail* des femmes (leurs activités, leurs gestes, etc.) mais bien leur *emploi* (les conditions dans lesquelles elles réalisent leur travail, notamment l'existence d'une rémunération)[8] : à force de mobilisations et de luttes féministes, elles prennent leur place sur le « marché du travail » et dans le salariat – l'idée qu'elles puissent et même doivent occuper un poste rémunéré se développe et s'impose, même s'il demeure encore des résistances. Pourtant, cela ne met pas entièrement fin, loin s'en faut, à leur invisibilité : même lorsqu'on les a sous le nez, lorsqu'on les *voit* littéralement à l'œuvre, il peut être difficile de croire qu'elles travaillent *vraiment*. « Tu verras, tu deviens invisible quand tu es femme de ménage, confie à la journaliste Florence Aubenas une de ses enquêtées, tu ne peux pas savoir le nombre de choses qu'on a dites ou faites devant moi et que je n'aurais jamais dû savoir[9]. » Cette mise en garde est faite à la reporter alors que celle-ci passe six mois de l'année 2009 à expérimenter la vie précaire dans la ville de Caen. Et de fait, alors que son visage avait été placardé dans toute la France seulement quelques années plus tôt, lorsque, en 2005, elle avait été prise en otage en Irak, elle put écumer les agences d'intérim, Pôle Emploi et les entreprises de nettoyage sans jamais être reconnue. À propos de ses débuts en tant que femme de ménage sur un ferry, elle raconte ainsi : « C'est mon premier jour et je ne peux m'empêcher de dévisager tous ces gens avec leurs valises, à qui je lance consciencieusement des "bienvenue" retentissants. Personne ne répond. Parfois, l'un d'eux me regarde aussi étonné que si le paquet de cordage enroulé sur le pont lui avait adressé la parole. Je suis devenue invisible[10]. »

Il faut dire que ce métier fait de la discrétion plus qu'une vertu : une compétence qui est attendue de la part de celles qui l'exercent. Les clients qui bénéficient du service du nettoyage, dans le cas d'un ferry ou d'un hôtel, sont censés voir le moins possible le travail du personnel. La prestation est d'autant plus réussie que le labeur nécessaire à la produire y est invisible.

Cela se retrouve dans bien d'autres activités : là où il n'est pas possible d'entièrement se cacher, il faut souvent au moins donner l'impression que l'on ne travaille pas vraiment. On peut, bien sûr, penser à nouveau aux caissières qui doivent sourire[11], se montrer volontiers agréables et même faire la conversation comme si elles n'étaient pas vraiment au travail, à l'instar de la plupart des vendeuses. C'est encore plus vrai chez les hôtesses d'accueil. Celles-ci se trouvent à l'entrée des grandes entreprises ou dans des événements ou des fêtes pour orienter les visiteurs, voire simplement pour mettre en valeur une marque ou un produit : non seulement elles sont tenues à un certain décorum – l'ouvrier à la chaîne pouvait pousser un long soupir de fatigue, pas elles –, mais en outre une grande partie de leurs efforts se fait « en coulisse », dans l'entretien du corps, la coiffure, le maquillage, autant de gestes dont la maîtrise est tenue pour « naturelle » de la part des femmes et non comme les savoir-faire professionnels qu'ils constituent pourtant bel et bien[12].

De tels emplois au contact du public se sont multipliés sur les dernières décennies, et ils sont souvent occupés par des femmes. D'une part, celles-ci sont socialement perçues comme plus à même de le faire : on les dit douces, compréhensives, empathiques, tandis que les stéréotypes peignent facilement les hommes comme rustres, colériques, agressifs – ce qui facilite par contre leur recrutement dans d'autres métiers également au contact du public quoique différemment, comme ceux de la sécurité[13]. D'autre part, les femmes sont habituées très tôt à effectivement prendre en charge les relations avec les autres (jouer à la poupée, ce n'est pas faire autre chose) et, surtout, à travailler sans en avoir l'apparence, notamment au nom de « l'amour » (maternel, conjugal…) et de la « nature » (qui les prédestine à certaines tâches). En un sens, la socialisation féminine[14] prépare celles-ci à devenir des expertes en matière de dissimulation du travail, notamment pour ce qui est des compétences relationnelles et émotionnelles – de plus en plus demandées, mais toujours aussi dissimulées.

Travailleur, c'est masculin

L'entrée des femmes sur le marché du travail n'a donc pas été la mise sous le feu des projecteurs de l'importance de leur contribution en matière économique, loin s'en faut. Elles demeurent en fait plus invisibles que leurs homologues masculins. Si l'on revient un instant aux ouvriers, il faut rappeler que leur forte visibilité avait été imposée, on l'a dit, sur la base d'images, de théorisation et surtout de mobilisations qui étaient toutes biaisées en faveur du travail industriel en général et du masculin en particulier. Comme l'avait très justement fait remarquer David Graeber dans un autre de ses articles, au moment où Marx, notamment, faisait des ouvriers industriels les parangons du prolétariat, « les quartiers ouvriers comptaient déjà beaucoup plus de bonnes, de cireurs de chaussures, d'éboueurs, de cuisinières, d'infirmières, de chauffeurs de taxi, d'instituteurs, de prostituées et de marchands à la petite semaine que d'employés des mines de charbon, des usines textiles ou des fonderies[15] » – des professions diverses, donc, mais surtout beaucoup d'activités dans lesquelles les femmes étaient bien présentes. Pourtant, celles-ci seront peu mises en avant par le mouvement ouvrier ou, pour être plus précis, elles devront souvent se battre deux fois plus pour y trouver leur place. Pour ne prendre qu'un exemple, on peut penser au film *Made in Dagenham*[16] (devenu *We Want Sex Equality* pour le marché français sans doute pour des raisons commerciales bassement transparentes) qui revient sur la mobilisation bien réelle des ouvrières d'une usine Ford dans l'Angleterre de la fin des années 1970 pour obtenir l'égalité salariale : elles doivent lutter non seulement contre un patronat qui les tient pour quantités négligeables (puisqu'elles ne sont que des femmes et que leurs demandes ne sauraient donc être prises au sérieux) et contre des syndicats qui n'en pensent pas moins (des poids morts dans la lutte des classes qui devraient juste attendre que les hommes s'occupent de tout ça – à l'exception bien sûr du bon syndicaliste du film qui se souvient de sa maman qui travaillait beaucoup elle aussi).

Cette histoire pèse lourd sur nos têtes. L'image « par défaut » du travail n'est pas seulement celle du bleu de travail et du casque de chantier, c'est aussi celle d'un homme et non d'une femme. Les activités qui correspondent au « masculin » (tel que défini dans nos sociétés) sont de ce fait les plus visibles : celles qui réclament de la force, de l'agressivité (on peut penser aux traders, de Gordon Gekko à Jordan Belfort[17]), de la technique ou de la technologie (l'image du « geek » demeure très masculine). Les activités perçues comme « féminines » font l'objet d'une perception différente, notamment celles qui prolongent les rôles « traditionnels » comme le fait de s'occuper des enfants. Les enseignants ont depuis longtemps la réputation de « ne jamais travailler » et d'être « tout le temps en vacances », mais la féminisation a rendu la chose encore plus prégnante – en 2014, le professeur de littérature Antoine Compagnon estimait, non sans une pointe de mépris, que « l'enseignement est choisi par les femmes en raison de la souplesse de l'emploi du temps et des nombreuses vacances qui leur permettent de bien s'occuper de leurs enfants[18] ». Et le soupçon n'est jamais plus fort que pour les petites classes : en 2008, c'était même le ministre de l'Éducation nationale, Xavier Darcos, qui estimait que l'essentiel du travail des enseignants de maternelle était « de faire faire des siestes à des enfants ou de leur changer des couches[19] » (quand bien même les enfants en maternelle ne portent plus de couches...). D'ailleurs, si beaucoup de gens regrettent les « hussards noirs » que constituaient les instituteurs de la IIIe République, c'est peut-être parce que ce nom militaire, donné par Charles Péguy, les fait apparaître comme un corps masculin partant à la conquête de territoires sauvages, là où les termes plus contemporains de « professeurs des écoles » et plus encore « maîtresses » ont des colorations nettement moins virilistes...

Au nom de l'amour

Les métiers du soin sont encore plus illustratifs de ce phénomène, ne serait-ce que dans le fait que les formes les plus visibles – les chirurgiens par exemple – sont les plus « masculinisées » (avec une majorité d'hommes, mais aussi une conception compétitive, agressive, technique de la pratique médicale[20]) tandis que les formes les plus invisibles sont les plus féminisées : les aides-soignants sont surtout des aides-soignantes, et leurs fonctions sont vues comme « maternelles » (laver, faire manger, etc.). Ces activités passent en outre souvent sous les radars des mesures de performance et d'activité : on compte facilement le nombre d'opérations réalisées, beaucoup moins le bien-être produit par le *care*, le soin apporté aux autres, la gentillesse du personnel, les interactions quotidiennes qui rendent le séjour à l'hôpital, en Ehpad ou en pouponnière, supportable. Comme le disent les chercheuses Caroline Ibos, Aurélie Damamme, Pascale Molinier et Patricia Paperman, ce travail est inestimable dans les deux sens du terme, c'est-à-dire « qu'il ne se mesure pas – comment mesurer un sourire ? – et parce qu'il est ce qui a le plus de valeur [...]. Il échappe à la prouesse technique et scientifique qui construit la hiérarchie des valeurs dans le monde du travail dominé par les pensées hégémoniques des ingénieurs et des gestionnaires[21] ». Difficile, dans ces conditions, de dire ce que l'on fait, d'autant que « les femmes subalternes, socialement dévalorisées », qui exercent ces fonctions sont conduites, par des habitudes et des attentes sociales bien incorporées, à les exprimer dans le langage de l'« amour des malades » (ou des enfants, ou des vieillards, etc.) plutôt que comme de véritables compétences qui s'acquièrent et s'utilisent.

Ces métiers du *care* ont connu une très forte croissance sur les dernières décennies, et ceux-ci ne sont pas prêts de s'arrêter avec le vieillissement de la population – l'Insee prévoit que d'ici à 2070, un tiers de la population française aura plus de 65 ans[22]. C'est l'une des transformations majeures des économies les plus avancées : dans certaines régions des États-Unis ou d'Europe, les emplois industriels traditionnels disparaissent au profit du secteur des soins à la personne. En un sens, les *pink collar jobs* (les « cols roses », bien que celles qui les exercent ne portent pas forcément du rose) remplaceraient une partie des « cols bleus » et de plus en plus de « cols blancs » (qui, eux, n'avaient pas été nommés en fonction de leur genre, mais bien du vêtement correspondant à leur activité, bleu de travail pour les ouvriers, chemise blanche pour les employés de bureau). Mais ces emplois amènent avec eux une partie de l'invisibilité attachée aux femmes : alors qu'il est souvent urgent, politiquement, de sauver les usines ou les mines – on se souviendra que c'était là l'un des chevaux de bataille de Donald Trump lors de sa présidence des États-Unis –, l'amélioration du sort des aides à domicile ou des femmes de ménage est plus rarement défendue, sans même parler de la possibilité d'encourager les hommes à se tourner vers ces métiers. Il faut dire que, soit au niveau des individus ou au niveau de l'ensemble de la société, ce type de travail peut être vécu comme une menace pour la « virilité[23] ».

À l'avant-garde de l'invisibilité

La féminisation des emplois – le fait que ceux-ci sont de plus en plus souvent occupés par des femmes – et du travail – le fait que les compétences et activités traditionnellement considérées comme « féminines » prennent de plus en plus d'importance – a donc été un facteur de l'invisibilisation de celui-ci. Il faut insister sur le fait que l'argument présenté ici n'est pas que les femmes sont incapables de faire reconnaître leur travail, encore moins qu'elles participent activement à le dissimuler, mais bien que, dans une société qui demeure largement sexiste, pour ne pas dire patriarcale, la reconnaissance du travail des femmes est lente, difficile et somme toute conflictuelle. Si les femmes sont habituées à dissimuler ou minimiser leur travail, c'est d'abord et avant tout parce que l'ensemble de la société est, pour sa part, entraîné à ne pas le voir, à l'ignorer ou à le mépriser.

Le mécanisme fonctionne d'ailleurs dans les deux sens. Ce n'est pas juste que le travail des femmes est invisible, c'est aussi que le travail invisible est plus facilement confié aux femmes – en la matière, elles se trouvent toujours à l'avant-garde. On peut penser, à ce propos, au cas de l'informatique : lorsque le secteur émerge, il est encore peu visible. Les ordinateurs sont d'imposantes machines destinées à traiter de l'information. Cette industrie est liée au secteur tertiaire, déjà fortement féminisé. Les femmes y sont donc nombreuses et représentent une part importante du public des études d'informatique jusqu'à la dernière décennie du XXe siècle. Comme l'écrit la chercheuse Isabelle Collet : « Avant 1990, l'informatique était une discipline inconnue du grand public. Les jeunes gens qui ont choisi leur orientation professionnelle entre 1970 et 1990 ne possédaient pas, pour la plupart, d'ordinateur. Un informaticien était perçu comme un scientifique travaillant dans des bureaux. Cette vision de l'ingénieur était "culturellement acceptable" pour les femmes, davantage en tout cas que l'image de l'ingénieur en casque et bottes sur un chantier[24]. »

Que se passe-t-il à partir des années 1980-1990 ? Toujours selon Isabelle Collet, l'arrivée du micro-ordinateur va donner une très forte visibilité à l'informatique en même temps qu'elle transforme les représentations qui lui sont associées : les publicités adressent ces nouveaux appareils plutôt aux garçons, des petits groupes de hackers et de gamers, masculins et plutôt hostiles aux filles, se forment et, d'une façon plus générale, puisque l'informatique devient dans les esprits un « secteur d'avenir » dont il n'est plus possible d'ignorer l'existence, les hommes se tournent massivement vers celui-ci. Si le nombre de femmes dans le secteur de l'informatique ne baisse pas forcément, leur part se réduit au fur et à mesure que celle des hommes ne cesse de croître, au point qu'il s'agit aujourd'hui d'une des activités les plus masculinisées – avec même nombre de théories sexistes et biologisantes pour expliquer pourquoi les femmes en sont exclues…

La perception du travail – d'un métier, de ses compétences, de son importance – est fondamentale. Or le regard que nous posons sur la réalité demeure encore, pour le dire de façon euphémisée, marqué par des biais sexistes. Pour voir le travail, il est donc nécessaire de se débarrasser aussi de cette façon particulière de voir le monde – et les femmes.

4
Caché derrière les machines

Laissez les robots faire

Les vidéos produites par Amazon – non pas les séries ou les films mais bien les vidéos concernant l'entreprise elle-même – sont un objet fascinant à regarder. Une partie d'entre elles sont, comme on peut s'y attendre, des publicités qui mettent l'accent sur le métier proprement dit de l'entreprise, à savoir faire parvenir au client absolument n'importe quoi qui puisse tenir dans une boîte en carton de taille raisonnable. On a alors droit à des colis qui chantent alors qu'ils sont transportés en camion, avion, vélo ou scooter jusqu'à une petite fille qui recevra avec un grand sourire le cadeau envoyé par sa tante ou à des vieilles dames qui retrouvent leur enfance en se faisant livrer des luges afin de dévaler dans des rires une pente enneigée. Mais, à côté de ces productions explicitement destinées à vendre un service à des clients potentiels, une partie non négligeable des images produites par la multinationale concernent, de façon bien plus étonnante, ce que la firme prend, par ailleurs, le plus soin de cacher : le fonctionnement interne de ses entrepôts.

Une forme de reconnaissance du travail effectué par les ouvriers de la logistique ? Évidemment non, il s'agit avant tout de garder le monopole sur sa propre image et de rassurer les clients potentiels : contrairement à ce que vous racontent ces (maudits) journalistes et ces (dangereux) syndicalistes, personne ne souffre dans les entrepôts d'Amazon, personne n'est obligé d'uriner dans de bouteilles en plastique faute de temps de pause suffisants[1], vous pouvez passer votre commande tranquillement sans vous poser de questions éthiques et politiques délicates. La tonalité est la même dans des entreprises comparables, comme en témoigne le slogan « Ça arrive… » utilisé par Uber Eats dans une de ses campagnes, lequel sous-entend qu'il y a bien un problème dans la livraison de repas à domicile (sans préciser exactement lequel, bien entendu), mais qu'on ne va quand même pas s'embêter avec ça, allez, c'est pas très grave, n'y pensez plus, vous y avez bien droit, non ?

Dans ces vidéos promotionnelles d'Amazon, on peut certes voir, parfois, des ouvriers – on le sait parce qu'ils portent un gilet jaune, donc ce sont bien des travailleurs –, mais rarement du *travail* ouvrier, si ce n'est quelques tâches simples comme placer une boîte (pas trop lourde) sur un tapis roulant ou coller une bande de scotch sur un colis (au ralenti, il faut que l'on comprenne que c'est fait avec calme, professionnalisme et amour). Si ces travailleurs prennent la parole, ce sera le plus souvent pour parler des avantages offerts par Amazon : un tel a eu un mois de congé supplémentaire à la naissance de son enfant, tel autre a été aidé par ses collègues et même ses supérieurs quand sa fille a eu une leucémie (parce que c'est à une entreprise quasiment *familiale* que vous vous adressez, et tout le monde aime les familles, n'est-ce pas ?). En fait, les personnes interviewées parleront plus souvent de leurs enfants que de ce qu'ils font effectivement chez Amazon. Ils sont de toute façon souriants, prompts à se faire des *high five* entre eux parce que l'ambiance est tellement bonne dans l'entrepôt, jamais couverts ni de sueur ni de saleté comme pouvaient l'être leurs ancêtres de l'industrie. Et surtout, surtout, ils sont peu nombreux. Pas question de montrer des masses d'ouvriers avançant dans les couloirs de l'entrepôt, un client un peu trop cinéphile pourrait y trouver une ressemblance avec le *Metropolis* de Fritz Lang (1927).

Non, ceux qui font le travail, dans les vidéos d'Amazon, ceux qui font les efforts, portent les charges lourdes et, souvent, sont les vraies stars du show, ce sont les robots.

La firme américaine adore visiblement les filmer, les mettre en scène, dire qu'ils existent. Et elle n'hésite pas pour cela à les « humaniser » autant que possible : le modèle Proteus peut exprimer la joie en faisant apparaître un sourire et des yeux en formes de cœur[2] ; une fois construites et mises au point, les nouvelles unités ont droit à une « cérémonie de remise de diplôme » *(graduation ceremony)*, décrite à un journaliste comme un vrai « moment de fierté maternelle » pour une représentante de la firme[3].

Une vidéo diffusée en 2020 est particulièrement significative à cet égard. Intitulée « When Amazon Robots Fall in Love » (« Quand les robots d'Amazon tombent amoureux ») et disponible sur la chaîne YouTube *Amazon News*, elle montre deux de ces machines qui, sans surprise, miment une relation amoureuse – on les voit même au restaurant, au cinéma et, finalement, avancer dans un parc suivis par des versions plus petites d'eux-mêmes… La « chute » de la publicité consiste à dire que « les robots ne tombent pas amoureux, mais les personnes oui », avant de montrer un authentique couple d'humains, assis sur un banc, dont on nous apprend qu'ils se sont rencontrés dans un centre de distribution de l'entreprise. Mais on ne les verra pas au travail, tandis que les deux petits robots si mignons auront eux été bel et bien filmés dans un décor d'entrepôt. Amazon veut bien nous dire qu'ils ont des travailleurs, à qui ils fournissent des emplois, des salaires et même, pourquoi pas, l'amour, mais pas au point de nous montrer leur travail. Ça, la firme le cache ou l'euphémise derrière les robots.

L'utopie des machines

Dans une certaine mesure, cet effacement du travail ouvrier par les robots pourrait sembler logique ou, tout au moins, normal : n'est-ce pas ce qui est en train de se passer ? N'est-ce pas, d'ailleurs, ce qui s'est déjà passé dans d'autres secteurs d'activité ? Si tout le monde a en tête les images des chaînes de montage automobile où les ouvriers suaient sang et eau en répétant indéfiniment les mêmes gestes, celles des usines modernes n'en sont pas moins populaires : comme les entrepôts d'Amazon, elles sont vides d'ouvriers et même d'humains. Des bras robotiques reproduisent les gestes qui étaient hier ceux des humains, et les voitures se construisent pratiquement toutes seules – en apparence du moins. Les sciences et les techniques ont depuis longtemps fait cette promesse : l'usine sans travailleurs, l'efficacité et la rationalité de la production sans l'exploitation de l'humain par l'humain. On la retrouve d'ailleurs dans certaines œuvres de science-fiction comme le film *Minority Report* de Steven Spielberg (2002), où une course-poursuite conduit le héros sur une chaîne de montage de voitures dépourvue de la moindre intervention humaine – le véhicule assemblé n'ayant d'ailleurs pas plus besoin qu'on le conduise.

Pourtant, plus de vingt ans après la sortie de ce blockbuster, nous n'avons toujours ni voiture autonome (comme souligné en introduction) ni, surtout, usines entièrement automatisées. Le secteur de la logistique, déjà longuement évoqué, continue d'utiliser de grandes quantités d'énergie musculaire tout ce qu'il y a de plus humaine : c'est encore en grande partie à la force des bras que se fait la révolution logistique. Même dans l'industrie automobile, haut lieu de la modernisation et de la robotisation tous azimuts, le travail manuel, avec tout ce que cela implique, est loin d'avoir disparu. Le sociologue Juan Sebastián Carbonell en livre, par exemple, la description suivante, issue d'une enquête sur une usine de PSA à Mulhouse qu'une réorganisation avait transformée, selon le groupe, en « usine excellente » : « En amont de la chaîne, des ouvriers sélectionnent des pièces à partir de voyants qui s'allument, ou à partir d'une voix qui dicte les consignes dans un casque. Le but est de réduire les erreurs et de réduire le temps de saisie des pièces. Des kits avec les pièces sont ensuite assemblés et livrés par des robots appelés *automated guided vehicles*, ou AGV, sur les postes de montage, où des monteurs placent les pièces sur les véhicules. Les ouvriers monteurs n'ont plus besoin de se déplacer autour du véhicule pour s'approvisionner en pièces, ils ne commettent plus d'erreurs en assemblant les mauvaises pièces et n'ont plus à porter des pièces lourdes. Cependant, leur rythme de travail s'accélère, dans la mesure où des temps morts sont supprimés et dans la mesure où il dépend désormais de la livraison de pièces par les AGV[4]. »

Comme on peut le voir, les machines sont bien présentes et elles éloignent sans doute l'organisation du travail de la chaîne fordiste – notamment en permettant une production plus rapide et donc « à flux tendu » dans le cadre du *lean management* (jadis appelé « toyotisme ») et en soulageant les ouvriers de certaines tâches pénibles. Mais loin de remplacer le travail humain, elles ont plutôt contribué, ici, à l'intensifier et à accroître le contrôle qui est exercé dessus. Le remplacement, insiste Juan Sebastián Carbonell, n'est qu'une conséquence possible des nouvelles technologies, certainement pas la seule. En fait, une certaine précarisation et des cadences plus élevées ne sont pas les résultats les plus rares.

Mais il est une autre conséquence qui mérite ici l'attention. L'automatisation totale est certes un futur encore imaginaire[5], une simple utopie, mais elle n'en a pas moins des conséquences tout à fait concrètes dans notre présent. C'est ce que relève David Gaborieau dans les entretiens qu'il réalise auprès des travailleurs des entrepôts logistiques : ceux-ci savent bien que le projet de les remplacer par des machines existe. De fait, ils sont de plus en plus soumis au rythme de la machine, notamment de la commande vocale, et se sentent eux-mêmes comme des « robots[6] ». Et cela désarme en grande partie toute projection dans l'avenir puisque « dans dix ans ce sera automatisé. C'est pas grave, on fera autre chose[7] ». Le commentaire du chercheur est particulièrement parlant : « Ce que je trouve frappant, c'est la force idéologique de cette idée d'automatisation – parmi les employés, et aussi dans les syndicats. Ça change la façon dont on va discuter du travail : ça délégitime la défense du métier, l'idée même de discuter comment on fait le travail, puisqu'il a vocation à disparaître très rapidement. L'usine sans ouvriers est pour l'instant une chimère qui a pour principal effet d'occulter la réalité du travail dans les entrepôts[8]. »

D'une manière générale, c'est « la fascination pour des infrastructures de plus en plus grandes et de plus en plus complexes – le travail mort – [qui] fait oublier le travail vivant toujours nécessaire à leur fonctionnement[9] ». C'est la même chose qui se passe avec les intelligences artificielles génératives : on encense les capacités de ChatGPT, on craint le soulèvement des machines et l'avènement de SkyNet, on est fasciné par l'audace d'un Sam Altman qui annonce qu'il faudrait la bagatelle de 7 000 milliards de dollars pour développer le futur de l'IA au point de penser qu'il va les trouver tout seul[10] – et de ce fait on peut trouver bien ringardes et dépassées les exigences des dessinateurs, auteurs, acteurs, réalisateurs, etc., qui pensent encore que leur travail mérite salaire et que l'exploitation de leurs créations sous copyright pour enrichir les entreprises de ce nouveau secteur n'est peut-être pas bien légale[11].

Artificielle IA

L'intelligence artificielle, telle qu'elle s'est popularisée ces dernières années, constitue l'exemple paradigmatique de la dissimulation du travail par la technologie. Le terme même d'« intelligence » est, on le sait, impropre : ces technologies ne sont pas vraiment intelligentes, ne mènent pas vraiment de raisonnement[12]. En tant qu'IA « statistiques », elles se « contentent » de générer du texte, des images ou des décisions sur la base de probabilités, à partir d'immenses bases de données.

C'est précisément là où le travail – humain, est-il nécessaire de le préciser ? – intervient : ces bases de données, il faut les nourrir, et ces IA, il faut les entraîner. C'est, selon l'enquête du sociologue Antonio A. Casilli, le fait d'une myriade de « travailleurs du clic » et autres « tâcherons » du numérique : « pour que les machines apprennent à reproduire le comportement humain », écrit-il notamment, « il faut bien que des humains les instruisent en la matière[13] ». Ainsi, les logiciels de reconnaissance faciale n'ont pu être mis au point que grâce à des milliers de petites mains cliquant sur des photos pour indiquer où se trouvaient les visages – jusqu'à ce que la machine soit capable de reproduire le résultat. Une partie de ce travail a même été effectuée de façon inconsciente par les utilisateurs de divers services numériques souhaitant simplement taguer leurs amis sur leurs photos de vacances. D'autres ont aidé les voitures (semi-)autonomes à reconnaître les obstacles en sélectionnant des photos de voiture ou de camions afin de prouver à un site qu'ils étaient bien humains.

On pourrait objecter que ces tâches ne sont pas du travail, mais il faut souligner qu'elles peuvent pourtant faire l'objet d'une demande et d'une rémunération. Des plateformes électroniques sont consacrées à ce « micro-travail » dont la plus célèbre est Amazon Mechanical Turk (du nom d'une célèbre mystification du XVIIIe siècle où un automate était censé pouvoir jouer aux échecs alors qu'il était en fait contrôlé par un marionnettiste humain), née en 2005 du constat de la firme de Jeff Bezos que, pour éliminer les doublons de son immense catalogue, il valait mieux compter sur un grand nombre de personnes payées à la pièce pour examiner chacune une poignée de pages plutôt que sur une solution logicielle automatisée. On y trouve des tâches telles que « "lire une page Web et noter toutes les adresses e-mail dans un fichier. txt", "concocter une playlist de morceaux reggae", "regarder une vidéo de quinze secondes et choisir trois mots pour la décrire", "retranscrire le contenu d'un ticket de caisse à partir de la photo de celui-ci", "identifier toutes les personnes cagoulées dans une séquence tournée par une caméra de surveillance", "sélectionner toutes les images de hot-dogs dans une série de dix images de produits alimentaires", "à l'occasion du visionnage d'un film, prendre une capture d'écran d'un acteur hollywoodien exprimant de la peur ou du dégoût"[14] ». Chaque fois, la rémunération est évidemment extrêmement faible mais bien réelle, ce qui montre que ces activités créent bien une valeur que l'entreprise – Amazon ou d'autres compagnies qui utilisent sa plateforme – va vouloir s'approprier. Le recours à cette main-d'œuvre peut d'ailleurs être directement intégré aux programmes informatiques : au lieu de réaliser un calcul, le code indiquera alors de simplement passer une commande sur Mechanical Turk et un utilisateur verra, par exemple, s'afficher sur son écran une recommandation d'achat sans se douter que celle-ci n'est pas issue d'un puissant algorithme de recherche, mais d'un autre être humain situé à l'autre bout du monde à qui on a demandé de choisir une option dans une liste.

De cette véritable « armée de réserve de l'intelligence artificielle[15] » (comme Karl Marx disait des masses de chômeurs de la révolution industrielle qu'ils constituaient « l'armée de réserve du capitalisme »), on entend finalement assez peu parler – sauf quand une équipe de sociologues prend le temps d'enquêter et essaye, par ses publications, de les mettre à l'agenda médiatique et politique[16]. Leur existence s'efface derrière les machines et, surtout, derrière la *hype* qui accompagne celles-ci. Il est plus fascinant et peut-être aussi plus agréable de se représenter le fonctionnement du numérique comme un monde magique mystérieux que comme le produit de l'exploitation de quelques milliers d'humains occupés à des tâches ingrates. Et c'est d'ailleurs ainsi que les entreprises impliquées dans ce secteur veulent que l'on y pense. Comme le note Antonio A. Casilli : « Quand il s'agit de séduire les investisseurs de la société de Jeff Bezos, les drones qui effectuent les livraisons ou les algorithmes qui suggèrent les produits les plus adaptés sont au-devant de la scène. Mais en coulisses, ce sont des centaines de milliers de "Turkers" qui trient à la main les adresses ou classent en fonction de leur pertinence tous les produits du catalogue. Ce travail en amont (fournir des exemples pour entraîner les logiciels) et en aval (vérifier que leurs résultats soient corrects) est essentiel pour la réussite commerciale d'Amazon et des sociétés de son écosystème. Il s'agit, dans le jargon de la plateforme, d'une "intelligence artificielle". »

Retour au XIXe siècle

Derrière les robots, donc, se cachent toujours des humains, et pas seulement des ingénieurs, des informaticiens, des scientifiques en blouse blanche et d'habiles investisseurs qui se donnent l'apparence de geeks en pianotant devant des écrans dans des films de David Fincher[17]. Aux microtravailleurs du clic, il faut d'ailleurs ajouter une armada de chauffeurs, livreurs à vélo et autres travailleurs des plateformes sans qui des entreprises aussi en vue qu'Uber ou Deliveroo n'existeraient tout simplement pas. « C'est souvent le cas avec le numérique, écrit encore Antonio A. Casilli, pour chaque col blanc, il existe des millions de cols bleus[18]. »

« Cols bleus » n'est pas un terme exagéré ici : s'il est peu probable que la majorité des travailleurs qui se cachent derrière les applis et autres intelligences artificielles portent effectivement des bleus de travail, les conditions dans lesquelles ils exercent leur activité ont bien des ressemblances avec le travail ouvrier et même, plus particulièrement, avec le travail ouvrier du XIXe siècle, celui des débuts de la révolution industrielle – on trouve même souvent, à leur propos, le terme de « (nouveaux) prolétaires du numérique ». Ils ne le sont pas forcément au sens le plus strict, c'est-à-dire comme ne possédant pas les moyens de production ou leur outil de travail, puisque les chauffeurs Uber peuvent être propriétaires de leur voiture et les travailleurs du clic de l'ordinateur ou du smartphone requis pour leurs microtâches. Mais dans un sens plus large et finalement plus courant, celui de la main-d'œuvre exploitée dans le cadre du capitalisme, le rapprochement avec les ouvriers est naturel[19].

D'une part, aussi étonnant que cela puisse paraître quand on parle du numérique, le travail de ces « ouvriers » met en jeu en grande partie leur corps, leur force de travail dans ce qu'elle a de plus physique. Certes, ils ne portent pas tous des charges lourdes, mais les chauffeurs et livreurs sont bien exposés au risque physique et parfois mortel, et les microtravailleurs réalisent un travail répétitif et fortement fragmenté comme les ouvriers à la chaîne de jadis. Pour cela, ils usent de leurs yeux, de leur cerveau – dont les logiciels ne savent pas encore simuler toutes les fonctions et se contentent donc d'en imiter certaines, et seulement les plus basiques comme la reconnaissance – et surtout de leurs doigts. En ce sens, ils sont non seulement des travailleurs du numérique, mais aussi des travailleurs digitaux au sens étymologique – du travail de la main au travail du doigt, il n'y a finalement pas une si grande distance.

D'autre part, les conditions d'emploi de ces travailleurs s'apparentent, à bien des égards, à ce qui se pratiquait au tout début du capitalisme. Le salariat est, dans la mesure du possible, contourné par la plupart des géants du numérique, du moins pour ce qui est de leur main-d'œuvre « non qualifiée » (un terme sur lequel on reviendra), les niveaux hiérarchiques plus élevés bénéficiant, eux, de protections et de garanties bien plus importantes. À la place, on retrouve dans la *gig economy* (traduit généralement par « économie des petits boulots », bien que le terme *gig* renvoie également aux engagements occasionnels des musiciens et autres artistes) des emplois de très courte durée, parfois pour quelques heures ou quelques minutes seulement, sans contrat de travail, avec des travailleurs qui sont, formellement, des indépendants. Et comme pour les ouvriers du passé, cela ne signifie pas nécessairement l'autonomie du travail « libre », mais plutôt l'expérience de la dépendance et la subordination propre au salariat (être exclu de l'application Uber est une situation terrible pour un chauffeur) sans la sécurité d'un revenu régulier et prévisible.

Bref, si l'on revient à la question de savoir où sont passés les ouvriers, une partie de la réponse consiste à dire que leurs héritiers continuent à faire fonctionner les machines en faisant des tâches répétitives dans une situation de grande précarité économique – ils ne sont plus seulement des hommes réduits au rang de robots, mais aussi cachés derrière une armée de robots qu'ils font eux-mêmes fonctionner. Et cette armée de robots, toujours plus grande, encerclant toujours plus d'humains, nous masque la réalité du travail contemporain.

5

Oublié au profit de l'emploi

Travailler, quel privilège !

Par certains aspects, il peut paraître exagéré de dire que les ouvriers sont entièrement invisibles. Certains d'entre eux savent, encore, se rappeler au bon souvenir de ceux et celles qui dépendent objectivement d'eux. C'est tout particulièrement le cas des travailleurs des raffineries, en France ceux qui appartiennent au pétrolier historique, TotalEnergies. Il faut dire qu'ils sont en mesure de menacer de façon tout à fait crédible de « mettre le pays à l'arrêt » selon une formule appréciée des syndicats et crainte de leurs opposants. Lorsque cet objectif a été mis à l'ordre du jour pour contrer la réforme des retraites de 2023, c'est tout naturellement vers ces raffineries que se sont tournés les regards[1]. L'année précédente, ils avaient déjà fait la démonstration de leur force de frappe à l'occasion d'un conflit salarial au sein du champion français du pétrole, avec alors un soutien populaire bien moins important[2].

Il faut dire que, à ce moment, ils avaient dû faire face à une stratégie politique particulièrement efficace contre eux : l'entreprise elle-même, relayée par des éditorialistes trop contents de pouvoir taper sur des grévistes d'où qu'ils viennent, s'était employée à les présenter comme... de petits privilégiés qui n'avaient aucune raison de se plaindre. Sur France Inter, le chroniqueur Dominique Seux, grand défenseur des entreprises devant l'éternel, s'était lamenté que « quelques grévistes [prennent] en otages des centaines de milliers de personnes » avant d'expliquer que « l'ouvrier en 3/8 en raffinerie TotalEnergies en Normandie a en moyenne un salaire brut annuel de 40 000 euros brut, auxquels s'ajoutent des primes de poste et d'ancienneté ainsi que d'autres éléments variables. Sans oublier l'intéressement et la participation » – chiffres « évoqués par l'entreprise » avec pour seule prudence vaguement journalistique cette remarque « on imagine que s'ils ne sont pas exacts, la CGT les démentira ». « J'ai une petite idée de la réaction de nos auditeurs quand ils entendent ces chiffres ! » ajoutait-il avec une gourmandise évidente[3]. Très rapidement, les syndicats ont effectivement contesté ces données (sans faire sourciller l'éditorialiste qui, de toute façon, n'était pas vraiment disposé à les écouter), et les *fact-checkers* se sont penchés sur la question[4]. Bataille de chiffres donc – une stratégie incroyablement efficace puisque, pendant que chacun compte, vérifie et discute, on laisse s'installer une idée simple : si leur salaire est suffisamment haut, les ouvriers (et plus généralement les salariés) devraient faire profil bas.

Cette stratégie rhétorique n'est, bien sûr, ni nouvelle ni rare : on la retrouve pour ainsi dire lors de n'importe quel mouvement social, les protestataires n'étant jamais assez miséreux pour leurs adversaires (qui, généralement, ne s'intéressent pas plus à ceux et celles qui ne protestent pas). On connaît les lieux communs toujours aussi appréciés des émissions de débat sur les profs « toujours en vacances » ou les agents de la SNCF

« qui voyagent gratuitement ». Chaque allègement du code du travail a eu son lot de critiques envers les *insiders* qui refusent le changement et bloquent ainsi les *outsiders* que sont les jeunes et les chômeurs. Chaque réforme des retraites s'est accompagnée de comparaisons internationales pour rappeler qu'en Allemagne, en Chine, en Pologne ou aux États-Unis (peu importe tant que c'est ailleurs), la situation est bien pire et que, vraiment, il n'y a qu'en France que l'on se plaint et que de toute façon, on se plaint tout le temps pour rien. Et comme les raisons pour lesquelles les gens se plaignent ont souvent un rapport avec le travail, c'est bien de cela qu'il ne faudrait jamais parler – et dont on ne parle effectivement pas puisqu'on est occupé à discuter du fait que les gens ne devraient pas se plaindre plutôt que de pourquoi ils se plaignent…

Et ce n'est pas sans conséquences. Dans une enquête consacrée aux injustices au travail[5], le sociologue François Dubet et son équipe relèvent un fait étonnant. Lorsqu'ils interrogent des travailleurs sur leur expérience, ceux-ci se montrent intarissables en termes de critiques : manque de reconnaissance, inégalités vis-à-vis d'autrui, manque d'autonomie, travail idiot ou inintéressant. Tout le monde a de bonnes raisons de se plaindre et, en prime, les personnes interrogées le font avec beaucoup d'esprit critique et des discours tout à fait construits plutôt qu'une expression brutale de leurs frustrations. Pourtant, au final, la majorité conclut par « mais pour moi, ça va ! » – c'est le cas de 65 % des enquêtés ; 85 % d'entre eux reconnaissent que la société va mal et qu'il y a des problèmes plus graves que les leurs – guerres, mal-logement, travail des enfants, etc. Pour beaucoup, le simple fait d'avoir un emploi semble un tel privilège que l'expérience au travail s'en trouve mise sous un voile pudique : même si l'on a des difficultés et que l'on est capable d'en parler, on préfère ne pas trop visibiliser la chose.

Le spectre du chômage

Le facteur qui pousse à l'invisibilisation du travail est ici assez facile à identifier : il s'agit du chômage. Depuis la crise des années 1970 au moins, celui-ci s'est installé dans le paysage français comme une donnée incontournable – et même s'il a pu être moins fort et moins durable hors des frontières de l'Hexagone, il n'en a pas moins laissé des traces profondes dans des sociétés qui, dans les décennies qui suivirent la Seconde Guerre mondiale, pensaient en avoir fini avec les pénuries d'emploi et même avec les pénuries tout court.

Si l'on peut parler, à propos des sociétés contemporaines, de « centralité du travail[6] », on peut tout aussi bien avancer une centralité du chômage, non pas dans le sens où celui-ci concerne une majorité de personnes, ni même où chacun y serait exposé de façon égale, mais plutôt dans le sens où son existence à un niveau important et, surtout, persistant affecte d'une façon ou d'une autre tout le monde, modifie l'ensemble de l'expérience quotidienne. Pour le comprendre, on peut passer par une petite histoire empruntée aux sociologues Paul Osterman et M. Diane Burton[7] : imaginons une entreprise où travailleraient cent personnes ; pendant des années et des années, des décennies même, ces salariés se rendent tous les jours au boulot, effectuent leurs tâches et repartent sans rencontrer d'incidents majeurs ; et puis un beau matin, le patron arrive, prend son café et licencie l'un d'entre eux.

Statistiquement, dans cette entreprise, le risque de perdre son emploi est donc extrêmement faible : une chance sur cent, et ce sur plusieurs années, ce n'est vraiment pas grand-chose. « Pourtant, écrivent les chercheurs, le monde s'est renversé pour tout le monde. Les 99 employés restants viendront désormais au travail chaque jour en se demandant quand leur tour viendra. Cette inquiétude affectera inévitablement un large spectre de leurs comportements[8]. » Un petit changement en termes « objectifs » a des conséquences subjectives beaucoup plus fortes – et celles-ci pèsent lourd.

C'est ce que le chômage a fait aux travailleurs et plus généralement au travail. Même s'il existait avant les années 1970 – et était bien plus destructeur au XIXe siècle en l'absence de filets de sécurité sociale –, son spectre avait été, dans les années précédentes, effacé par une forme de promesse, le « compromis fordiste » : acceptez des emplois durs et pas forcément très intéressants, ceux exigés par la chaîne de montage, et en échange, vous aurez la sécurité économique, vous serez protégés du chômage. C'est cet accord tacite qui s'est effondré et la perte d'emploi est redevenue une menace qui occupe l'esprit de nombre de personnes, y compris parmi ceux et celles qui jouissent objectivement d'un bon niveau de protection en la matière.

Le chômage, ainsi, efface le travail : pourquoi parler de ce dernier quand il y a des problèmes plus graves, plus menaçants ? « Pour moi, ça va », se disent les uns, « de toute façon, vous n'avez pas à vous plaindre », répondent les autres.

L'emploi contre le travail

En matière de politiques publiques, la centralité du chômage a justifié la mise en place de toutes sortes de mesures et de réformes pour essayer de le contrecarrer, au point où dès 1993, le président François Mitterrand assurait avoir « tout essayé » (ce qui lui a ensuite été reproché par littéralement tout le spectre politique, y compris bien longtemps après sa mort). Allègements de charges, flexibilisations diverses et variées, préretraites, emplois aidés et même réduction du temps de travail : la lutte contre le chômage a largement transformé le marché du travail, avec notamment des volontés de se rapprocher de modèles venus d'autres pays (qu'il s'agisse, selon les orientations politiques, des pays anglo-saxons, de l'Allemagne ou des pays scandinaves).

Mais comme le dit le sociologue Michel Lallement, « cette lutte contre le chômage n'est pas sans conséquences sur la façon de travailler[9] ». Partant de l'idée qu'il valait mieux avoir un emploi quel qu'il soit plutôt que d'être au chômage, les gouvernements ont encouragé un recours grandissant à ce que l'on appelle les « formes particulières d'emploi » (parfois abrégées en FPE) : temps partiel, CDD, stages, intérim, etc. – bref, tout ce qui s'écarte du CDI à temps complet. Ils ont aussi accepté de réduire la protection offerte par celui-ci, au gré des simplifications et sécurisation des procédures légales censées encourager les entreprises à embaucher plus de personnes. Or tout cela s'est payé, d'une façon ou d'une autre, par une certaine dégradation des conditions de vie des salariés – l'apparition des « travailleurs pauvres » en témoigne –, mais aussi de la qualité du travail lui-même : avec moins de marges de manœuvre et plus de pression, les salariés précaires peuvent se voir demander de faire de plus en plus de choses dans des temps de plus en plus courts sans avoir nécessairement les moyens de résister – après tout, ils sont déjà bien chanceux de ne pas être au chômage…

La lutte pour l'emploi a ainsi eu pour conséquence directe un certain désintérêt politique et médiatique pour la question du travail. Le stigmate porté par la figure du chômeur et, pire encore, de « l'assisté » et de la « France des allocs » justifie non seulement une certaine dégradation des conditions d'emploi, mais incite aussi au silence ceux et celles qui peuvent légitimement craindre qu'on les considère comme tels. Les discours sur la « valeur travail » ne sont d'ailleurs qu'une modalité de ce remplacement du travail par l'emploi : sous prétexte de défendre « le travail », on y fait surtout la critique de ceux qui n'ont pas d'emploi, en oubliant de s'interroger sur la valeur du travail – dans tous les sens du terme – de ceux qui en occupent un.

Le travailleur, ce loser

Si l'on en revient un instant aux ouvriers, il faut bien noter qu'ils ont été tout particulièrement touchés par le chômage. Ils constituent la catégorie de la population qui a été le plus affectée par le phénomène depuis les années 1970, et leur taux de chômage demeure encore, à l'heure actuelle, le plus élevé parmi les différentes catégories socioprofessionnelles : s'établissant à 11,3 % en 2021 (pour une moyenne de 7,3 % pour l'ensemble de population) pour l'ensemble de la catégorie et à 16,7 % si on considère seulement les « non qualifiés »[10]. À l'occasion des fermetures d'usines et autres délocalisations, les figures de l'ouvrier et du chômeur se sont largement confondues dans les médias, au point de les rendre invisibles non seulement dans le regard des autres, mais aussi à leurs propres yeux.

Ce point est particulièrement marqué dans une anecdote rapportée par les sociologues Stéphane Beaud et Michel Pialoux. Auteurs d'une ethnographie sur les ouvriers de Peugot à Sochaux-Montbéliard au milieu des années 1990, ils font le récit, dans la postface de la dernière réédition de leur ouvrage[11], d'une soirée de débat à laquelle ils étaient invités à intervenir à l'occasion d'une pièce de théâtre jouée par des ouvrières fraîchement licenciées après la fermeture de leur usine textile. Après leur intervention, une discussion va s'engager au sein du public et va rapidement tourner au conflit de générations lorsqu'un adolescent, Samir, venu avec sa classe de lycée professionnel (LP), exprime en des termes directs sa vision du métier d'ouvrier : être ouvrier ou élève de LP – c'est pour lui la même chose –, « c'est la honte ». Se faisant le porte-parole de ses camarades, il explique : « Nous, on veut dépendre de personne. On veut pas de chef au-dessus de nous qui nous donne des ordres. Nous, on veut pas aller travailler en usine, on veut respirer, on veut devenir patron. On ne veut pas être ou rester au bas de l'échelle…[12] » Des mots terribles pour les « vieux » présents, qui y voient une attaque contre leur travail et la dignité ouvrière à laquelle ils demeurent attachés. L'argent devient le nœud du conflit : les jeunes hommes ressassent ce mot, ne supportant pas qu'on leur promette un avenir qui en sera privé, tandis que les plus anciens leur reprochent leurs vêtements de marque et leur fascination pour la publicité et le clinquant. À propos de ces nouvelles générations issues des classes populaires, les deux chercheurs notent :

« Ils refusent tout héritage du monde ouvrier et rêvent d'une réussite de petit patron[13]. » Ailleurs dans l'ouvrage, ils avaient déjà eu l'occasion d'analyser ce rejet de l'identité ouvrière : certains jeunes se retrouvent, faute d'autres possibilités, à travailler à l'usine comme leur père, mais préfèrent souvent rester sur un statut d'intérimaire, même quand on leur offre une position moins précaire, une manière pour eux de marquer que non, ils ne sont pas ouvriers, ils peuvent encore échapper à ce destin… Dans leur esprit, ni l'ouvrier ni la classe ouvrière ne sont des figures positives : au contraire, ce sont les perdants, ce qu'il faut fuir, ce dont il faut s'abstraire à tout prix. Les luttes collectives, la fierté tirée du travail ne les intéressent pas.

La victoire du capital

Inutile de chercher l'origine de ces idées dans la paresse proverbiale des jeunes : elle a beaucoup plus à voir, comme le soulignent Stéphane Beaud et Michel Pialoux, avec l'héritage des années 1980, celles qui « ont consacré la disqualification du mode de résistance des classes populaires et la réhabilitation de l'entreprise, la glorification des *success story* à la Tapie, le culte de l'argent et de l'individualisme, qui se sont ensuite diffusés dans les "banlieues"[14] ». Les *golden boys* ou les *yuppies* des années 1980 et 1990 ne sont pas exactement décrits comme des oisifs, mais pour autant, ils sont d'abord caractérisés par un mode de vie et des consommations qui renvoient aux loisirs : grosses voitures, boîtes de nuit, jolies filles, etc., font directement partie de cette mythologie – dont on voit qu'elle se conjugue au masculin et adopte des atours patriarcaux (le jeune Samir dont parlent les sociologues s'interroge d'ailleurs en disant « un électricien, quelle femme voudra de lui ? »).

Cela se retrouve sous des formes encore plus radicales aujourd'hui sous les traits d'influenceurs qui mettent en scène la possibilité de devenir riche en passant sa vie à s'amuser dans des lieux de villégiature ou promettent mille et une astuces pour obtenir un « revenu passif », nouvel Eldorado promis par de jeunes gens à d'autres encore plus jeunes qui n'auraient qu'à télécharger telle ou telle application de trading, à faire telle ou telle opération extrêmement simple et sans efforts, du *dropshipping* aux investissements immobiliers, pour pouvoir bientôt vivre sans travailler. « Savais-tu que 95 % de la population détient 5 % des richesses ? Est-ce que tu veux en faire partie ? » demandait l'un d'entre eux dans une de ses vidéos, posant devant une grosse voiture, coupe de champagne à la main, avant de poursuivre : « Est-ce que tu préfères faire pitié et prendre le bus tous les jours ou est-ce que tu préfères commencer à faire de l'argent grâce à ton téléphone [...] ? Moi, je pense la question elle est vite répondue. » La dernière phrase deviendra un mème sur les réseaux[15], et l'on découvrira que la fameuse voiture appartenait en fait à la mère du jeune homme[16]. Mais derrière lui, il y a toute une nébuleuse d'entreprises qui promettent de faire fortune rapidement[17] en s'appuyant sur une dévalorisation du travail qui, étrangement, ne vient pas vraiment de la gauche...

En effet, certaines des figures les plus célébrées au plan économique n'entretiennent qu'un rapport au moins ambigu quand ce n'est pas franchement hostile au travail. Une partie des millionnaires et des milliardaires mettent en scène des modes de vie qui font la part belle aux loisirs sans trop se préoccuper du goût de l'effort. Abu Dhabi ou Dubaï ont d'ailleurs basé leur stratégie politique et économique sur le fait d'attirer les capitaux et ceux qui les possèdent en devenant de véritables parcs d'attraction pour ultra-riches où le travail ne semble pas vraiment exister (ou du moins est réservé à des employés de maison souriants et heureux d'être là, les ouvriers qui ont construit ces grandes tours au beau milieu du désert étant étrangement absents au moment de la photographie pour la plaquette touristique). L'image de ces pays est construite autour de la consommation à outrance, comme le notait le chercheur Mike Davis à propos de Dubaï, dont la « fête nationale – non officielle –, qui définit aussi son image planétaire, est le fameux Festival du Shopping, parrainé par les vingt-cinq centres commerciaux de la ville. Ce grand moment de folie consumériste démarre tous les 12 janvier et attire pendant un mois quatre millions de consommateurs haut de gamme[18] ». Ce faisant, ces pays et leurs nombreux relais ont répandu, notamment chez les jeunes, l'imaginaire d'une réussite qui prend les atours de vacances permanentes.

De façon moins caricaturale mais non moins importante, on se souvient d'Emmanuel Macron, alors ministre de l'Économie, expliquant qu'« il faut des jeunes Français qui aient envie de devenir milliardaires[19] » : l'usage de ce terme n'est pas innocent. Le milliardaire n'est pas défini par son travail, mais seulement par sa possession d'un capital. Il ne s'agit pas d'appeler les jeunes à mettre leurs efforts aux services des autres, ni même d'être des innovateurs motivés par l'amour de la technique ou ses bienfaits pour l'humanité, mais d'essayer d'obtenir coûte que coûte plus d'argent qu'il n'en faut pour vivre. Peut-être faut-il travailler pour en arriver là – dans la même interview, le futur président faisait le lien avec

« l'émancipation par le travail » – mais ce n'est pas le but premier, au contraire, il s'agit au final de pouvoir pour échapper au travail… Celui qui « gagne » le jeu économique n'est pas celui qui travaille, mais celui qui parvient à rejoindre le camp du capital. Et c'est ainsi que l'on se retrouve avec, dans un journal comme *Le Figaro*, des titres du type : « Jacques, 32 ans : "On voulait arrêter de travailler et vivre de l'immobilier, mais les locataires mauvais payeurs nous ont vaccinés"[20] » – où l'on est invité à compatir avec le malheur de pauvres propriétaires qui n'ont pas réussi à devenir rentiers. La valeur travail ? C'est pour les autres, toujours pour les autres…

II

La grande invisibilisation

La partie précédente pourrait laisser penser que l'invisibilisation du travail est un phénomène récent qui ne découlerait que de certaines transformations sociales et surtout économiques telles que les progrès fulgurants de l'informatisation et de la robotisation ou encore la dégradation du marché de l'emploi. Si ces phénomènes ont bel et bien renforcé nos difficultés à voir et à parler du travail, ils n'ont fait que prolonger une tendance bien ancienne qu'il faut relier au capitalisme. Au sein de celui-ci, l'invisibilité du travail est la norme, et sa visibilité n'avait été conquise qu'au prix des luttes et des combats du mouvement ouvrier.

Pourtant, comme on l'a déjà évoqué, l'idée moderne de travail naît avec le capitalisme. Assurément, avant les révolutions industrielles qui ont établi sa domination, le labeur des hommes et des femmes avait un sens très différent. Même s'il est exagéré de dire que nos ancêtres de l'Antiquité ou du Moyen Âge n'avaient que mépris pour cette activité[1], ils ne lui accordaient assurément pas la même importance que nous, notamment parce qu'ils n'en faisaient pas le fondement du statut au sein de la société, ni ne le considéraient comme un moyen de transformer et d'améliorer le monde[2]. En un sens, c'est le capitalisme qui place le travail sur le devant de la scène, l'isole d'autres activités et d'autres considérations (religieuses, familiales, etc.), le désigne comme source de la richesse aussi bien individuelle que collective, et incite à s'y consacrer le plus possible. Penser le travail en tant qu'activité spécifique est en soi quelque chose de profondément lié au capitalisme. Et pourtant, dans le même temps et dès le début, c'est dans ce même capitalisme et du fait de ses dynamiques sociales propres que le travail va se trouver effacé, nié, minimisé. C'est là un des paradoxes de cette organisation économique – d'aucuns diraient même que ça en est une contradiction[3].

L'identification de ce problème est ancienne, puisqu'on le trouve déjà dans une des notions développées par Karl Marx : celle de « fétichisme de la marchandise[4] ». Le penseur allemand désigne par là le fait que, avec les nouveaux modes de production qui s'imposent alors, les lieux de production et de consommation, longtemps confondus – le paysan produisait ce qu'il consommait lui-même et ce que consommaient les membres de sa famille, peut-être les habitants de son village –, se trouvent séparés : le travail nécessaire à la production n'est plus visible, et on en vient donc à penser que la valeur des marchandises provient de leurs qualités propres et non, comme le défend Marx, du travail qu'elles incorporent. Il apparaît donc déjà au grand critique du capitalisme que celui-ci comporte une tendance à effacer l'existence du travail et plus encore – on y reviendra – l'expérience concrète des travailleurs.

On peut analyser la question de la visibilité du travail dans le capitalisme comme un conflit : une lutte entre des groupes et des classes pour définir cette notion, présenter ce qu'ils font comme le « vrai » travail et tout ce que font les autres comme de moindre valeur ou complètement inexistant – « qui travaille vraiment ? », voilà la question. La valorisation que fait Marx du travail peut d'ailleurs se lire dans ce contexte particulier : alors qu'il a littéralement sous les yeux un mouvement d'aliénation et d'intensification du labeur qui va jusqu'à la destruction des corps et des esprits, il n'en livre pas moins, dans ses écrits, une véritable apologie du travail, activité vitale par laquelle l'être humain s'accomplit véritablement – et critique précisément le travail capitaliste, qui empêche cet accomplissement par son caractère aliénant. On peut y voir une forme de réaction aux transformations de son siècle, une façon de retrouver, sous les souffrances imposées par l'industrialisation, une activité essentielle aux êtres humains, et plus encore une façon de réhabiliter et de mettre en lumière le travail des uns – les prolétaires – contre les prétentions au contrôle et surtout à l'effacement des autres – les capitalistes.

Ainsi, l'invisibilité du travail que nous nous attachons à analyser n'est ni un phénomène nouveau ni, surtout, un accident de ces dernières années. Elle est au contraire inscrite de façon profonde dans la dynamique du capitalisme : pour reprendre une expression du monde de l'informatique, *« it's not a bug, it's a feature »*, soit « ce n'est pas un bug/une erreur, c'est une fonctionnalité ». Cette deuxième partie entend explorer la façon dont la logique même du capitalisme consiste en cette grande invisibilisation.

6
Le capital contre le travail

Que font les ultra-riches ?

Considérons une proposition simple : « En 2017, Elon Musk a réalisé un véritable exploit : il a mis une voiture en orbite autour de la Terre. »

Cette phrase peut sembler banale. De fait, pour peu que vous vous intéressiez aux frasques (mot qui semble plus juste, dans ce contexte, qu'« aventures ») du milliardaire américain, vous avez probablement déjà rencontré une formulation semblable, l'épisode de la « Tesla dans l'espace » constituant l'un des éléments clefs de sa mythologie personnelle. Et pourtant, si l'on prend la peine d'y réfléchir quelques minutes, elle est fausse – et *l'on sait* qu'elle est fausse. Elon Musk n'a pas mis sa voiture personnelle en orbite. Elon Musk a utilisé l'immense fortune amassée lors de la vente de PayPal pour rassembler des ingénieurs et des spécialistes de l'aérospatiale. Puis il a demandé à tout un tas de personnes de mettre une voiture dans l'espace – tout un tas de personnes dont la contribution et le travail sont tout simplement effacés au regard de l'histoire et des représentations puisque la voiture qui continue à tourner autour de la planète demeure « la Tesla d'Elon Musk[1] ».

La simple énonciation de ce correctif pourrait donner l'impression à certains que l'on cherche à couper un cheveux en quatre : on comprend bien ce que cela veut dire, et puis c'est quand même lui qui a eu l'idée et l'initiative, en plus quel formidable coup marketing, la preuve, on en parle encore, et de toute façon, il a bien révolutionné le secteur spatial dans son entièreté et ceux qui le critiquent sont des jaloux. Il ne s'agit pourtant pas de dire que Musk est totalement dénué de mérite, mais plutôt de comprendre en quoi consiste exactement son travail. Même si son emploi du temps exact nous est inaccessible, on peut imaginer sans peine qu'il a donné des ordres, participé à des réunions, écouté des présentations PowerPoint et en a peut-être produit lui-même certaines, qu'il a tranché des conflits et pris des décisions, fixé des orientations et des objectifs, lu des rapports et des spécifications techniques, encouragé et réprimandé certains de ses collaborateurs, signé certains documents et validé d'autres et toutes sortes de choses dans le même goût qui ont débouché, *in fine*, à la fois sur le choix d'envoyer une voiture dans l'espace et sur la technologie qui a rendu l'opération possible. Assurément, il n'a pas construit la fusée lui-même, et s'il s'est peut-être penché sur ses plans, la conception n'a en aucun cas été de son seul fait. Même le choix d'une voiture ne sort pas de son seul esprit isolé : elle lui avait, semble-t-il, été suggérée par une fan via un réseau social[2]...

Or aucune de ces activités n'apparaît clairement dans l'idée que « Elon Musk a placé une voiture en orbite ». L'expression ne fait pas qu'effacer le travail des nombreux employés de SpaceX : elle masque aussi, et du même coup, le travail effectif d'Elon Musk lui-même. Il n'apparaît pas comme un bon directeur ou un bon manager, mais bien comme le génie qui serait, seul, parvenu à réaliser un exploit hors du commun.

Pourquoi les héros du capitalisme cachent-ils ainsi leur travail réel ? Car il en va de même pour tous les Jeff Bezos, Carlos Slim ou Bernard Arnault de ce monde : ils « font » officiellement des choses qui dépendent largement d'autrui, mais sont dans le même temps beaucoup plus discrets sur ce qui occupe effectivement leurs journées. Même dans la fiction, on verra peut-être Steve Jobs ou Mark Zuckerberg mettre un peu « la main à la pâte » dans les premières minutes du film, histoire de rappeler leurs débuts difficiles, mais leur activité gagnera en abstraction au fur et à mesure que l'histoire se déroule (et que, généralement, des enjeux amicaux ou amoureux prendront peu à peu le dessus dans l'intrigue).

La raison en est simple : si l'on regardait de près le travail effectif de tous ces grands personnages, il n'y aurait pas une métrique communément admise qui justifierait la différence de revenus et de pouvoir entre eux et le reste de leurs employés – voire envers le reste du monde. Ou, pour le dire autrement, on commencerait rapidement à douter qu'ils méritent leurs salaires (ou leurs stock-options, actions de performances, primes, bonus ou toute autre forme de récompenses qu'ils s'attribuent). Sans doute, encore une fois, travaillent-ils dur et consacrent-ils de longues heures à la gestion de leurs affaires, mais un temps de travail excessif et une disponibilité constante ne sont pas un trait étranger à bien d'autres professions, comme les médecins urgentistes, par exemple. De même, s'ils disposent sans doute de diplômes élevés, de qualifications importantes et de compétences rares, le moins que l'on puisse dire, c'est qu'ils sont loin d'être les seuls[3] (on peut penser aux chercheurs et aux scientifiques qui, même lorsqu'ils sont fort bien payés, ne tutoient pas les mêmes sommets en matière de rémunération). Et s'ils participent sans aucun doute à la production de biens et de services très utiles qui contribuent au bien-être d'un grand nombre de personnes, c'est tout autant le cas de leurs salariés.

Il y a donc un problème simple qui se pose à ces ultra-riches et, plus généralement, à tous les défenseurs du capitalisme : il faut bien justifier ces écarts énormes de rémunération[4]. « Justifier », ici, n'est pas la même chose qu'« expliquer ». Le problème n'est pas tant, ou pas seulement, de trouver une cause ou un schéma explicatif que, pour les personnes concernées, de rendre acceptable et légitime leur situation particulière[5]. C'est ce que vise à faire ce que l'on peut appeler le « mythe de l'entrepreneur ».

Le mythe de l'entrepreneur

De la même façon que l'histoire politique est volontiers réduite par certains à un simple « roman national », il existe une version de l'histoire économique qui fait la part belle aux « grands hommes » (masculin pas forcément très neutre[6]) investis de mille vertus exemplaires qui auraient façonné le monde par la seule force de leur volonté. Les noms de ces héros sont bien connus : Andrew Carnegie, John Davidson Rockfeller, Thomas Edison, peut-être un peu plus modestement Nikola Tesla (mais avec des réhabilitations récentes), les frères Wright, Ray Kroc et les frères McDonald ; plus proches de nous, Steve Jobs, Bill Gates, Jeff Bezos, Mark Zuckerberg, Peter Thiel ou encore Sam Altman – complétez à l'envi. Plus localement, en France, quelques figures occupent des positions tout à fait équivalentes, la famille de Wendel, les frères Renault, André Citroën, et plus récemment Xavier Niel ou Bernard Arnault. Toutes ces personnes sont présentées, peu ou prou, comme étant les acteurs clefs de l'économie, des Prométhées modernes qui ont révolutionné au moins leur domaine et le plus souvent le monde.

Comme l'analyse l'historien Anthony Galluzzo[7], de telles figures mythifiées apparaissent en même temps que les moyens de communication de masse se développent : la presse d'abord, la télévision ensuite et l'internet finalement. Les premiers artisans en sont les entrepreneurs eux-mêmes : Andrew Carnegie publia des articles puis un livre intitulé *The Gospel of Wealth* (*L'évangile de la richesse*, rien de moins) pour défendre l'idée qu'il avait obtenu sa fortune grâce à un travail acharné et que tout un chacun pouvait ainsi y parvenir ; la biographie la plus connue de Steve Jobs, celle de Walter Isaacson[8], est en fait un travail de commande du patron d'Apple – commande d'autant plus pressante qu'il se savait condamné par un cancer. Ces deux ouvrages, comme bien d'autres comparables, seront des succès de libraire, consciemment construits pour être autant des documents sur la vie de leurs sujets respectifs que des sortes de guides pour ceux et celles qui voudraient marcher dans leurs pas – la différence avec les influenceurs économiques qui pullulent sur les réseaux est parfois ténue.

Le choix même de se présenter comme entrepreneur est parlant : un « entrepreneur », ce n'est pas un « homme d'affaires », terme qui convoque un imaginaire très différent, fait de réunions et de dîners, de poignées de mains et d'opportunisme ; ce n'est pas non plus un « patron », ce qui implique par nécessité l'existence d'ouvriers, de salariés, d'usines ou de sites de production sur lesquels exercer un pouvoir… Dans les représentations communes, l'un comme l'autre constituent des figures bien moins séduisantes du monde économique. D'ailleurs, Anthony Galluzzo note que la plupart des récits faits, dans la fiction ou ailleurs, à propos d'Apple laissent de côté le rôle de Mike Markkula, l'apporteur de capitaux qui permit à Steve Jobs et Stephen Wozniak de sortir de leur garage, qui conçut les premiers plans de développement de l'entreprise, qui conduisit les deux compères chez un avocat pour déposer leurs premiers brevets et qui mobilisa tout son réseau pour obtenir les financements nécessaires. Le financier n'a pas vraiment sa place dans les légendes de la Silicon Valley, même quand il « peut être considéré comme le véritable fondateur d'Apple, celui qui a transformé une petite opération d'amateurs insignifiante en une start-up structurée et solidement financée[9] ».

Au contraire, toujours dans les représentations largement diffusées, les entrepreneurs, eux, produisent, innovent, inventent, créent – en fait, ce sont eux qui *font* les choses. On parle d'eux avec un vocabulaire dont la dimension religieuse est loin d'être absente : il sera question de don, de talent et, surtout, de génie. Celui-ci permet de réaliser ce tour de magie sociale qui consiste à attacher des produits à des grands noms plutôt qu'à des collectifs et, surtout, à des collectifs de travailleurs : nous devons ainsi l'électricité à Thomas Edison ou les nouvelles fusées à Elon Musk dans un lien personnalisé particulièrement fort. De fait, on dira souvent que c'est grâce à Steve Jobs que l'on doit de pouvoir utiliser des smartphones quand bien même ils ne sont pas tous issus de son entreprise, loin s'en faut. On se moquera même souvent des militants anticapitalistes ou plus généralement de gauche qui utilisent un tel appareil alors que, étrangement, personne ne reproche aux défenseurs des grandes fortunes de porter des vêtements cousus par de vulgaires ouvriers et ouvrières et non par les doigts délicats de Bernard Arnault lui-même…

Ce mythe de l'entrepreneur permet donc « l'annihilation symbolique des travailleurs[10] ». Le charisme de Steve Jobs a permis de rapidement mettre un terme au scandale provoqué par les révélations sur les conditions abominables de travail dans les usines du sous-traitant chinois Foxcon où sont assemblés les iPhones : que valent quelques ouvriers et ouvrières à l'autre bout du monde face à la grâce de celui que l'on décrit volontiers comme « l'un des plus grands Américains de l'histoire[11] » ? Au pire, c'était, du point de vue de ses fans, une erreur d'inattention de la part du dirigeant d'Apple ; au mieux, il ne tarderait pas à user de son génie pour trouver des solutions et améliorer le sort de ces pauvres gens, car qui de mieux placer pour sauver les travailleurs qu'un entrepreneur innovateur ? Après tout, ne devraient-ils pas être déjà reconnaissants qu'il leur donne des emplois et leur permette ainsi de se tirer de leur misérable condition ?

On voit ici comment peut agir cette mythologie économique. Puisque ce sont ces entrepreneurs qui agissent et produisent, puisque ce sont eux les « créateurs de richesse », les contributions d'autres personnes n'attirent que beaucoup moins, voire pas du tout l'attention. Si on reconnaît leur existence, elles sont entièrement soumises au pouvoir des figures légendaires placées au-dessus d'elles : les collaborateurs les plus proches – les mieux rémunérés, les plus diplômés – auront été « inspirés » par lui et par son génie sans qui rien n'aurait été possible, et pour les autres, notamment ceux disposant du moins de ressources, ils ont bénéficié des emplois « créés » et ont bien de la chance qu'on leur ait « donné » du travail. Le vocabulaire transforme ainsi souvent un échange économique – travail contre salaire – en un don que fait l'entrepreneur aux travailleurs, ce qui suggère que ceux-ci ont envers lui une dette, lui doivent une forme de reconnaissance éternelle. Sont-ils encore des travailleurs dans ces conditions ? Il est permis d'en douter, puisque le seul qui travaille vraiment dans cette histoire, c'est l'entrepreneur…

Les prestidigitateurs du grand capital

Parfois, cet effacement est difficile à tenir. La machine communicationnelle se grippe et un de ses acteurs laisse échapper quelques mots qu'il ne devrait pas. C'est ce qui s'est passé le 20 juillet 2021, lors du premier vol habité vers l'espace lancé par Blue Origin, une entreprise de tourisme spatial lancé par Jeff Bezos. Tout juste descendu de sa fusée, le milliardaire américain s'est fendu d'un discours « comme si on venait de lui remettre un prix[12] ». « Je tiens à remercier chaque employé d'Amazon et chaque consommateur d'Amazon parce que vous avez payé pour tout ça », a-t-il lancé, des rires dans la voix, stetson vissé sur la tête comme une caricature sortie tout droit des *Simpsons*.

La déclaration a été immédiatement jugée choquante par un grand nombre de personnes, certains la décrivant comme « irrespectueuse[13] », d'autres y voyant l'expression d'une hubris disproportionnée[14]. Pourtant, sur ce point particulier, on se gardera bien de donner tort à Jeff Bezos, notamment pour ce qui est de la contribution de ses employés : sans le travail de tous les salariés d'Amazon, ainsi que de bien des non-salariés ou sous-traitants divers et variés, la richesse qui a permis de construire le propulseur et la capsule n'aurait pas existé et ne se serait pas retrouvée là. Et même concernant les consommateurs, il n'est pas certain que ceux-ci aient contribué seulement en achetant des produits mais aussi, souvent, en les notant et en les commentant ou en fournissant des données personnelles et des traces électroniques qui ressemblent à certains égards à du travail gratuit[15]. De quelque façon qu'on le prenne, Bezos seul n'aurait non seulement jamais pu concevoir et fabriquer sa fusée – pas plus que Musk la sienne –, mais, en outre, il n'aurait de toute façon pas détenu les ressources nécessaires pour l'acheter ou pour obtenir le travail d'autrui nécessaire à la réalisation de son projet. Le problème n'est pas que Bezos se trompe ou se montre irrespectueux lorsqu'il dit que les employés d'Amazon ont « payé » pour ça, le problème est plutôt que s'il le reconnaît et en est conscient, il devient difficile de justifier que lui ait tiré sa richesse de leur travail tandis qu'eux se contentent de salaires faibles et de conditions de travail dégradées. Lorsque l'on reconnaît que « les employés ont payé pour ça », on reconnaît que c'est eux qui créent la richesse, au moins une grande partie, et non l'entrepreneur seul. Dès lors, se posent quelques questions fort embarrassantes : Pourquoi est-ce lui qui en récupère une part si importante ? Celle-ci peut-elle véritablement se justifier par son travail, ses efforts, sa contribution personnelle ? Pourquoi les employés d'Amazon qui « ont payé pour ça » n'ont-ils pas leur mot à dire sur la façon dont est dépensé cette richesse ? N'auraient-ils pas, alors, envisagé des usages autres que d'essayer d'envoyer quatre personnes passer quelques minutes dans la stratosphère ?

Ce moment souligne combien la bonne fortune des entrepreneurs repose sur l'appropriation de forces collectives – d'aucuns parleront même d'exploitation, mais on y reviendra dans le prochain chapitre. Ici, il faut surtout souligner une force de ce que les sociologues Pierre Bourdieu et Yvette Delsaut appelaient une « méconnaissance collective », pendant indispensable à toute croyance collective[16]. En essayant de comprendre par quelle magie sociale la « griffe » du couturier parvenait à transformer une pièce de vêtement en objet de mode, les deux chercheurs soulignaient qu'il était nécessaire que tous les agents impliqués s'emploient à ignorer les conditions qui confèrent ce pouvoir, notamment l'implication des journalistes, clients et autres critiques. De la même façon, pour que le pouvoir créateur des entrepreneurs ait quelque performativité, il faut oublier une grande partie de ce qui le produit. Au plus proche de l'argument de Bourdieu et Delsaut, on trouve le rôle essentiel de la sphère médiatique, qui élève le simple employeur au statut d'« innovateur ». À cela, il faut ajouter l'invisibilisation du rôle de l'État : comme le souligne le sociologue américain Neil Fligstein, la Silicon Valley ne s'est pas développée par la grâce d'un marché libre – le « mythe du marché » étant l'un des pendants du « mythe de l'entrepreneur » –, mais grâce à l'implication forte de l'État américain aussi bien comme client (via l'armée, avide de nouvelles technologies) que comme bailleur de fonds[17]. Et bien sûr, cette méconnaissance collective englobe le travail des salariés pour ne voir, *in fine*, que celui de leur dirigeant. Même lorsque, comme Jeff Bezos de retour de l'espace, on se souvient que leur contribution existe, ce n'est pas au point de considérer qu'ils méritent plus que les mêmes remerciements qu'un réalisateur recevant un Oscar envoie, les larmes aux yeux, à toute une équipe qui n'aura pourtant ni les honneurs de la scène, ni l'accès au micro, ni bien sûr les nombreuses propositions fort rémunératrices qui découleront de cette récompense…

L'aura de l'entrepreneur

Évidemment, tous les ultra-riches ne sont pas des « entrepreneurs », du moins pas dans le sens particulier qu'Anthony Galluzzo donne à ce mot, ni d'ailleurs tous les riches et encore moins tous les propriétaires et dirigeants d'entreprise ou tous les actionnaires. Même une fois leur mythologie déconstruite, les grands innovateurs héroïques ne se comptent guère que sur les doigts d'une main à chaque époque donnée. Et ce d'autant plus que l'attention médiatique qui est constitutive de leur position particulière n'est pas extensible à l'infini.

Pour peu nombreux qu'ils soient, leur poids idéologique n'en est pas moins considérable : ils servent de fait de justification à tous les autres. Face aux critiques et aux remises en cause, il sera possible à n'importe quel patron, n'importe quel homme d'affaires, n'importe quel start-upper, actionnaire, voire rentier, de se draper dans la toge d'un Steve Jobs en devenir ou de se ranger dans le camp de ceux qui *font* l'économie, ceux qui produisent, créent des richesses, des emplois, ceux qui *agissent* et font tourner le monde tandis que les autres, et notamment ceux et celles qui ont l'audace de les questionner, appartiennent à la masse qui ne sait que se plaindre, qui est jalouse et qui, au final, déteste vraiment la réussite – surtout en France (seulement 3e mondiale dans le palmarès du nombre de millionnaires[18], c'est bien la preuve).

C'est que les efforts de mise en scène des entrepreneurs les plus médiatiques constituent, finalement, l'un des principaux dispositifs de visibilisation du travail – pas que de leur travail spécifique, lequel demeure, comme on l'a déjà évoqué, présenté seulement de façon floue, mais du travail *en général*. Ils sont le visage de l'économie, laquelle est conçue dans nos sociétés – et c'est l'un des traits spécifiques du capitalisme[19] – comme une sphère séparée et autonome des autres activités possibles (politiques, domestiques, culturelles, religieuses, etc.). Si travailler c'est participer à l'activité économique, si, plus encore, travailler c'est créer, alors les entrepreneurs et tous ceux et celles qui s'en rapprochent sont le principal visage du travail qui parvient à s'imposer dans une société capitaliste qui assimile travail et profit.

Il faut alors considérer toutes ces activités où les entrepreneurs se mettent eux-mêmes en avant non pas comme une simple affaire d'ego surdimensionné – même s'il est assuré que la plupart des ego en question ne taillent pas vraiment du XS. Il s'agit plutôt d'un aspect extrêmement important de leur activité spécifique : c'est là une forme d'investissement dans un *capital symbolique*[20] qui vient redoubler et compléter le capital proprement économique. Posséder les moyens de production ne suffit pas : il faut aussi que le plus grand nombre accepte cette propriété, qu'elle soit considérée comme légitime et donc légitimée. C'est ce qui s'opère dans l'appropriation, non seulement du travail d'autrui par l'effacement de celui-ci, mais aussi celle de la notion même de travail. Il s'agit bien là d'un capital puisque c'est, au moins pour partie, parce qu'ils parviennent à convaincre largement de leur génie et de leur exceptionnalité que des gens comme Musk ou Bezos peuvent tutoyer des chefs d'État, et c'est aussi pour cela qu'ils parviennent à attirer les investissements, obtenir des prêts, ou encore motiver des travailleurs et des travailleuses à se donner corps et âme à leurs entreprises respectives. Certes, dans tous les cas, le capital proprement économique, c'est-à-dire la possession des moyens de production, leur est bien utile mais, pour être pleinement efficace, il doit se compléter de l'aura du statut d'entrepreneur, une autre forme de capital, donc, dans laquelle on investit parce qu'elle produit un intérêt.

Capital vs travail, one more time

Revenons, pour finir, aux écarts de rémunération. Lorsque, par exemple, le PDG de l'entreprise américaine Palantir Technologies, Alex Karp, touche en 2020 un salaire annuel de 1 098 513 297 dollars (peut-être faut-il l'écrire en lettres pour mieux rendre compte de la somme : un milliard quatre-vingt-dix-huit millions cinq cent treize mille deux cent quatre-vingt-dix-sept dollars), il devient, sans grande surprise, l'homme le mieux payé du monde cette année-là[21]. Le chiffre est particulièrement marquant puisque son entreprise, spécialisé dans la cyber-intelligence et qui fournit notamment la CIA, n'a été rentable pour la première fois que trois ans plus tard, en 2023[22].

On comprend alors d'où vient sa rémunération : non pas tant de son travail – même si une fois de plus, il ne s'agit pas de prétendre qu'il ne fait rien du tout –, mais bien du capital. Le revenu d'Alex Karp ne correspond pas tant à une mesure de la valeur qu'il a personnellement créée au cours de l'année 2020 mais plutôt, au mieux, à une mesure de la confiance que lui font les investisseurs et les détenteurs du capital de l'entreprise pour poursuivre le développement de celle-ci et leur permettre, finalement, de remplir leurs objectifs spécifiques, notamment en termes de valorisation sur les marchés de leurs actions. D'ailleurs, une partie non négligeable de cette *compensation* (pour utiliser le terme anglais que l'on peut traduire par salaire) lui a été remise sous forme d'actions. Il n'était de toute façon pas un salarié comme les autres, puisque membre fondateur de l'entreprise, avec notamment Peter Thiel, déjà fondateur de PayPal avant même qu'Elon Musk ne s'en mêle.

Le sociologue Philippe Steiner s'était déjà intéressé, en 2011, à de telles « rémunérations obscènes[23] ». Généralement, l'explication qui en est donnée, notamment par certains économistes, fait intervenir l'existence d'un marché des dirigeants en pleine mondialisation : un peu comme pour les salaires considérables des footballeurs, l'existence d'une forte concurrence entre entreprises pour attirer les superstars, doublée de la nécessité de les inciter à réussir, expliquerait l'inflation des revenus de ces travailleurs particuliers. Mais Steiner montre qu'un tel marché n'existe pas vraiment – les cas de débauchage d'un haut dirigeant sont rares, encore plus d'un pays à l'autre – et l'efficacité des grands patrons se révèle bien difficile à mesurer, de telle sorte que les dirigeants les mieux payés ne sont que rarement à la tête des entreprises les plus performantes. Selon le sociologue, la véritable explication de ces « revenus d'une autre galaxie » repose bien sur le pouvoir grandissant des actionnaires au sein des entreprises, ainsi que sur la proximité entre les dirigeants eux-mêmes et les comités chargés de décider de leurs rémunérations.

Ces rémunérations affolantes doivent donc se penser comme une conséquence de la financiarisation de l'économie, ce mouvement par lequel l'activité économique tend à être soumise à la logique des marchés financiers et à la satisfaction d'actionnaires en recherche avant tout de valeur boursière et de plus-values toujours plus grandes. Ce phénomène peut se penser comme la forme contemporaine de l'affrontement entre capital et travail, dans laquelle le capital est en train de l'emporter[24] – comme il le faisait au début de l'industrialisation. D'ailleurs, dans son histoire du mythe de l'entrepreneur, Anthony Galluzzo identifie deux phases principales de cette héroïsation capitaliste, la fin du XIXe siècle et la période actuelle depuis les années 1980[25]. Entre les deux, le mouvement ouvrier était parvenu à imposer d'autres figures du travail et un autre équilibre dans son conflit avec le capital. Ce qui revient donc aujourd'hui, c'est la tendance des détenteurs du capital à ne voir et à ne reconnaître que le travail auquel ils s'identifient, celui qui, bien sûr, est le plus favorable à leurs intérêts.

Ainsi, les définitions du travail avec lesquelles nous pensons, la façon dont nous voyons ou non celui-ci ne peuvent se penser en dehors du conflit central du capitalisme. Il existe des différences entre ce que les capitalistes et ce que les travailleurs perçoivent comme relevant du travail et même comme étant le « vrai » travail, celui qui crée, celui qui produit, celui qui a de la valeur, et parvenir à l'imposer est un enjeu d'importance.

7
Derrière les chiffres : la fabrique du travail sans qualité

Le travail n'est-il que du temps ?

Si la question de la « valeur travail » est moins polarisante qu'on ne veut bien le croire, il est tout de même un aspect du travail qui provoque à coup sûr levées de boucliers, polémiques et disputes infinies sur les plateaux télé et ailleurs : il s'agit bien sûr du temps de travail. Depuis au moins les lois Aubry de 1998 et 1999 qui organisèrent le passage de la durée légale hebdomadaire de 39 à 35 heures, les positions n'ont guère changé. D'un côté, on peste toujours contre cette réforme, accusée aussi bien d'avoir détruit la compétitivité française à l'international[1] que d'avoir fait perdre à tout un peuple le goût de l'effort[2]. La solution est donc la même depuis Nicolas Sarkozy : travailler plus puisque, selon le président Macron lors de la présentation du Plan France 2023, « nous sommes un pays qui travaille moins que les autres[3] ». De l'autre côté, pourtant, l'idée du partage du temps de travail à l'origine de la politique de réduction du temps de travail est loin d'avoir disparu. Au contraire, la CGT, par exemple, propose toujours de passer à 32 heures hebdomadaires et, plus généralement, l'idée de la semaine de quatre jours refait régulièrement surface, provoquant sans surprise son lot de débats, d'espérances et d'inquiétudes[4]. Même le Premier ministre Gabriel Attal l'a évoqué, bien que semblant pencher plutôt pour une semaine *en* quatre jours (à charge de travail égale) que *de* quatre jours[5].

Bref, les débats les plus forts et les plus clivants sur le travail portent aujourd'hui sur cette question : combien d'heures, combien de temps faut-il travailler ? Même les réformes et polémiques récurrentes autour des retraites relèvent de cette problématique, avec les mêmes positions – travailler plus (au cours de sa vie) ou partager le temps de travail (libérer des emplois pour les jeunes). Dans tous les cas, on considère que le travail, c'est d'abord du temps, un nombre d'heures, une durée.

Comme le remarque le sociologue François Vatin[6], il y a une représentation très largement partagée qui fait du travail un « bien mesurable en temps ». C'est ainsi qu'il apparaît dans le débat public. C'est aussi sous cette forme qu'il s'échange sur le « marché du travail » : l'employeur achète, le plus souvent, un certain volume horaire de travail fourni par le travailleur en échange d'un prix, le salaire. Et c'est comme cela qu'on en parle au quotidien : il y a une heure de début, une heure de fin, et tout ce qui ne se trouve pas entre les deux relève du « loisir », du non-travail.

Pourtant, bien des travailleurs ont fait l'expérience du caractère très conventionnel, si ce n'est entièrement fictif, de ces bornes temporelles. Parfois, le travail se poursuit bien en dehors des horaires « de bureau[7] ». Lorsque l'on est obligé de rester un peu plus parce qu'un client, un usager ou plus simplement le chef en a besoin, lorsque le cadre rallume son ordinateur ou consulte ses mails sur son smartphone, lorsque le stress et les problèmes continuent à occuper l'esprit parfois jusqu'à l'insomnie ou au burn-out. Souvent, savoir quand le travail commence est un enjeu de disputes et de désaccord : le temps de trajet doit-il être pris en compte comme du travail ? Si l'activité exige que l'on porte une tenue particulière, un uniforme ou des protections, se changer fait-il ou non partie du temps rémunérée ? Et qu'en est-il des temps de pause, d'astreinte, de disponibilité ? Comment faut-il les compter ?

Mais dans l'autre sens, on sait aussi que toutes les heures de travail ne se valent pas. Il n'est d'ailleurs pas rare de parler de présentéisme[8] pour dénoncer cette obligation d'être physiquement « au travail » même si l'on n'a rien à faire, juste pour montrer son engagement ou faire plaisir à ses supérieurs – un mal souvent décrit comme propre à la culture entrepreneuriale française, bien plus en tout cas que son exact opposé, l'absentéisme[9]. Et certains sont bien conscients du caractère très relatif de ce qu'est une heure ou une journée de travail, comme cette employée d'une grande maison d'édition qui confie au journal *Le Monde* : « Si tu veux vivre confortablement ton présentéisme, il faut réussir à être installée dos au mur, et face à l'entrée, pour que personne ne puisse voir ce que tu fais sur ton ordi. Car en réalité, les gens ne travaillent pas mais font des achats, des paris en ligne, du scroll sur les réseaux sociaux. Certains arrivent même à voir jusqu'à trois épisodes de série par jour[10]. » Comme le dit encore François Vatin, « raisonner en termes de durée du travail dans une métrique homogène, c'est faire comme si toutes les heures se valaient, du point de vue de l'efficacité productive, comme du point de vue de la contrainte qui pèse sur le travailleur[11] ».

Hypothèse intenable dès lors que l'on veut prendre en compte les spécificités concrètes du travail de chacun : certains font de longues heures avec une grande autonomie, d'autres n'ont que des temps de mobilisation courts mais avec absolument aucun répit physique ou cognitif, et il existe toutes sortes de situations intermédiaires par lesquelles, en outre, une même personne va souvent passer au cours de sa vie ou simplement de sa journée.

Cette conception « chronométrique » du travail constitue, comme le dit François Vatin, un « obstacle conceptuel[12] » : penser le travail en « heures » empêche en effet de voir les spécificités des tâches en faisant comme si celles-ci étaient toutes comparables entre elles, comme s'il s'agissait d'un bien homogène au sens des économistes, c'est-à-dire seulement différenciable par la quantité (la durée) et le prix (le salaire). Dans cette fiction marchande, tout se passe comme si le travail de l'enseignant, du chercheur, de l'artiste, de l'ouvrier à la chaîne, de l'ingénieur, de l'employé de la grande distribution, du manager et de tant d'autres était équivalent en termes d'énergie, d'effort et d'autres qualités, de telle sorte que savoir, par exemple, qui travaille « le plus » (le plus dur ou le plus efficacement) ne demande qu'à regarder combien de temps chacun fournit et combien il est payé pour cela…

Cette réduction du travail au temps est typique de la façon dont on voit le travail sous le capitalisme : sans qualités. Il n'est caractérisé que par des grandeurs numériques – le temps, donc, mais aussi éventuellement son prix ou sa productivité (les deux étant souvent confondus, comme on le verra) – au point de n'en devenir qu'une abstraction qui masque le travail concret.

Le monde de Taylor

D'où vient, en effet, cette représentation particulière du travail ? Elle naît au moment des révolutions industrielles du XIXe siècle, dans la confrontation entre les humains et les machines. Comme l'homme, la machine « produit [...], mais, comme lui également, elle ne produit qu'en dépensant[13] ». Il faut pouvoir comparer les deux et pour cela utiliser une métrique commune : le produit obtenu par une dépense de force sur un temps donné. De cette vision d'ingénieur découle la nécessité d'optimiser le « travail » de la machine – une notion qui sera utilisée par les physiciens avant d'être remplacée par celle d'« énergie » – et, partant de là, il faudra aussi optimiser de la même façon le travail humain, ce qui aboutira aux expériences de Frederick Winslow Taylor. L'inventeur du taylorisme sera un adepte du chronométrage à tous crins : non seulement du temps global de travail, mais surtout de chaque tâche, et même de chaque geste à effectuer par les travailleurs. Pour lui, ceux-ci ne sont guère plus que des machines, de la force musculaire brute qu'il s'agit d'utiliser et de rentabiliser. Voici comment il s'adresse à Schmidt, un ouvrier chargé du transport de gueuses de fonte dans une des entreprises de métallurgie où il intervient, un dialogue qu'il rapporte lui-même et qui est significatif de sa vision du travail : « Eh bien, si tu es un homme de valeur, tu vas faire exactement ce que cet homme [un contremaître formé par Taylor] te dira de faire demain, du matin jusqu'au soir. Quand il te dira de soulever une gueuse et de marcher avec, tu soulèveras la gueuse et tu marcheras, et quand il te dira de t'asseoir et de te reposer, tu t'assoiras. Tu feras ça toute la journée. Et, surtout, sans te plaindre. Parce qu'un homme de valeur fait juste ce qu'on lui dit de faire, et ne se plaint pas. Est-ce que tu comprends bien ? Quand cet homme te dit de marcher, tu marches, quand il te dit de t'asseoir, tu t'assois, et tu ne te plains pas. Maintenant, tu viens travailler ici demain matin et avant le soir, je saurai si tu es un homme de valeur ou pas[14]. »

Le principal problème auquel il se confronte est celui de la « flânerie systématique » : dans ses premières expériences de travail, où il a lui même été ouvrier, Taylor a constaté que ses collègues avaient tendance à freiner volontairement la production, à « faire les soldats » *(soldiering)*, selon l'expression de l'époque, l'armée ayant une assez mauvaise réputation en la matière. Pourquoi cela ? Parce qu'ils avaient bien compris qu'en travaillant plus, ils ne seraient pas plus payés et, pire encore, ils risqueraient de perdre leur emploi si le patron se rendait compte qu'il pouvait produire autant avec moins de personnel. D'où la nécessité non seulement de les inciter à s'impliquer en leur proposant une meilleure rémunération en fonction de leur véritable implication, mais surtout de contrôler au plus près chacun de leur geste. La grande innovation de Taylor, et l'aspect le plus important de sa pensée, bien devant la parcellisation des tâches ou le travail à la chaîne (que l'on doit plutôt à Henry Ford), c'est la création des « bureaux des méthodes », c'est-à-dire de services spécialisés dans l'organisation (scientifique, donc) et le contrôle du travail à la place des travailleurs. La tâche de ceux-ci se résume, comme pour Schmidt, à venir faire leurs heures et à ne pas se plaindre. C'est pour cela que le sociologue Michel Lallement résume le taylorisme en « une pédagogie douteuse qui ambitionne de transformer le travailleur en gorille apprivoisé[15] » – la comparaison avec les grands singes se trouvant explicitement sous la plume de Taylor[16].

« Très bien, mais nous ne vivons plus dans le monde de Taylor », pourra-t-on se dire. La chose est moins évidente qu'il n'y paraît[17]. Il faut bien reconnaître que, pour une partie non négligeable des travailleurs, l'expérience du travail continue à furieusement ressembler à celle de Schmidt. Pour ne prendre qu'un exemple, un secteur aussi vaste que la restauration rapide fonctionne largement sur les mêmes principes, comme le note la sociologue Hélène Weber à partir de son travail sur McDonald's : « Dans la droite ligne de la démarche taylorienne, chacun des gestes prescrits au sein des restaurants a été pensé en vue de le rendre le plus adapté à l'objectif de rentabilité. La chasse aux temps morts systématique ainsi que le chronométrage et l'analyse scientifique de chaque mouvement ont donné lieu à l'élaboration de normes strictes, précises et exhaustives dans tous les champs de l'activité des membres du personnel travaillant au sein des restaurants[18]. »

Le monde de Taylor est avant tout un monde où le travail n'appartient pas aux travailleurs, où ceux-ci ne font que fournir une force, une énergie et donc, *in fine*, un temps aux entreprises. Et encore le font-ils toujours de mauvaise grâce : il faut les y obliger, par la contrainte ou l'incitation, car autrement ils préféreront toujours la flânerie organisée – un point de vue que partage Jeff Bezos selon l'un de ses proches collaborateurs[19]. C'est donc fondamentalement un monde où les travailleurs ne travaillent pas vraiment, mais où on les fait travailler, on extrait d'eux une ressource qui n'a pas de caractère ou de spécificité particulière – un monde où, au final, le travail concret n'existe pas.

Peine et charge : la chasse aux paresseux

Cette façon de voir le travail est celle qui est assez largement utilisée par les économistes, au moins dans les modélisations les plus simples et donc celles qui sont le plus largement diffusées notamment au travers des cours d'introduction dans les universités et autres écoles de management[20]. Ce cadre de pensée fournit une légitimité scientifique et intellectuelle à l'idée d'un travail sans qualité.

D'une façon générale, les économistes définissent le travail comme un facteur de production : en le combinant avec du capital, on peut générer de la valeur ajoutée, c'est-à-dire des richesses et donc du bien-être. C'est une ressource rare qui peut, de ce point de vue, se penser comme toutes les autres qu'étudient les économistes : elle existe en quantité limitée, il faut donc que les agents économiques choisissent comment l'utiliser et on peut en évaluer autant l'utilisation optimale que les institutions qui en assurent la répartition entre les différents usages alternatifs – parmi lesquels le marché de travail dont le fonctionnement et même l'existence sont un point d'achoppement entre les différentes théorisations économiques[21].

Cette première proposition a ses avantages pour la pensée économique (notamment en permettant la modélisation mathématique), mais elle a des implications importantes si on la prend un peu trop au sérieux : le travail est ainsi pensé comme quelque chose d'extérieur aux individus, qui se vend et qui s'achète – et donc qui est transféré d'une personne (le travailleur) à une autre qui va en devenir propriétaire et en jouir (l'employeur). L'économie du travail se définit même, selon Pierre Cahuc, Stéphane Carcillo et André Zylberberg, comme « l'étude de l'échange de services de travail contre des salaires[22] ».

Et si le travailleur échange ainsi son travail, s'il accepte, en un sens, de s'en défaire, c'est qu'il n'en veut pas, n'en a pas besoin ou, pour le dire autrement, préférerait s'en passer : le travail est pensé, dans ces modèles, comme une peine. Il implique en effet, comme le disait déjà Adam Smith, un sacrifice « de son repos, de sa liberté, de son bonheur[23] ». Le travailleur réalise un arbitrage entre le loisir, qui est, pour le dire dans le vocabulaire des économistes, une « utilité », et le travail, qui est, lui, une « désutilité » et doit donc, à ce titre, être compensé par un salaire.

Ce salaire, justement : dans les modèles de base en économie du travail, ceux qui font l'hypothèse d'un marché du travail fonctionnant de façon parfaite, il correspond à l'utilité ou la productivité marginale que le travailleur apporte[24] : si le travailleur rapportait à l'entreprise moins que ce qu'il lui coûte, elle ne l'embaucherait pas. C'est là d'ailleurs la seule qualité, autre que la durée, que l'on reconnaît au travail : son prix. Et donc, ceux qui sont payés le plus le sont parce qu'ils sont également les plus utiles, ceux qui travaillent le plus ou le mieux – on comprend le succès de cette façon de voir les choses aux sommets de la hiérarchie des salaires, quand bien même les économistes travaillent aujourd'hui sur des modèles plus avancés qui reconnaissent les nombreuses imperfections des marchés du travail et donnent des explications différentes aux inégalités salariales[25].

Le travail, dans cette représentation, n'est pas seulement ramené au temps, mais aussi à une grandeur monétaire, un coût – pour l'entreprise, s'entend. C'est dans cette perspective que, par exemple, les cotisations sociales (soit une part de la rémunération des salariés) deviennent des « charges », car le point de vue de l'employeur est souvent pris comme allant de soi[26]. Sa mesure en monnaie en efface également la plupart des aspects pour ne laisser que la nécessité de le rentabiliser.

Sur ce point, la critique de l'économie peut aller plus loin. Dans son ouvrage *Pas de pitié pour les gueux !*[27], l'économiste Laurent Cordonnier insiste sur la façon dont une certaine représentation du travail et des travailleurs est intégrée jusque dans les modèles les plus avancés. Comme chez Taylor, le travail est d'abord vu comme un temps qu'il convient de rentabiliser, dont il faut tirer le maximum contre la « flânerie » des travailleurs. Cette dernière apparaît, notamment, dans le « modèle du tire-au-flanc », développé par les économistes Carl Shapiro et Joseph Stiglitz[28] : conséquence directe de l'idée que le travail est une peine, les auteurs font l'hypothèse d'une certaine désutilité pour l'effort chez les salariés. « En clair, traduit Laurent Cordonnier, ils sont paresseux[29]. » Les employeurs peuvent effectuer des contrôles et licencier certains des flâneurs mais, en situation de plein-emploi, cela n'a que peu d'importance : les salariés malheureux trouveront à s'embaucher ailleurs. La réaction des employeurs devrait alors être de fournir des salaires supérieurs à ceux du marché : ainsi, le coût de la perte d'un (bon) emploi est plus important et les travailleurs sont incités à l'effort. Mais, comme tous les employeurs font de même, le salaire moyen augmente et cela crée du chômage, ce qui renforce encore l'incitation à ne pas être un tire-au-flanc… Conclusion : le chômage est la conséquence de la paresse inévitable des travailleurs en même temps qu'un « dispositif disciplinaire vis-à-vis des travailleurs » (c'est le titre de l'article de Shapiro et Stiglitz : *« Equilibirum Unemployment as a Worker Discipline Device »*).

Il ne s'agit pas de dire, ici, que la science économique et les économistes sont responsables de l'invisibilisation du travail et de sa réduction à une ressource sans qualité. Mais la domination de leur cadre de pensée notamment dans les sphères du pouvoir[30] n'est pas sans conséquence : il inspire notamment bon nombre de commentaires et de discours demi-savants (pour ne pas dire « pseudo-savants ») qui critiquent et dénoncent en son nom l'« assistanat » et les « chômeurs volontaires » ou invoquent la « rationalité économique » pour justifier la baisse du coût du travail (donc des salaires) et la réduction des protections collectives. Une illustration parfaite en a été donnée par un débat mené en mars 2024 sur la chaîne d'information BFM TV[31] : d'un côté, Michaël Zemmour, économiste, s'employant à citer des travaux et des études montrant que les effets positifs du durcissement des conditions d'indemnisation des chômeurs envisagé par le gouvernement sont douteux, de l'autre, Franz-Olivier Giesbert, journaliste habitué de tous les plateaux possibles et inimaginables, s'étranglant de colère contre ce discours « pas sérieux » et cette « posture politique » et « misérabiliste » parce qu'« on sait bien » qu'il y a des gens qui « peuvent trouver du boulot et qui finalement se satisfont de la situation qu'ils ont » et qu'« on connaît tous des personnes qui se sont mises au chômage de convenance ». L'assurance de l'éditorialiste face à l'universitaire n'est pas sans rapport avec le fait que ses représentations trouvent un appui dans certaines modélisations économiques, fussent-elles rudimentaires.

Quand le travail prescrit efface le travail réel

Qu'on le mesure en temps ou en monnaie, le résultat au final est le même : le travail se trouve quantifiable et quantifié, ramené à des chiffres dont on peut observer les évolutions et les variations – ce qui est bien pratique pour ceux et celles qui sont précisément chargés de le gérer, non pas les travailleurs eux-mêmes, mais tous les gestionnaires et autres managers qui les chapeautent de près ou, plus souvent, de loin. Là encore, la marque de Taylor est loin d'avoir disparu.

Considérons, par exemple, cette petite scène rapportée par la sociologue Marie-Anne Dujarier : « "Je ne veux pas le savoir" : c'est ce que le responsable de gestion répond à Nicole, infirmière hospitalière, alors qu'elle tente de lui expliquer les raisons pour lesquelles elle n'a pas réussi à atteindre tous ses objectifs quantitatifs. Elle s'est démenée pour remédier au sous-effectif de l'équipe, à la formation des intérimaires, aux pannes du système informatique comme à l'intégration de nouveaux protocoles concernant le Covid-19. Elle a le sentiment d'avoir "travaillé deux fois plus", même si en effet cela ne se voit pas dans les chiffres à partir desquels son encadrement gestionnaire l'évalue[32]. »

On voit ici se jouer la différence entre le « travail prescrit » et le « travail réel » tels que conceptualisés en sociologie[33]. D'un côté, le travail qu'il y a à effectuer, celui qui est commandé, dans tous les sens du terme, par l'organisation et ses représentants (ici, donc, le responsable de gestion). De l'autre, le travail effectivement réalisé. De fait, les deux ne correspondent que rarement, comme a pu en faire l'expérience toute personne qui s'est un jour fixé la tâche de planter un clou (travail prescrit) et s'est retrouvée quelques heures plus tard à chercher un moyen de réparer un mur (travail réel)*. Mais, dans l'exemple ci-dessus, l'écart est particulièrement profond parce qu'il procède de la cécité volontaire du prescripteur vis-à-vis du travail réel – « je ne veux pas le savoir », les mots sont forts. La mise en chiffres du travail a tendance à creuser le fossé qui existe entre les deux, à tel point que Marie-Anne Dujarier parle d'un « oubli gestionnaire du réel[34] ». Peu importent les efforts, les gestes et même le temps qu'a dû consacrer Nicole à essayer de faire avec toutes les injonctions qui pèsent sur elle, il n'y a que ce qui est quantifié à la fin qui compte, ce qui minimise son travail réel au profit de la seule définition du prescripteur.

Cette situation aboutit en effet nécessairement à des conflits et à des oppositions pour définir ce qui est ou ce qui n'est pas du travail : par exemple, continue Marie-Anne Dujarier, tous les temps de partage d'informations, de discussion et finalement de coopération entre travailleurs, ces moments où l'on se pose, entre soi, la question « et toi, tu fais comment ? », parfois à la machine à café, parfois au moment de la pause déjeuner, et qui sont essentiels à la bonne réalisation des tâches. Mais ils ne sont pas forcément pris en compte par l'employeur et même parfois activement proscrits comme relevant du « papotage » ou du temps « perdu », rejetés, de fait, dans les marges et les zones grises de l'emploi. Et on pourrait également évoquer les temps de formation en dehors des horaires officiels ou, plus courant encore, le temps passé à déstresser ou à gérer les conséquences du travail, par exemple en allant chez un kinésithérapeute pour réduire les douleurs dorsales produites par de longues heures de station debout…

---

* Il n'existe aucune preuve du caractère autobiographique de cet exemple.

D'un autre côté, certaines tâches s'imposent aux travailleurs contre les prescriptions de leurs supérieurs : dans l'exemple de Nicole, cela se manifeste par « le regard d'une jeune fille qui suppliait de rester à ses côtés » alors que le sous-effectif de son service lui impose de passer toujours plus vite d'un patient à l'autre[35]. Si elle décide de revenir plus tard, de prendre un peu plus de temps pour bien faire son travail, pour sentir qu'elle est utile, cela ne sera pas pris en compte, car en dehors des horaires officiels… Le psychologue Yves Clot parle, significativement, de « travail empêché » pour ces cas où l'organisation du travail vient faire obstacle à ce que les personnes considèrent comme relevant bien de leur fonction mais qui n'est pas valorisé dans les définitions officielles[36].

Dans tous les cas, on voit bien que la prescription du travail par des organisations et des services spécialisés débouche sur une invisibilisation d'une partie importante de ce qui fait non seulement le travail réel, mais aussi le « travail vécu », c'est-à-dire la perception subjective de ce que l'on fait, du sens que l'on y prête, de l'utilité que l'on ressent.

Travail sans qualité, travail de moindre qualité

Cet appauvrissement du travail est bien une conséquence directe du capitalisme : c'est parce que l'activité des individus est soumise à la quête du profit – et d'abord, dans la plupart des cas, du profit pour autrui, pour les détenteurs du capital – que ses autres dimensions sont négligées, minimisées et finalement invisibilisées. Dans le cas d'une infirmière comme Nicole, cela est à mettre sur le compte d'une orientation de plus en plus « managériale » du secteur hospitalier, qui entend parvenir à l'efficacité (synonyme de réduction des coûts) par l'application de logiques venues du privé[37] au prix des dimensions médicale et humaine qui motivent les travailleurs.

Cette dynamique est loin de se limiter à de telles activités, et concerne un spectre beaucoup plus large d'activités, y compris celles qui souffrent si souvent de préjugés négatifs parce qu'elles ne seraient que manuelles et techniques. Le sociologue Nicolas Latteur donne ainsi la parole à Paolo, un électricien dans une entreprise multiservices, qui raconte, lui aussi, comment les injonctions managériales heurtent non seulement son souci du travail bien fait, mais aussi la sécurité des travailleurs et des consommateurs : « Parfois, on rajoute des choses à faire dans un contrat mais on ne bouge pas les délais. Et on ne nous rajoute pas de personnel [...]. Je donne un exemple. Si t'es dans un tableau électrique, tu dois prendre des fils, tu dois mettre des pins et des numéros. Tu dois les mettre dans des wagos ou sur des bornes. Le gars vient et il n'a pas le temps. Il ne sait pas mettre le fil parce qu'il n'a pas de pins. Il va couper, mettre des wagos et mettre cela comme ça dans le tableau. C'est fonctionnel mais c'est une cochonnerie. Ce n'est pas fait dans les règles de l'art. Un fil dénudé doit être mis dans un pin qui va s'emboîter. Tu pourras mettre ton doigt, il n'y aura aucun fil qui dépassera. C'est plus propre et plus sécurisé parce que quand c'est bâclé comme ça, tu auras une partie de fil à nu. Si c'est mal fait et que tu viens avec ton doigt, tu pourrais être électrocuté. Cela pourrait aussi poser problème en cas de surchauffe[38]... »

Le conflit, ici, se joue entre le travail tel qu'il est prescrit, quantifié en temps par le biais des délais, et les « règles de l'art », le travail tel que le définissent les collectifs, les professions, les gens « du métier » : Paolo voudrait faire une belle installation, de celle qu'appréciera un futur collègue appelé, peut-être des années plus tard, à venir effectuer une réparation ou une modification et qui pourra se dire, alors, « ça, c'est de la belle ouvrage ». Mais c'est précisément de cet aspect du travail que la logique capitaliste entend se débarrasser, car elle relève d'autres objectifs et d'autres métriques d'évaluation que le seul profit, la seule création de valeur au sens restreint de valeur pour l'entreprise et ceux qui la possède. « Faire plus avec moins, écrit encore Nicolas Latteur, constitue l'un des slogans phare du management[39] » : cette logique se trouvait déjà chez Taylor lorsqu'il essayait de faire porter le plus de gueuses de fonte possibles à chaque ouvrier, mais elle s'est encore renforcée avec la financiarisation qui pousse toujours plus loin la réduction des coûts et la recherche de rentabilité – au prix souvent du travail et, surtout, de sa qualité. Qu'importe que la patiente ait besoin qu'on lui tienne compagnie du moment qu'on lui a consacré les quelques minutes prévues par le planning, peu importe que le panneau électrique ne soit pas propre et menace de faire un court-circuit à terme du moment que l'on a tenu les délais, peu importe que le véhicule du futur ait une pédale qui menace de se coincer au beau milieu de la conduite, peu importe que les Boeing présentent des défauts de plus en plus graves[40], etc. Aussi longtemps que cela n'a pas de conséquence sur les gains et les profits de l'entreprise, peu importe… Sauf, peut-être, pour ceux et celles qui sont en première ligne et expérimentent le fossé entre travail prescrit et travail réel et qui, dans bien des cas, auraient pu éviter certaines conséquences dommageables.

À moins qu'il ne soit possible de proposer et de mettre en œuvre des améliorations, l'expérience de la distance entre ce que l'on doit faire et ce que l'on devrait faire est souvent génératrice de souffrance, jusqu'à dégrader la santé effective des travailleurs[41]. Les ouvriers à la chaîne du fordisme ne se plaignaient pas simplement des dommages physiques produits par la répétition infinie des mêmes gestes, mais aussi du manque de reconnaissance et d'autonomie. Cette critique est loin d'avoir disparu et se fait même, peut-être, plus forte que jamais[42]. À tel point que l'on invente régulièrement des expressions pour désigner un même mal-être : *Big Quit*, *Great Resignation*, « grande démission », *quiet quitting*[43]… Autant de phénomènes qui ressemblent, au final, aux problèmes que Taylor et Ford avaient déjà en leur temps essayé de régler : le *turn-over* important, une « flânerie » mal interprétée et mal comprise. Le problème réside donc bien, au final, dans ce que le capitalisme fait du travail.

8
C'est pour mieux t'exploiter, mon enfant

Travail invisible, travail gratuit

Pourquoi trouve-t-on, sous le capitalisme, cette invisibilisation du travail décrite dans les chapitres précédents ? Pourquoi un système économique qui suppose la mobilisation d'un nombre considérable – et toujours plus grand – de travailleurs conduit-il à traiter leur activité comme rien de plus qu'une peine dénuée de véritable qualité ? Comment se fait-il qu'il génère tout à la fois des discours apologétiques sur la « valeur travail » et l'effacement du processus matériel et humain que recouvre l'expression ? Le paradoxe n'est, bien évidemment, qu'apparent.

Pour le résoudre, on peut se tourner vers l'une des formes de labeur les moins reconnues qui soient : le travail domestique. Faire la vaisselle, préparer les repas pour la famille, passer l'aspirateur, nettoyer toutes les surfaces, assurer les lessives, étendre et plier le linge, s'occuper des enfants, etc. Autant d'activités qui, à tous points de vue, demandent effort et engagement, qui sont souvent vécues comme des contraintes (et, dans le cas des enfants, il s'agit même d'une contrainte légale puisque les parents sont tenus de se préoccuper de leur progéniture), et visent la réalisation d'une production, d'une certaine valeur. Et autant d'activités qui, comme l'ont analysé les féministes[1], sont doublement invisibilisées.

Elles le sont une première fois en étant renvoyées dans le « hors-travail ». Non seulement elles ne font l'objet d'aucune rémunération mais, en outre, elles ne sont même pas considérées comme « productives » : le calcul du produit intérieur brut (PIB), la mesure de richesse la plus souvent utilisée par les économistes, les ignore complètement[2]. Ou, pour être plus précis, il ne les prend en compte que si elles font l'objet d'un échange marchand : si je consacre deux heures de mon temps à faire mon ménage, je ne contribue pas à l'activité économique ainsi mesurée, mais si j'engage un homme ou une femme de ménage pour le faire à ma place, je booste la croissance – une citation attribuée à l'économiste Alfred Sauvy dit ainsi : « Si j'épouse ma femme de ménage, je fais baisser le PIB » (entendu que l'auteur en question n'avait visiblement aucune intention de passer lui-même la serpillière). Cela ne va pas, évidemment, sans poser des questions : si, pour prendre encore un autre exemple, je préfère engager un ou une baby-sitter pour aller chercher mes enfants à l'école et s'occuper d'eux le soir, on peut se demander si cette activité crée véritablement plus de richesse, de valeur et de bien-être que si je le fais moi-même – surtout du point de vue des enfants en question.

Cette première invisibilisation se double, donc, d'une seconde : la négation des compétences et des qualités nécessaires à l'accomplissement de ces tâches. Historiquement, elles ont en effet été prises en charge par les femmes, et celles-ci continuent à en assurer la majorité : même si, au cours des dernières décennies, les inégalités se sont légèrement réduites, les femmes continuaient, en 2010, d'assurer les deux tiers de la charge domestique et consacraient deux fois plus de temps aux enfants que les hommes[3]. Des travaux plus récents portant spécifiquement sur la période du confinement de 2020 ne montrent aucun changement majeur en la matière[4]. Or les femmes ont été et sont toujours considérées comme « naturellement » douées pour cela : elles ne s'acquittent pas des soins aux enfants ou aux personnes âgées de leur famille et entourage par obligation ou par contrainte, mais par « amour », à cause de leur « instinct maternel » ou de quelques autres qualités typiquement « féminines » qui vont du câblage des cerveaux « féminins » à leur socialisation tout aussi « féminine[5] ». Comme l'écrivait déjà la féministe Silvia Federici en 1975 : « Ils disent que c'est de l'amour, nous disons que c'est du travail gratuit[6]. »

« Travail gratuit » : le cœur du problème est là. Difficile de contester qu'il y a travail puisque toutes ces tâches créent bel et bien quelque chose : un appartement propre, un repas, de l'éducation, etc. Mais ce travail est fourni gratuitement, au nom de l'amour donc, mais aussi de l'ordre naturel, du plaisir personnel (si atteindre le nirvana en récurant le sol demeure rare, prendre soin de sa progéniture est, pour un certain nombre de personnes, une activité à laquelle il arrive de se soumettre sans trop de déplaisir). Bref, voilà du travail qui est effectué au nom de certaines valeurs plutôt qu'en échange de monnaie sonnante et trébuchante. C'est à la fois ce qui en fait l'invisibilité, notamment en termes statistiques, et ce que permet cette invisibilité : puisque l'on ne reconnaît pas ces efforts comme relevant à proprement parler du champ du travail, alors on n'a pas non plus à les rémunérer.

Si c'est naturel, ce n'est pas du travail

Or ce phénomène – la gratuité par l'invisibilité – n'est pas propre au seul travail domestique. C'est ce que souligne la sociologue Maud Simonet en opérant un changement de regard particulièrement important[7] : plutôt que de regarder ce travail « féminin » depuis la conception « masculine » du travail (c'est-à-dire l'emploi salarié à temps complet qui a été historiquement pensé comme impliquant que quelqu'un d'autre se charge du ménage et des enfants), pourquoi ne pas voir l'ensemble du travail « au féminin neutre », autrement dit en posant que le travail domestique nous dit quelque chose du travail en général ? Il s'agit, dit-elle, de « désandrocentrer » le travail : y porter, donc, un regard féministe.

En adoptant cette perspective, il n'est pas difficile de voir que le travail « gratuit », obtenu notamment au nom de valeurs comparables à l'amour et à ses avatars, se rencontre bien ailleurs que dans la cuisine et la chambre de bébé. Toutes sortes d'activités sont réalisées par des gens peu ou pas du tout rémunérés, mais qui se mettent à la tâche au nom de la citoyenneté, du sens du devoir (familial ou non), de la passion (un autre nom de l'amour, soit dit en passant), et de bien d'autres grandes causes. On peut penser spontanément aux bénévoles, dont les efforts viennent souvent compenser les défaillances des pouvoirs publics notamment en matière de lutte contre la pauvreté – en 2019, Gabriel Attal, alors secrétaire d'État, estimait que les 70 000 bénévoles des Restos du Cœur permettaient des « coûts évités » pour l'État à hauteur de 200 millions d'euros[8] –, mais aussi aux volontaires du service civique dont l'indemnité ne couvre assurément pas tout le travail réalisé, pas plus que les rémunérations des stagiaires. Mais l'argument est loin de se limiter à ces seules situations.

En fait, on peut argumenter que des secteurs entiers de l'économie, et pas des moindres, s'écrouleraient sans une main-d'œuvre aussi gratuite que dévouée. Ce point est illustré de façon humoristique mais particulièrement pertinente dans la série *Bojack Horseman* : au cours de la saison 6[9], une grève des assistants se répand à Hollywood*. Ceux-ci, soudainement lassés d'être maltraités par littéralement tout le monde dans l'industrie cinématographique, abandonnent leur mantra (« c'est déjà une chance de pouvoir être là/de participer »), se souviennent qu'ils ne sont pas payés et s'en vont, tout simplement. Résultat : toute une ville à l'arrêt. Producteurs, agents, managers, acteurs, scénaristes et autres faiseurs de rêves se révèlent incapables de gérer leur emploi du temps, de se déplacer (on voit des embouteillages massifs puisque plus personne ne conduit les voitures), de se faire un café, de récupérer leur pressing, ou même de lire les scénarios et prendre des décisions. Une vision apocalyptique (mais drôle) qui, pour exagérée qu'elle soit, n'en souligne pas moins le rôle du travail gratuit dans l'une des industries les plus puissantes du monde. Sans cette armée de réserve de jeunes hommes et de jeunes femmes rêvant de se faire un trou dans le milieu et prêt, pour y parvenir, à accepter de faire n'importe quoi pour moins que des clopinettes, le cinéma pourrait-il vivre ? Sans doute pas. La promesse de faire partie d'une grande œuvre d'art et/ou d'avoir, un jour peut-être, une grande carrière constitue une

* Les fans de la série feront sans doute remarquer que, à ce moment de l'histoire, il s'agit en fait de « Hollywoo ». Qu'ils me pardonnent cette simplification.

puissante motivation pour mettre les gens au travail sans avoir à les payer.

La sociologue Giulia Mensitieri ne constate pas autre chose en étudiant l'industrie de la mode. Elle montre combien le travail gratuit y est omniprésent parce que motivé par « la chance d'être là ». Les mannequins, pourtant la profession la plus en vue, sont nombreuses à enchaîner les castings et à faire des shootings sans jamais être payées : comme dans une loterie, seul un petit nombre d'entre elles auront la chance d'être « élues » par les marques et les magazines, et, en attendant que son numéro soit tiré, il faut bien se faire connaître. Pire encore, note la chercheuse, « la plupart des mannequins sont endettés vis-à-vis des agences[10] » : celles-ci leur avancent différents frais pour leur permettre de participer à des castings et, surtout, les font venir à New York, Paris ou Milan (et souvent au pas de course) en les logeant dans des appartements que les intéressées doivent leur payer. Ainsi, « de nombreuses *filles* [le terme consacré, dans le milieu, pour parler des jeunes mannequins] se trouvent dans une totale dépendance par rapport aux agences et se voient contraintes, dans un cycle sans fin, de travailler pour rembourser ce que les agences leur ont avancé[11] » – autrement dit, elles travaillent pour payer le droit de travailler. Et même celles qui parviennent à obtenir paiement pour leurs efforts sont loin de toucher des sommes mirobolantes : un défilé de haute couture, « l'apothéose du rêve » dans le domaine, ne rapporte souvent guère plus que 200 euros. L'une des mannequins interviewées, qui ne parvient elle-même à gagner que 1 000 euros par mois (« un salaire guère éloigné de celui des serveuses », note Giulia Mensitieri), explique ainsi : « Il y a des filles qui font des défilés parce que c'est le moyen le plus prestigieux d'accéder au luxe et qu'il faut en passer par là, mais pour qui ça ne marche pas. Ce n'est pas automatique, quoi. Ce n'est pas parce qu'on fait des défilés qu'on aura le prochain contrat pour Dior. Et ces filles-là, effectivement, elles font des magazines très branchés, mais qui ne paient pas. Elles font des défilés, ça paie toujours un peu plus que les magazines, mais ce n'est pas ça non plus, c'est toi qui paies le billet d'avion. [...] New York ce n'est pas du tout payé, tu es payée en fringues. Pour le défilé Marc Jacobs, elle [une collègue] a eu un nouveau parfum, elle a eu des chaussures à son nom. C'est sympa, mais ça ne fait pas bouffer non plus[12]... »

Ce phénomène est loin de se limiter aux mannequins : la sociologue note que les photographes, maquilleuses, couturiers, etc., travaillent aussi gratuitement, ou plutôt acceptent d'être rémunérés en « visibilité », notamment pour le prestige de faire partie d'un monde désirable et désiré, qui suscite fascination, admiration et, souvent, accès au luxe – ce peut être l'occasion, pour toutes ces personnes, de se retrouver dans des décors de luxe, comme de grands hôtels ou des villas autrement inaccessibles, d'être invitées dans de grands restaurants, de rencontrer des gens célèbres et puissants, etc. Un photographe explique ainsi que lorsqu'il dit travailler dans la mode, les gens « sont impressionnés... Je crois qu'ils ne comprennent pas très bien et ils sont intimidés aussi parce que c'est un milieu qui fait peut-être plus rêver que quand tu dis "je suis banquier" ». Provoquer cette réaction chez autrui, sentir les regards admiratifs, voilà qui constitue une motivation pas si différente de celle de la mère de famille qui se sent fière qu'on lui dise combien sa maison est bien tenue et à quel point ses enfants sont bien élevés.

Ajoutons que, comme la mère de famille, la réalité des efforts de ces travailleurs de la mode est facilement niée par la naturalisation des beautés pour les unes, du talent pour les autres. Pour ne parler que des premières, les longues heures qu'elles consacrent à l'entretien de leur corps afin de le rendre conforme aux attentes contraignantes du milieu, le temps qu'elles passent à faire du sport, la volonté qu'elles doivent déployer pour contrôler leur alimentation ou encore la performance physique que constitue un défilé pour lequel il faut s'assoiffer quelques jours auparavant (en 2011, la top model Adrianna Lima expliquait par exemple que, neuf jours avant un défilé, elle ne consommait plus que des boissons protéinées, puis arrêtait tout liquide pendant 12 heures[13]) : tout ce qui fait, au fond, leur travail disparaît facilement devant l'idée que la beauté vient naturellement à certaines femmes et qu'il y a celles qui ont ce « quelque chose » de particulier et celles qui ne l'ont pas[14]. Nombre de blagues sur les mannequins consistent, d'ailleurs, à les faire passer pour stupides et incapables de penser, niant ainsi la possibilité même qu'elles soient en mesure d'exercer quelque chose qui ressemble à un travail.

Des top models aux start-up

Des femmes au foyer aux industries de la mode ou du cinéma, il n'y a donc qu'un pas. On peut en faire quelques-uns de plus : comme l'écrit Giulia Mensitieri, « loin d'être spécifique à la mode, les aspects énumérés sont en réalité constitutifs du travail à l'ère postfordiste[15] ». Au fond, tout ce que l'on vient de décrire est-il si différent de ce que promeut, par exemple, le fameux « esprit start-up » qui constitue, à bien des égards, l'incarnation la plus récente de l'esprit du capitalisme[16] ? Les forçats de la tech enchaînent notamment les heures de « crunch » – des périodes de travail particulièrement intenses où l'on sacrifie sommeil et santé afin de rendre à temps un projet particulier – sans que l'on soit sûr que toutes soient réellement payées. Et l'on demandera facilement aux employés et autres collaborateurs de travailler sans compter, dans le sens le plus littéral du terme, au nom de la réalisation d'un produit particulièrement excitant, de la promesse d'une richesse future ou encore pour le simple plaisir d'être là et de participer – être à la Silicon Valley, là où le monde de demain s'invente, peut être une motivation en soi, comme d'autres veulent être à Hollywood ou à New York. Ce sera aussi un moyen de montrer son talent et son « besoin de réalisation », cette envie profonde d'être un *maker*, quelqu'un qui « fait » les choses, le membre d'une petite élite qui se distingue du commun des mortels moins par ses efforts que par une personnalité unique, des traits individuels exceptionnels[17].

« Pour les fondateurs de *start-up*, l'objectif est de parvenir à susciter un fort engagement des salariés[18] », note la sociologue Marion Flécher en s'appuyant sur une enquête au sujet de cet univers particulier. Et pour cela, ils évitent de recourir à des formes de contraintes hiérarchiques classiques. Il s'agit plutôt de mettre en place les conditions d'une « autocontrainte », c'est-à-dire de faire en sorte que le collaborateur en donne le maximum par lui-même. L'une des stratégies pour obtenir ce résultat consiste notamment à produire un cadre de travail agréable : baby-foot, consoles de jeux, bar à bonbons, tutoiement généralisé, refus des relations hiérarchiques, etc., l'image de bureaux qui ressemblent à des lieux de loisirs est aujourd'hui largement popularisée, notamment par l'exemple de Google qui a construit une partie de son image de marque là-dessus. Ces différentes pratiques effacent – et c'est leur objectif – la distinction entre travail et hors-travail, comme l'illustre cette remarque d'un employé de start-up interviewé par Marion Flécher : « Moi je me marre, tous les matins, j'ai la banane, j'ai une équipe, c'est ouf. On est tout le temps foutus ensemble, on va chercher à manger ensemble, etc., etc., parce que ce sont mes potes, ce ne sont pas juste mes collègues[19]. » Ainsi, il s'agit de faire ressembler l'entreprise à « un gros tas de chouettes copains », comme disait René Goscinny ou, plus précisément encore, à une « grande famille[20] » – et quoi de mieux que la famille pour susciter, comme l'ont montré les féministes, du travail gratuit ?

D'ailleurs, il faut se garder d'y voir quelque chose d'entièrement nouveau : au XIXe siècle, les entreprises se modelaient déjà sur les relations familiales, certes dans des veines plus nettement paternalistes et traditionnelles, mais qui n'en soulignaient pas moins combien le monde du travail capitaliste savait déjà s'inspirer de l'espace domestique. Sans doute les entreprises d'aujourd'hui font-elles référence à des modèles familiaux plus libéraux, mais ils n'en sont pas moins puissants. Malgré les apparences bienveillantes, ces environnements de travail exercent une forme de pression et de contrôle social qui incitent au « surinvestissement ». L'open space, par exemple, peut certes sembler convivial, mais a aussi la vertu, pour l'employeur, de générer du travail gratuit : il « assigne en effet aux salarié·es un certain "mode de présence au travail" [...] : il faut coexister avec les autres, se faire accepter, adopter une attitude qui démontre de la concentration, de l'efficacité, de l'engagement au travail, de l'enthousiasme [...]. En voyant que les bureaux ne se vident jamais à l'heure indiquée sur leur contrat, les salarié·es sont incité·es à suivre le groupe et à travailler collectivement plus que ce pour quoi ils et elles sont rémunéré·es[21]. »

Dans ces différents cas – travail domestique, secteur de la mode, monde des start-up –, on retrouve une dynamique commune de négation de tout ou partie du travail réalisé. Faire le ménage, s'occuper des gosses ? Ce n'est pas du travail, voyons. Entretenir son corps, défiler ? Ce n'est pas vraiment du travail tout de même. Les heures supplémentaires passées sur un projet, les efforts consentis en plus de ce qui est effectivement rémunéré… bon, OK, c'est *peut-être* du travail, mais on ne vous l'a pas demandé, c'est vous qui le faites de votre propre initiative, donc *pas vraiment* du travail non plus d'autant que, au final, on ne va pas vous payer pour. Ainsi, dans toutes ces situations, on voit se dessiner un processus qu'il est difficile de désigner autrement que sous le nom d'exploitation.

L'exploitation domestique comme matrice

C'est en effet avec cette notion que la plupart des féministes ont pensé le travail des femmes, et pas seulement le travail domestique, comme une forme d'exploitation. Si leur labeur est fourni à titre gratuit, c'est que la valeur qu'il crée est appropriée par d'autres. Ce mécanisme est particulièrement facile à voir dans le modèle familial traditionnel de type « papa travaille, maman cuisine » : si les femmes sont contraintes aux tâches domestiques mais qu'elles ne reçoivent en échange ni rémunération ni même reconnaissance – car « c'est naturel » ou « elles le font parce qu'elles en ont envie » –, alors c'est bien que quelqu'un d'autre, à savoir le conjoint[22], bénéficie des fruits de leur travail (une maison propre et agréable, des enfants éduqués) sans avoir à fournir lui-même le moindre effort.

Même si les couples n'adhèrent plus que marginalement à une répartition des tâches aussi explicitement inégalitaires, les hommes peuvent toujours compter sur la naturalisation des compétences féminines pour en prendre la moindre part. Même un homme se revendiquant comme « déconstruit » (c'est-à-dire sensibilisé aux questions d'inégalités de genre) peut expliquer, dans une émission de radio, que « ce n'est pas que je prends la décision de ne pas [plier le linge] puisque j'ai la flemme et qu'elle va s'en occuper, c'est que je ne vois même pas qu'il y a du linge sec », mettant ainsi les différences d'implication dans le ménage sur le compte de « forces transcendantes que je ne comprends pas[23] ». Les travaux de sociologie des couples ont montré les petites stratégies qui reproduisent les inégalités ménagères[24] : outre qu'ils ne « voient pas » la saleté comme les femmes, les hommes peuvent se trouver d'un seul coup incapable de se souvenir du fonctionnement du lave-vaisselle ou du lave-linge, envoyer à leurs conjointes des dizaines de SMS pour savoir comment nourrir leur enfant quand ils le gardent seuls, etc. Tout cela n'est possible que grâce à l'invisibilisation constante du travail domestique en tant que travail. Pour prendre un exemple, il sera possible de refuser une comptabilité précise des efforts fournis par chaque partenaire parce que « c'est une question d'amour » et qu'en matière d'amour, contrairement au travail, on ne compte pas...

Il ne s'agit pas, faut-il le préciser, de dire que tout travail domestique est, par nature, exploité : une personne vivant seule et qui nettoie son appartement n'est, bien sûr, l'esclave de personne, et on peut imaginer une juste répartition des efforts au sein des couples – dans une société égalitaire, il y aurait sans doute des couples hétérosexuels où les femmes en feraient plus que les hommes, mais il y en aurait autant où la situation serait inverse, ce qui n'est pour l'instant le cas que dans un quart des couples[25]. Mais il faut bien reconnaître que tous les progrès faits en la matière sont passés par la visibilisation collective de ce travail – ce pour quoi on peut remercier les mouvements féministes – ainsi que par une visibilisation individuelle, au sein de chaque couple. Surtout, le passage par le travail domestique souligne qu'il n'y a pas contradiction entre « participation volontaire » et « exploitation ». La femme au foyer des années 1950 vivait peut-être son mariage et son ménage comme un accomplissement personnel de chaque instant (quoique bien des témoignages laissent à penser que c'était là l'exception plutôt que la règle), elle n'en était pas moins dépossédée du fruit de son travail : tout en contribuant à la réussite économique d'un mari qui n'avait pas à s'inquiéter de ses gosses, elle restait dépendante du bon vouloir de celui-ci puisque la rémunération appartenait légalement à ce dernier, qui pouvait ou non lui accorder une sorte d'argent de « poche » – sans même parler des droits à la retraite ou des conséquences d'un divorce...

Retour à Marx

Ce modèle d'exploitation peut être généralisé bien au-delà du seul espace domestique. Revenons, pour le comprendre, à quelqu'un qui s'y connaît en matière d'exploitation : Karl

Marx lui-même. Le cas des femmes n'a pas tant intéressé le penseur allemand, mais sa réflexion sur les ouvriers profite pourtant de la comparaison avec celles-ci.

Pour penser l'exploitation, Marx propose de passer par la notion de « travail abstrait » qu'il oppose au « travail concret ». Le travail abstrait ne doit pas se confondre avec le travail prescrit tel qu'on l'a discuté précédemment : il s'agit non pas de ce que l'employeur demande de faire au travailleur, mais de la quantité de travail (mesurée en temps) que l'on tient collectivement comme nécessaire à la réalisation d'un bien ou d'un service donné. Qu'est-ce que cela signifie ? Imaginons, en suivant un exemple proposé par l'économiste Christophe Ramaux[26], une entreprise qui fabrique des montres : en une journée de travail, chacun de ses salariés produit, pour simplifier, une montre qui sera ensuite vendue sur le marché au prix de 100 euros. Pour produire ces montres, il faut utiliser 20 euros de machines et de matières premières – le capital. De là, il découle que chaque salarié crée donc 80 euros de richesse. Mais l'entreprise n'a à leur verser qu'un salaire journalier de 40 euros : l'état du marché du travail, la concurrence et plus généralement les conventions font que l'on estime que c'est ce que vaut leur travail – autrement dit, c'est le prix du travail abstrait. On ne rémunère pas une personne réelle pour ses efforts particuliers, mais le travailleur « moyen », une fiction qui ne correspond à personne de précis et donc à tout le monde en général. La différence entre la valeur effectivement créée, autrement dit le travail concret (80 euros ici), et ce travail abstrait (40 euros) est ce que Marx appelle la « plus-value[27] ». Dans cet exemple, elle s'élève donc à 40 euros. Si les salariés ont travaillé huit heures dans la journée, on peut estimer qu'ils ont été payés 40 euros pour quatre heures de travail et ont fourni en sus quatre heures de travail gratuit, non rémunéré – celles qui ont permis de créer les 40 euros de plus-value. Celle-ci est « expropriée » par les capitalistes aux travailleurs : c'est la source des profits. Si l'on suit Marx, l'objectif des capitalistes est donc d'obtenir le maximum de travail gratuit de la part de leurs travailleurs.

On pourrait trouver cette description dépassée, mais au contraire, la différence entre le travail abstrait et le travail concret n'a fait que se renforcer au fur et à mesure de l'histoire. Chez les cadres, par exemple, les calculs de rémunération sont toujours plus complexes alors que la contribution de chacun et de chacune est devenue quasiment impossible à mesurer avec précision. Avec l'individualisation du travail et de l'emploi évoquée précédemment, il n'est pas rare que, au sein d'une même entreprise et d'un même service, deux personnes effectuant les mêmes tâches connaissent des rémunérations différentes selon l'ancienneté au sein de la boîte, les conditions négociées lors du premier poste, les parcours de carrière (par exemple, le passage ou non par une expatriation), les relations avec les différents niveaux hiérarchiques, les négociations présentes et passées, les résultats, etc[28]. L'enjeu pour l'employeur demeure, comme au temps de Marx, de maximiser autant que faire se peut l'écart entre ce qu'il achète (le travail concret) et ce qu'il paye (le travail abstrait), y compris en suscitant un engagement maximum de la part des salariés.

Si certains cadres se sentent tenus de traiter leurs mails le soir, de rouvrir leur ordinateur en week-end ou de répondre au téléphone (mis à disposition par l'entreprise, qui sait bien ce que cela peut provoquer) au beau milieu de leurs vacances, c'est toujours plus de travail concret qui déborde le travail abstrait : une forme d'exploitation par invisibilisation de ce travail, c'est-à-dire que celui-ci n'est pas officiellement rémunéré bien qu'il soit de fait attendu – y compris par la promesse d'une future récompense, promotion ou augmentation, de la même façon que la jeune mannequin se voit promettre une future grande carrière. De fait, les grandes entreprises mobilisent énormément de moyens pour susciter un tel engagement : que l'on pense, simplement, à toutes les formations en *team building*[29] qui n'ont d'autre fonction, finalement, que de susciter un état d'esprit où l'on est prêt à donner à l'entreprise au-delà de ce que l'on aurait fait sans, y compris en dehors de ses heures de travail.

Évidemment, un tel phénomène se retrouve dans des professions moins favorisées. C'est le cas chez les employés de fast-food. Dans les restaurants de type McDonald's, les managers sont des franchisés qui ne disposent que de très peu de marges de manœuvre : les produits, les prix, la communication, etc., tout cela est pris en charge par la maison-mère. La seule véritable variable d'ajustement dont ils disposent afin de maximiser leurs profits est la main-d'œuvre, qu'il faut faire travailler le plus efficacement possible, et surtout avec le plus d'implication possible. Notamment, il faut éviter le turn-over important qui engendre des coûts de remplacement inutiles. Pour cela, deux grandes stratégies ont été identifiées par les sociologues qui ont enquêté sur ces situations de travail : soit laisser s'installer une « bonne ambiance » entre les « équipiers », les laisser s'amuser entre eux, faire des batailles de frites, etc., ce qui les conduit à aimer leur boulot et à s'y attacher[30] ; soit promettre une carrière au sein de l'entreprise (qui ne concernera en fait que quelques rares élus) afin d'obtenir une identification à celle-ci[31]. Dans les deux cas, c'est la frontière entre le travail et le hors-travail qui se trouve floutée. Dans les deux cas, cela produit une main-d'œuvre qui est prête à fournir du travail gratuit, soit parce qu'elle ne considère pas cela comme un « vrai boulot », mais juste comme un à-côté des études, soit parce qu'elle est désireuse de se montrer méritante dans l'espoir d'être choisie.

Ceux dont on peut ignorer les efforts

Le travail gratuit n'est pas un phénomène marginal, mais se trouve au cœur même de la dynamique capitaliste. Il prend fréquemment aujourd'hui la forme de ce que l'on peut appeler le *hope labor*, terme que l'on peut traduire par « travail au nom de l'espoir », que les chercheurs Kathleen Kuehn et Thomas F. Corrigan définissent comme « un travail non rémunéré ou sous-rémunéré réalisé souvent pour l'expérience ou la visibilité dans l'espoir d'obtenir des opportunités d'emplois dans le futur[32] ». Si, pour leur part, ils analysent celui-ci surtout pour des activités en ligne (blogging, reviews, etc.), l'expression a été rapidement étendue au-delà de ce secteur et même des activités créatives et artistiques où l'on s'attend intuitivement à le rencontrer. Elle s'applique bien, par exemple, aux bénéficiaires d'aides publiques, comme le RSA, à qui l'on demande de plus en plus de montrer leur bonne volonté en acceptant diverses tâches, stages et autres engagements contre la promesse d'avoir accès, de façon conditionnelle, à la solidarité nationale – fournir du travail gratuit pour montrer que l'on est digne d'être aidé, donc. Et plus largement, ce sont des secteurs entiers, et pas des moindres, qui ne pourraient fonctionner sans ce type de travail. Les Jeux olympiques pourraient-ils se tenir sans une armée de bénévoles qui entendent « marquer des points pour leur avenir », comme le proclamait une affiche pour le service civique[33] ? Les universités françaises pourraient-elles ouvrir leurs portes si les vacataires qui forment aujourd'hui le plus gros de leur personnel enseignant cessaient d'espérer obtenir un jour un poste de maître ou maîtresse de conférences[34] ? Qu'en serait-il du journalisme, des médias, des cabinets de conseil ou d'audit sans tous leurs stagiaires et jeunes en formation qui essayent de construire leur carrière et de se faire remarquer ?

Dans ces différents exemples, il y a d'autant plus de travail gratuit que celui-ci provient de catégories dont il est facile d'invisibiliser le travail : les pauvres et bénéficiaires de l'assistance, les jeunes, les nouveaux venus dans un métier… Ceux-là, on peut requalifier leur labeur sous une autre appellation : ce n'est pas du travail, mais un parcours d'intégration/de la formation/de l'apprentissage – de la même façon que le travail domestique peut être vu comme de l'amour et, plus généralement, celui des femmes comme un simple « appoint » à celui de leur conjoint masculin. Ce qui est en jeu est moins ce que font effectivement les individus que qui ils sont : il y a ceux dont le travail ne peut être ignoré et ceux dont on peut négliger les efforts, ou, pour le dire plus clairement, ceux qui ont les ressources nécessaires pour imposer leur travail comme visible et obtenir quelque chose en échange et ceux qui en sont privés. En effet, si l'invisibilité est une condition de l'exploitation du travail, il faut en déduire que la visibilité est un mode de résistance à cette exploitation – et il faut donc à présent comprendre ce qui peut rendre visible le travail.

III

Comment (re)voir le travail

En France comme ailleurs, la pratique du vélo a tendance à augmenter depuis quelques années. Cela s'est traduit, bien évidemment, par une accélération des ventes de bicyclettes, mais aussi par la construction de pistes cyclables, de voies réservées et de places de stationnement spécifiques dans de nombreuses villes, de la capitale aux agglomérations moyennes. Il y a donc certaines formes de travail qui sont faciles à voir ou au moins pas trop difficiles à imaginer : il faut produire ces vélos, d'autant plus que ceux-ci incorporent diverses innovations, du vélo électrique au vélo-cargo qui permet de transporter les enfants ou le chien en passant par les vélos connectés ; il faut aussi que des ouvriers en gilet jaune ou orange bloquent les rues le temps d'y installer des plots, blocs de béton et autres marquages au sol. Au moins pour un temps, le cyclisme apparaîtra alors comme un secteur d'avenir, boostant la production de richesses et la croissance[1] ou permettant de progresser vers la décarbonation de l'économie et des villes[2].

Les sociologues Jérôme Denis et David Pontille soulignent néanmoins qu'il est possible de porter un regard un peu différent sur cet objet, pour faire apparaître un autre type de travail tout aussi important : « Faire du vélo, ça n'est pas seulement rouler avec un vélo sorti d'usine sur des pistes flambant neuves. Pensez à l'acharnement dont il faut faire preuve pour démonter un pneu, sortir la chambre à air, découvrir l'emplacement du trou, installer correctement une rustine, puis remonter le tout afin que chaque élément reprenne la position qui permet de rouler en toute sécurité. Sans parler des compétences nécessaires à la réparation d'un pédalier ou au remplacement du boîtier de changement de vitesse. C'est un autre versant de l'histoire qui apparaît dans ce cas. Un versant qui donne à voir des épreuves représentant autant d'obstacles possibles à la pratique du vélo[3]. »

S'ils prennent cet exemple, c'est pour mettre en avant une forme spécifique de travail, forme à laquelle ils consacrent leur livre : le travail de maintenance et d'entretien des choses. Habitués par le capitalisme à voir dans le travail l'innovation et la création de nouvelles choses, nous ne prêtons que trop peu l'attention aux tâches pourtant nombreuses qui permettent de faire durer les biens et les équipements, qu'il s'agisse d'un vélo ou d'un bâtiment, d'une machine à café ou de voies de chemin de fer. Ils appellent donc à « réassigner l'attention » pour ne pas seulement nous concentrer sur les ruptures et les moments marquants, mais aussi pour percevoir l'importance des tâches banales et quotidiennes qui assurent « la pérennité aussi bien aux vélos qu'aux infrastructures qui y sont dédiées » : « graisser la chaîne de temps à autre, [...] combler les fissures avant qu'elles ne forment des nids-de-poule », etc.

Ce geste, dont on peut percevoir toute la portée critique, illustre ce que la dernière partie de ce livre voudrait faire : réfléchir à ce qui permet un même changement de regard, une même façon de voir du travail là où le capitalisme et ses évolutions les plus récentes nous ont appris à l'ignorer. La sociologie fournit ici un outil précieux : elle consiste par nature à porter un regard différent, et plus particulièrement scientifique, sur des objets qui nous sont pourtant familiers, invitant ainsi à une prise de distance propice aux découvertes. Pour ce qui nous intéresse, elle a tout particulièrement construit des outils dédiés à l'identification d'une multitude de tâches qui permet à la société d'exister et de se perpétuer. Cependant, l'argument ne s'arrêtera pas là : il s'agira aussi de réfléchir aux formes mêmes d'organisation et de luttes sociales qui permettent de voir et d'imposer au regard le travail – autrement dit, aux conditions politiques d'existence de celui-ci.

9
Un puissant révélateur

Quand on ne comprend pas le travail…

En 2021, le sociologue Gérald Bronner a attiré l'attention de nombreux médias grâce à une étonnante statistique : « Sur le long cours de l'histoire humaine, écrit-il dans le livre dont il fait alors la promotion, […] il y a de plus en plus de temps de cerveau disponible[1]. » « Songez par exemple que nous avons huit fois plus de disponibilité mentale qu'au début du XIXe siècle ! » s'exclame-t-il sur une grande radio nationale[2]. Alors que, par le passé, nos esprits auraient été encombrés par les préoccupations liées à notre survie, la science et la technologie nous auraient libérés de ce poids et nous permettraient de consacrer notre énergie à d'autres tâches, plus nobles. Car c'est bien ce qui inquiète le chercheur : ce temps, qu'en faisons-nous ? « Si c'est pour regarder des vidéos de chatons, au secours[3] ! » se lamente-t-il. Plutôt que d'utiliser ce « capital d'un milliard cent trente-neuf millions d'années de temps de cerveau disponible » (pour la France seule, d'après les calculs de l'auteur) à essayer de résoudre les grands problèmes de l'humanité, à nous intéresser aux sciences ou aux productions culturelles exigeantes, nous le gâcherions à regarder du porno, à traîner sur les réseaux, et à laisser d'une façon générale les écrans siphonner notre si précieuse attention, tout ça à cause de notre cerveau qui ne sait que faire d'un marché cognitif dérégulé. Une véritable « apocalypse cognitive » – c'est d'ailleurs le titre de son livre[4].

Mais qu'est-ce que donc que ce « temps de cerveau disponible » qui aurait monté en flèche ? Il est intéressant de voir comment Gérald Bronner mesure celui-ci pour comprendre de quoi il parle. Sa source sur cette question est constituée des enquêtes de l'Insee sur la façon dont les individus occupent leur temps : pour lui, le « temps de cerveau disponible » renvoie à ce que les statisticiens appellent, dans ces travaux, le « temps libre », c'est-à-dire celui qui n'est occupé ni par le travail (« temps professionnel », y compris les transports), ni par le temps nécessaire à l'entretien de son corps et de sa santé (« temps physiologique » : repas, toilette, etc.), ni par les tâches ménagères et parentales (« temps domestique »)[5]. Au regard de ces travaux, on peut noter une augmentation du temps libre de 35 minutes entre 1986 et 2010. En se référant à des estimations plus anciennes bien que floues[6], Bronner affirme que ce temps « a été multiplié par plus de cinq depuis 1900 et par huit depuis 1800[7] ! ». Cette augmentation sur le long terme est d'abord la conséquence de la baisse considérable du temps professionnel : puisque nous ne sommes ni à l'usine ni au bureau, voilà donc notre cerveau complètement libre de toute inquiétude et de toute activité.

Ce raisonnement est étonnant à plus d'un titre, d'autant qu'il vient d'un sociologue. Il témoigne tout d'abord d'un glissement de sens : le « temps libre », catégorie statistique employée par l'Insee, n'est pas du « temps de cerveau disponible », expression forgée par un dirigeant de la chaîne TF1 pour désigner l'état dans lequel ses émissions devaient mettre les téléspectateurs pour que ceux-ci soient prêts à recevoir les publicités chèrement vendues aux annonceurs[8]... Plus étonnant encore, le grand patron s'avère ici plus conscient que le chercheur que ce temps formellement libre peut être occupé par bien des soucis et des problèmes – et donc une activité cognitive non nulle – et ait donc besoin d'être rendu « disponible » ou « libéré » par quelques émissions dûment conçues, même si ne tutoyant pas nécessairement les sommets de la pensée. Rien ne dit, en fait, que pendant notre temps libre, notre cerveau soit effectivement disponible pour les grandes œuvres auquel Bronner regrette qu'il ne soit pas employé.

S'il arrive à bien des personnes de regarder, par exemple, des vidéos « débiles » sur YouTube ou encore de se poser devant des « conneries à la télé », ce n'est pas forcément par paresse ou par un goût inné du cerveau pour les « sucreries » cognitives faciles à digérer, mais peut-être bien que leur esprit est encombré par toutes sortes de problèmes, de fatigues et de soucis. La sociologie des pratiques culturelles a bien montré que la consommation de certaines productions se faisait sans illusions sur leur qualité et dans une perspective consciente de détente[9]. En fait, si l'on prend au sérieux l'idée d'un « temps de cerveau disponible », il faudrait se demander si le premier prédateur de notre « liberté mentale » n'est pas le travail lui-même. Il est en effet envisageable que celui-ci nous prive d'une partie de l'énergie dont nous aurions besoin pour consacrer notre temps libre à certaines des nobles activités auxquelles Bronner voudrait nous voir nous adonner. De même, on peut se demander pourquoi la recherche des solutions aux grands problèmes de l'humanité devrait s'appuyer sur le temps libre et non sur le temps professionnel[10]...

L'erreur, ici, est de voir le travail comme une catégorie étanche et parfaitement limitée, comme s'il y avait le travail et son temps dédié d'un côté et le non-travail de l'autre, de telle sorte qu'il serait possible de tracer une ligne de démarcation univoque entre les deux. Cela est évidemment nécessaire pour faire des statistiques. De ce point de vue, il est incontestable que le temps de travail tel que défini par les horaires d'embauche et de débauche ainsi que par la loi s'est réduit depuis les débuts de l'industrialisation, ce qui nous renseigne effectivement sur les transformations des modes de vie et les rapports de force au sein des sociétés. Mais de là à conclure que l'activité économique occupe une moins grande place dans nos vies, il y a un pas qu'il ne faudrait pas franchir, surtout pour un sociologue...

Voir au-delà du travail

L'exemple de l'ouvrage de Gérald Bronner montre l'importance qu'il y a à ne pas s'enfermer dans une conception restrictive du travail. Pour les sociologues, réfléchir sur ce qui constitue ou non du travail est un moyen de problématiser et d'interroger les sociétés qu'ils observent et les phénomènes qu'ils étudient. Un moyen, autrement dit, d'exercer un esprit critique qui n'a pas de raison d'être réservé aux seuls scientifiques de métier.

Revenons encore un instant sur la question du temps professionnel et de la réduction du temps de travail. Si l'on peut effectivement avancer que la durée qui est consacrée à cette activité au cours d'une vie a diminué depuis les révolutions industrielles, il ne faut pas oublier que c'est pour partie parce que l'on entre de plus en plus tardivement dans la « vie active » (et aussi que l'on en sort plus tôt grâce à la mise en place d'un système de retraite). Le temps passé à l'école n'a cessé d'augmenter, sous le coup à la fois des lois sur la scolarisation des enfants, des politiques d'allongement des études et du souhait des familles de voir leurs enfants obtenir des diplômes. Les manuels scolaires rappellent encore aux enfants français que, quelques siècles plus tôt, ils auraient été dans les champs, les usines et les mines plutôt qu'en classe, et les efforts engagés pour pousser la scolarisation dans les pays les plus en difficulté soulignent encore combien cette situation est préférable. Ainsi, l'école est présentée – et se présente elle-même souvent – comme une protection contre une participation trop précoce au jeu économique dont il est entendu, au regard de l'histoire, qu'il doit épargner les enfants.

En termes de catégorie statistique, les élèves et étudiants sont classés parmi les « inactifs », une information qui, lorsqu'elle est donnée dans le cadre d'un cours de SES au lycée, soulève toujours quelques protestations. Au sens conventionnel, ils ne « travaillent » pas, ce qui est quand même étonnant pour des jeunes gens qui sont quotidiennement incités à se mettre au travail, à faire leur travail, à rendre tel ou tel travail, à acquérir des méthodes de travail, etc. Mais on comprend facilement la distinction : le travail au sens habituel désigne un enjeu de production de richesses et de profits, alors que celui demandé aux élèves se rattache plutôt à la construction de leur personne, de la citoyenneté et de la culture. Apprendre par cœur une poésie, par exemple, est un travail scolaire qui a toutes sortes de vertus (développer la mémorisation et le langage, acquérir de la culture et du goût pour les mots, etc.), mais dont les implications économiques sont pour le moins limitées (surtout si l'on regarde les chances pour un poète contemporain de vivre de sa plume...). C'est même un lieu commun que l'école enseigne des choses « inutiles », notamment en mathématiques : la trigonométrie et toutes ces choses compliquées ne feraient pas sens pour les élèves et, à suivre certains, on ferait mieux de leur apprendre des choses « vraiment » utiles comme remplir sa déclaration d'impôt ou lire sa feuille de salaire – on se souviendra, par exemple, de l'ancien ministre de l'Éducation nationale Luc Ferry déclarant que « les maths ne servent strictement à rien[11] ».

Pourtant, la déconnexion entre le travail scolaire et le monde économique est douteuse : l'étonnement des élèves à l'idée qu'ils ne travaillent pas n'est pas seulement lié au fait que les leçons les fatiguent, mais aussi au fait que, pour beaucoup, leur activité à l'école est bel et bien guidée par les perspectives professionnelles. Parents et professeurs peuvent leur rappeler que le chômage menace celui qui n'a pas de diplômes ou, lorsqu'ils bavardent en cours, arrivent en retard, se montrent peu respectueux, que tous ces comportements ne seront pas tolérés en entreprise. Comme le note la sociologue Anne Barrière, « depuis la massification, le travail fourni à l'école conditionne largement l'obtention d'un diplôme et dessine un parcours qui, au total, décide largement de la position sociale future[12] » : cela « dramatise » les enjeux du travail scolaire, ainsi que les choix d'orientation, en les plaçant directement dans une perspective de rentabilité économique. Sans compter que certains se retrouvent à travailler au sens classique tout en poursuivant leurs études : sans même parler des stagiaires de l'enseignement supérieur, c'est le cas des lycéens et lycéennes de la filière professionnelle et des apprentis, dont la mise au service des entreprises a même été encouragée par la récente promotion des écoles de production, où les élèves servent à répondre aux besoins des industries locales[13]. Invisibles dans les débats publics, y compris ceux portant très précisément sur l'école[14], c'est pourtant la réalité que connaissent de nombreux jeunes, notamment issus de classes populaires. Certes, les jeunes enfants ne sont plus, aujourd'hui en France, contraints de ramper dans les mines, mais leur activité quotidienne n'est pas aussi déconnectée de l'activité économique qu'on veut bien le croire.

Ce point ne se manifeste pas que pour les élèves, mais aussi pour les parents. La sociologue Sandrine Garcia a ainsi parlé d'une « professionnalisation du métier de parents[15] ». Pourquoi cela ? Elle constate, au travers d'une enquête auprès de familles des classes moyennes et supérieures, une mobilisation forte de celles-ci pour la réussite de leurs enfants. Il ne s'agit pas tant du temps passé de façon explicite à contrôler les devoirs que de toutes sortes d'autres interactions et activités dont la fonction est de préparer et d'approfondir les apprentissages scolaires. Sur son terrain, la sociologue relève comment les parents ne se contentent pas de lire une histoire le soir pour aider l'enfant à s'endormir, mais en profitent également pour questionner celui-ci sur le livre en question – ce qui apprend à adopter une attitude de distanciation vis-à-vis des textes qui est également attendue par l'école – ou leur demandent de déchiffrer des mots ou des phrases. Des activités ludiques servent également à anticiper ou à renforcer l'acquisition de la lecture et de l'écriture : les lettres magnétiques sur le frigo sont très appréciées dans cette perspective, de même que divers jeux où l'on demande à l'enfant d'écrire des mots ou des phrases. À cela s'ajoutent un choix stratégique d'activités extrascolaires (qui ne doivent pas qu'être récréatives mais aussi permettre d'acquérir des dispositions scolaires comme la persévérance ou la régularité) et un suivi scolaire qui est chronophage. Toutes ces choses demandent non seulement des efforts, mais également des compétences et la soumission à certaines contraintes, pour au final produire une certaine valeur – scolaire ici, mais qui se traduira à terme par un diplôme, et partant de là, une certaine position sociale. Toutes les caractéristiques d'un travail sont donc réunies.

En introduisant cette notion de travail parental et de professionnalisation, Sandrine Garcia entend mettre en avant ce qui est généralement caché : ses enquêtés, en effet, minimisent leur intervention et disent ne rien faire de particulier. La sociologue doit se montrer précise dans ses questions pour obtenir des réponses sincères. Dissimuler ou nier cette mobilisation permet, pour les parents, de respecter une injonction sociale à ne pas « mettre la pression » aux enfants, et également de faire apparaître la réussite de ces derniers comme des « facilités », c'est-à-dire une expression de leur mérite et de leur don personnel, plutôt que le résultat de leur origine sociale. Parler de travail permet ainsi d'identifier les inégalités et leurs causes : tous les parents ne sont pas également armés pour réaliser ce travail parental. Certains ne disposent pas du temps, d'autres des ressources culturelles et d'autres encore des moyens économiques qu'il exige. Sandrine Garcia souligne même que cette professionnalisation se fait d'autant plus forte que les réformes de l'école primaire ont affaibli les capacités de celle-ci à jouer son rôle de réduction des inégalités en dotant tous les enfants de ce que certains apprennent déjà dans leurs familles.

Tous professionnels

Chercher le travail là où le regard du sens commun tend à l'ignorer ou à le minimiser constitue donc un geste critique, une façon d'interroger ce qui nous semble familier – et c'est là un problème que les sociologues connaissent bien. Dans son ouvrage classique *Les ficelles du métier*[16], destiné à donner des moyens de penser comme un sociologue, Howard Becker rapporte ainsi comment, pendant un temps, les sociologues ont tenté d'étudier les métiers en distinguant ceux qui constituaient des « professions » et ceux qui n'en étaient pas, qui n'étaient que des « occupations », des tâches à réaliser. Leurs modèles étaient les médecins ou les avocats, dont chacun sait bien qu'il s'agit véritablement de « professions », respectables, honorables, lucratives, etc. Il s'agissait donc de trouver les traits spécifiques qui les différenciaient du commun du travail. Mais l'exercice s'est rapidement avéré limité, comme l'explique fort bien Becker : « Tout critique un tant soit peu pugnace et intelligent trouvera inévitablement un métier qui satisfait toutes les exigences de la définition (longues années d'études, corpus de connaissances ésotériques, licence d'État, etc.) mais qui, clairement, "ne cadre pas". Le métier de plombier était en général parfait pour ce genre de triturage de neurones théorique. Les plombiers possèdent les attributs inclus dans les définitions standards des professions [...][17] : corpus de connaissances ésotériques (essayez de réparer vos canalisations vous-même), longues années d'étude, licence d'État et tout le reste[18]. »

Cette tradition critique s'ouvre avec le travail d'Everett Hughes (dont Becker fut l'un des élèves) sur les agents immobiliers en 1951. Il y écrit notamment : « Je commençai l'étude en pensant apporter une réponse à la question usuelle “ces hommes sont-ils des professionnels ?”. C’était une fausse question, car le concept de profession dans notre société n’est pas tant un terme descriptif qu’un jugement de valeur et de prestige[19] » – une remarque qui peut toujours s’appliquer parfaitement aux usages courants du mot « travail » aujourd’hui. De là va découler toute une tradition de recherche qui s’emploie à rapprocher les professions prestigieuses avec celles qui font l’objet de mépris, voire d’une franche réprobation morale, et à construire des outils théoriques qui permettent d’analyser autant les premières que les secondes – et vice-versa. Non seulement les plombiers peuvent être rapprochés des médecins, mais cela permet également de prendre au sérieux les savoirs et les compétences détenus par les plombiers et, en outre, c’est un moyen de s’intéresser à ce que les professions médicales voudraient tenir caché, par exemple la place de l’argent et de l’intérêt économique[20]. L’idée sous-jacente, résumée par la sociologue Marie Cartier, est que « seule la comparaison de métiers différents permet de mettre au jour les processus, les problèmes, les significations du travail comme activité sociale[21] ».

Cette tradition d’analyse, que l’on nomme « interactionnisme », a conduit les sociologues à s’intéresser à toutes les activités et tous les métiers avec le même sérieux, à aller contre le sens commun qui établit facilement des « hiérarchies de crédibilité[22] » entre ce que disent les gens « respectables » – les patrons, les employeurs, les managers, les cadres, etc. – et ce que disent les cols bleus, moins diplômés, moins prestigieux et au final moins écoutés. La vision de Frederick Taylor, qui réserve la compréhension du travail aux managers et laisse aux travailleurs la seule obligation d’être des machines humaines exécutant les ordres venus d'en haut, ne peut tout simplement pas être entendue en sociologie : « tous professionnels » pourrait être un des mots d'ordre de la discipline.

Un bon exemple de cette attitude peut se trouver dans la façon dont la chercheuse Stéphanie Pryen a étudié la prostitution de rue. Même sur un terrain aussi difficile d'accès et politiquement chargé, elle a pris la peine de rencontrer et de discuter avec des prostituées pour leur parler de leur rapport à leur activité de la même façon qu'on pourrait le faire avec n'importe quel autre métier – et tout l'enjeu est justement de voir comment on fait pour exercer un « métier pas comme les autres[23] ». Les femmes qu'elle rencontre, qui exercent de façon relativement « libre », refusent fréquemment de voir leur travail réduit à sa seule dimension sexuelle et revendiquent de jouer « un rôle social important auprès de leurs clients ». L'une d'elles explique ainsi : « Ça permet des fois de remonter le moral des personnes [...], c'est pas tellement pour la sexualité, des fois, c'est pour un besoin de communication. Pour avoir une petite entraide morale aussi, et pour aussi diversifier la vie[24]. »

Il ne s'agit pas de reprendre ce discours en considérant que la prostitution est une bonne chose et doit être défendue au nom du bien-être des hommes, mais plutôt de saisir comment elle est vécue par celles qui l'exercent. Ici, en cherchant à justifier leur existence par des discours qui vont jusqu'à affirmer leur « utilité publique », les prostituées révèlent la façon dont elles composent avec le stigmate qui les affecte, en se référant notamment à une image classique de la féminité qui prend en charge le bien-être des autres et en se rapprochant ainsi d'autres activités de *care*. Du même coup, cela fait ressortir comment, pour être acceptable, les métiers et les professions doivent être en mesure de produire et d'imposer des discours qui fondent leur valeur en termes d'utilité. S'intéresser à un cas aussi particulier que les prostituées peut ainsi permettre d'apprendre des choses sur le travail en général.

Rendre visible ce qui est caché

Les sociologues ne se contentent pas de regarder toutes les professions avec le même sérieux et la même attention : ils vont aussi chercher à voir du travail là où l'on a le plus fortement envie de ne surtout pas en voir. Ils ont d'ailleurs tendance à multiplier les formes de « travail » : en plus du travail au sens classique et du travail domestique, déjà cité, on parlera, par exemple, de travail militant (pour désigner l'activité de ceux et celles qui participent à divers mouvements sociaux), de travail politique (pour parler, cette fois, de ce que font les élus), de travail émotionnel (sur lequel on va revenir), de travail de care (la prise en charge des besoins d'autrui), de travail « à côté » (le jardinage et le bricolage dans lequel s'investissent notamment les ouvriers), de travail du consommateur (lorsque ceux-ci participent à la production de ce qu'ils achètent), de *moneywork* (soit la gestion de l'argent au sein du couple), de travail numérique (le *digital labor* déjà évoqué), etc[25]. Ce foisonnement peut même être un sujet de blague au sein de la profession : dans un dessin humoristique présentant les différents types d'articles que les sociologues ne cessent d'écrire, le sociologue irlandais Kieran Healy faisait figurer « Nous avons inventé un nouveau genre de travail », à côté d'autres titres comme « Voici une nouvelle forme de capital », « Une critique de ce que j'imagine que les économistes racontent » ou encore

« Cinq années de travail ethnographique suggèrent que ne pas avoir d'argent, ça craint[26] ».

Il faut dire qu'étudier l'activité des gens sous l'angle du travail a une vertu : cela oblige à être attentif aux gestes du quotidien, au banal, et, finalement, à l'invisible. Dans un monde qui tend à invisibiliser le travail, les sociologues s'en servent donc pour faire apparaître ce qui est caché.

Un bon exemple de cela peut être trouvé dans un article de la chercheuse Cécile Thomé consacré à… la sexualité au sein des couples hétérosexuels[27]. A priori, il peut sembler bien étonnant, pour ne pas dire choquant, de parler de « travail » à ce propos, et encore plus dans ce contexte particulier – si l'on peut concevoir que le sexe soit un travail, ce n'est généralement pas dans une relation de couple… Mais la sociologue constate, en interrogeant des hommes et des femmes sur leur rapport à la contraception (le point de départ de son enquête et de ses entretiens) que les relations sexuelles demandent pourtant une certaine mobilisation : en dehors d'un projet reproductif, il faut, justement, penser à la contraception, mais aussi susciter le désir chez l'autre (ce qui demande un entretien du corps et de l'apparence) et chez soi (il faut se mettre dans le bon état d'esprit, se rendre disponible, y compris émotionnellement), le tout en maintenant un certain décorum pour que la relation apparaisse comme « spontanée » (puisque c'est ainsi que l'on conçoit, culturellement, le désir, la sexualité et l'amour). Pour analyser cela, la sociologue recourt donc à la notion de « travail émotionnel », laquelle désigne les efforts et stratégies auxquels on recourt pour manifester et souvent ressentir les « bonnes » émotions au bon moment. À l'origine du concept se trouve le travail de la chercheuse américaine Arlie R. Hochschild qui avait étudié comment les hôtesses de l'air parviennent à sourire sur commande[28]. Même si les conditions sont différentes, la conscience que les émotions, même les plus personnelles, ne sont pas forcément spontanées permet à Cécile Thomé de révéler un pan de la vie intime qui, autrement, serait resté caché. Ainsi, elle note qu'il s'agit surtout d'un travail de la part des femmes, ce qui interroge la répartition du travail et les inégalités au sein des couples. Si les hommes se plaignent souvent du manque de désir de leur partenaire, c'est peut-être à mettre en regard avec les exigences de ce travail émotionnel qui vient s'ajouter au travail domestique déjà inégalement réparti ainsi qu'à une activité professionnelle également conséquente.

Frontières floues

Évidemment, voir le travail qui se cache derrière la sexualité n'implique pas que celui-ci doive être transformé en emploi rémunéré. Mais cela peut conduire à s'interroger sur les frontières entre les activités, notamment entre le travail et le non-travail, et ce qu'elles signifient.

Revenons rapidement sur la question du travail domestique. Comme signalé précédemment, une façon de montrer qu'il crée de la valeur est de passer par le « principe du tiers[29] ». S'il est possible de déléguer au marché une tâche que l'on effectue à la maison, alors il s'agit bien de travail gratuit. C'est d'ailleurs ainsi que les statisticiens procèdent pour estimer la valeur de ces activités, en leur attribuant un salaire fictif[30]. Mais se pose alors la question : pourquoi faire cela pour le ménage et la cuisine et non pour la sexualité puisque l'on pourrait, là aussi, recourir à un tiers comme avec la prostitution ?

L'anthropologue Paola Tabet a durablement marqué la pensée féministe en avançant l'idée de « l'échange économico-sexuel[31] ». Elle englobe sous ce terme aussi bien la prostitution que le mariage. Son analyse souligne que bien des relations sexuelles comportent une rémunération, au moins sous forme de promesse, pour les femmes : pas seulement monétaires, mais aussi sous forme de statut social (être une femme respectable et, souvent, éviter l'infamie et les conséquences potentiellement violentes d'être vue comme une « femme de mauvaise vie »), du prestige, de la sécurité (y compris matérielle). Il n'y a pas d'opposition binaire entre mariage et prostitution. Au contraire, insiste Paola Tabet, il y a un continuum. Elle cite à l'appui différents exemples historiques qui montrent la porosité entre ces catégories : les *malayas*, prostituées de Nairobi étudiées par l'historienne Luise White, proposaient à leurs clients toutes sortes de services domestiques, comme la préparation d'un repas, d'un bain ou une discussion autour d'un thé ; chez les Amharas, peuple d'Éthiopie, existait le mariage *damoz*, légalement reconnu, où une « épouse auberge » accueillait un homme le temps de son séjour en lui fournissant services sexuels et domestiques contre rémunération. Et, plus récemment, on peut penser à un article du *New York Times* qui rapportait que, dans le quartier chic de l'Upper East Side de New York, de riches hommes d'affaires versent des salaires à leurs épouses surdiplômées qui ont accepté de devenir des femmes au foyer[32].

Ce n'est pas là le destin de toute relation sexuelle ni de toute relation amoureuse entre homme et femme. Celles-ci peuvent parfaitement consister en un échange de sexualité contre sexualité, d'amour contre amour, à condition d'une égalité entre hommes et femmes, notamment en termes d'autonomie et de contrôle. Or, dans des sociétés où les hommes disposent structurellement de plus de ressources – aussi bien en termes économiques qu'en termes de prestige –, il est possible sinon probable que la sexualité des femmes ou d'une partie d'entre elles soit « largement transformée en service[33] » en échange d'autre chose. Si ce sont, majoritairement, les femmes et non les hommes qui se trouvent du côté « sexuel » de l'échange économico-sexuel, c'est parce que, d'une manière générale, elles gagnent moins que les hommes sur le marché du travail (ce qui minimise la perte globale au sein d'un couple par exemple) et aussi parce que le coût d'une sexualité trop « libre » est bien plus élevé pour elles[34].

Dans cet exemple, voir le travail (ici, dans l'espace domestique et dans la sexualité) permet d'étudier l'organisation de la société, les rapports sociaux, les inégalités. Si la sexualité est susceptible de devenir un travail pour les femmes, ce n'est pas du fait d'une condition biologique particulière de celles-ci qui les destinerait par nature à ne pas accorder la même importance ou la même valeur aux plaisirs de la chair que les hommes. L'explication réside, en fait, dans la position sociale qu'elles occupent, laquelle rend l'échange inégal : la valeur que produit l'activité est en fait appropriée par d'autres (ou au moins inégalement répartie), ce qui fait que l'activité est orientée et vécue différemment que si les ressources étaient mieux réparties.

Voir un monde en construction

Pour que la sexualité telle que nous la connaissons existe, il faut donc que des gens travaillent, même quand elle est officiellement présentée comme naturelle, allant de soi, évidente. On peut dire la même chose des autres phénomènes pour lesquels les sociologues repèrent du travail : les mouvements sociaux, les révoltes et les soulèvements populaires semblent être une expression directe et spontanée de quelques groupes ? C'est en fait le résultat d'un travail militant et politique de la part de différents acteurs, tout comme, d'ailleurs, le maintien du statu quo et des institutions qui peuvent donner l'impression de fonctionner toutes seules. Le soin aux enfants ou aux personnes âgées découlerait de l'amour ou de certaines inclinaisons personnelles ? Non, c'est de travail qu'il s'agit. Les normes, les valeurs, les croyances, les représentations ? Il y a des gens qui s'emploient à les maintenir ou à les transformer[35]. Et, comme le soulignent Jérôme Denis et David Pontille cités au début de cette partie, notre environnement matériel n'existe que parce qu'il y a des gens, souvent invisibles, qui s'emploient à l'entretenir.

D'une façon générale, la sociologie nous invite à voir le monde qui nous entoure comme peuplé de « constructions sociales » – même si certains préfèrent utiliser des concepts comme « institutions », « performation », ou encore « fabrique[36] ». Il s'agit, dans tous les cas, d'étudier la part artificielle du monde qui nous entoure, celle qui relève de l'activité humaine, de son histoire, plutôt que d'une nécessité naturelle. Or les constructions ont besoin, si l'on prend la métaphore au sérieux, d'être produites et entretenues : pas de maison sans architectes, maçons, manœuvres, etc., pour l'élever, et, une fois bâtie, elle ne tiendra pas longtemps s'il n'y a personne pour en prendre soin, la chauffer en hiver, reboucher les fissures, entretenir les canalisations, et tant d'autres tâches dont il faut bien que quelqu'un se charge. Parler de travail au-delà de la seule définition conventionnelle permet aux sociologues de mettre l'accent sur toutes les activités essentielles à produire effectivement la société dans laquelle nous vivons.

Il ne s'agit pas, en effet, seulement d'assurer la production de biens et de services, bien que celle-ci soit d'une importance considérable. Il faut également, comme le notaient déjà les féministes, assurer la reproduction de la force de travail par un travail spécifique : travail domestique, travail de soin, travail du *care*. Il faut, enfin, produire et reproduire toutes les règles et représentations de la société, dans une démocratie, mobiliser les citoyens et plus largement créer du lien et un sentiment d'appartenance.

Prendre conscience du travail dans sa globalité peut conduire à regarder de façon différente des situations courantes. Ainsi, une femme au foyer élevant seule des enfants en se démenant avec quelques aides publiques pourra être vue par certains comme une « assistée » qui vit au crochet de la société, et par d'autres comme quelqu'un qui aurait besoin de travailler, c'est-à-dire de trouver un emploi, pour s'émanciper de sa condition. Pourtant, il est possible de la voir comme fournissant déjà un travail important dont bénéficient non seulement ses enfants, mais aussi l'ensemble de la société : des enfants pris en charge ont plus de chances de faire des études et moins de risques de tomber dans la délinquance, par exemple. S'il est bon qu'elle ne reste pas enfermée dans l'espace domestique, il ne suffira pas qu'elle trouve un emploi si le reste de la société ne compense pas ses efforts par un accueil en crèche, à l'école, en centre de loisirs, etc. De ce changement de regard, nous avons toutes et tous besoin, pas seulement les sociologues.

10
La face cachée du travail

Compétences inattendues

Le psychiatre François Tosquelles (1912-1994) a durablement marqué l'histoire de sa discipline par sa contribution importante à la critique des asiles et au développement de la psychothérapie institutionnelle ainsi que par sa personnalité originale et souvent extravagante. Parmi les nombreuses anecdotes qui émaillent le récit de sa vie, il y a notamment celle-ci : pendant la guerre civile espagnole, il est chargé d'organiser les soins psychiatriques de l'armée républicaine et, à cette occasion, évite soigneusement de recruter des médecins ou des psychiatres parce qu'il leur reproche d'avoir « peur des fous ». À la place, il préfère enrôler des avocats, des peintres, des religieuses et, surtout, des prostituées (à qui il demande toutefois d'arrêter cette activité). Pourquoi spécifiquement cette dernière profession ? Parce que, explique-t-il, elles savent écouter, sont conscientes que le monde est déjà peuplé de fous pour y avoir été souvent confrontées elles-mêmes et, enfin, elles « s'y connaissent en matière d'hommes ». Elles sont donc disposées, selon lui, à devenir de bien meilleures soignantes que les autres. Ainsi, ces femmes apporteront une contribution non négligeable bien qu'invisibilisée au progrès de la psychiatrie[1].

Tosquelles n'était pas sociologue, mais il en avait assurément quelques qualités. En témoigne la façon dont il peut, dans un congrès, rapprocher les religieuses et les prostituées parce qu'elles exercent un travail gratuit ou sous-rémunéré et rompent avec les normes de la parenté et de la famille, ce qui n'est pas sans rappeler Everett C. Hughes comparant, avec un goût égal pour la provocation, ces mêmes prostituées aux psychiatres (parce que les deux corps de métier acquièrent des connaissances intimes et embarrassantes sur leurs clients)[2]. Dans l'exemple ci-dessus, le psychiatre semble avoir été capable de ne pas se fier à la seule représentation « officielle » du travail des prostituées – guère positive, on s'en doute – et de regarder celui-ci sans jugement moral et surtout dans son entièreté, repérant des compétences que d'autres auraient facilement ignorées. Voir le travail tel qu'il est et non tel qu'on l'imagine et y découvrir, souvent, des choses inattendues : voilà l'un des objectifs que poursuivent les sociologues du travail.

De là découle l'importance non seulement de l'enquête empirique, mais surtout de la description de situations de travail[3]. Les sociologues ont beaucoup utilisé, et utilisent toujours, des méthodes d'observation directe, tout particulièrement en pratiquant l'ethnographie dans les usines, services, entreprises, administrations, etc. L'opération ne consiste pas seulement à faire comme les personnes que l'on souhaite étudier, mais à y porter une attention plus soutenue. C'est ce que raconte, notamment, le sociologue américain Donald Roy[4] : en 1944, il entre comme opérateur dans une entreprise métallurgique de Chicago dans le but de… subvenir aux besoins de sa famille et de financer ses études. C'est au cours de celles-ci qu'il fait de cette activité son objet de recherche, lorsque ses cours l'incitent à y poser un regard différent : « Je n'ai commencé à remarquer des choses que lorsque le professeur Hughes m'eut initié à l'observation participante avec attention constante à ce qui se passait autour de moi et prise quotidienne de notes sur ce qui se passait dans l'usine[5]. » Le simple fait d'essayer de produire un compte rendu complet de ce que l'on fait est déjà un exercice qui peut révéler beaucoup sur le travail.

Dans le cas de Donald Roy, cette expérience va notamment le conduire à contester certains des résultats obtenus dans les années 1920-1930 par le psychologue Elton Mayo, lequel a fortement marqué l'histoire du management et de l'organisation du travail[6]. Ce dernier s'était notamment intéressé, comme Taylor avant lui, au « freinage » de la production par des ouvrières d'une usine de la Western Electric. Appuyée sur l'expérimentation de diverses organisations du travail, l'explication avancée était que les travailleuses ne parvenaient pas à comprendre la logique économique pesant sur l'entreprise, ce qui les conduisait à de la frustration et au refus de faire des efforts. Donald Roy, à partir de son expérience, montre tout ce qui a échappé à ce point de vue surplombant : dans son usine, les ouvriers se fixent de façon informelle des quotas à ne pas dépasser pour la production de certaines pièces, et ensuite jouent entre eux pour savoir qui l'atteindra le plus vite, ce qui rompt la monotonie du travail en leur donnant l'occasion de montrer leur habileté et leur endurance ; c'est aussi un moyen de résister à la hiérarchie en reprenant un contrôle sur son temps quand on peut s'accorder une pause une fois le quota atteint. Ces attitudes suscitent des gratifications au sein des relations sociales entre ouvriers, une part considérable de la situation de travail, ignoré par Mayo.

Voir le travail ne consiste donc pas seulement à regarder au-delà des définitions conventionnelles, il faut également parvenir à regarder ce que font les gens d'une façon objective et complète. Cela implique de prêter attention à ce qui est caché aux yeux extérieurs et, parfois, à ceux des travailleurs eux-mêmes.

Décris-moi ton métier : la scène et les coulisses

Supposons que l'on demande à un enseignant de décrire son métier, de rendre compte de son travail : sans doute parlera-t-il de transmission du savoir et de la connaissance, de l'instruction des jeunes générations, de la préparation à la vie active, de la promotion de l'égalité des chances et de la mobilité sociale, de l'émancipation des citoyens ou encore de faire vivre les valeurs de la République et de bien d'autres choses. Chacune de ces réponses peut déjà nous en apprendre beaucoup aussi bien sur le positionnement professionnel et politique de notre interlocuteur fictif que sur l'époque et le contexte dans lequel il s'exprime – un « hussard noir » du temps de Jules Ferry n'aurait jamais évoqué la question de l'égalité des chances, tandis que la question de l'insertion dans l'enseignement supérieur a plus de chances de figurer dans le discours d'un professeur de lycée de notre époque.

Mais ces réponses ne nous disent pas encore exactement ce qu'il fait, plutôt pourquoi il le fait. Il faut pour cela pousser plus loin et lui demander d'être plus précis, d'entrer dans le détail de ses tâches et de ses gestes professionnels : on peut alors imaginer qu'il présentera son emploi du temps, expliquera comment se passe une heure de cours (« je salue les élèves, je leur demande de s'asseoir, je fais l'appel et après, on enchaîne sur un exercice, etc. »), exposera ses pratiques pédagogiques et didactiques. On peut même envisager qu'il nous invite à venir voir comment cela se passe : il nous ouvrira alors les portes de sa salle et nous laissera pour quelques heures observer les choses *in situ* – c'est d'ailleurs la première forme de stages que font les étudiants et étudiantes qui se destinent aux métiers de l'enseignement. On en apprendra déjà plus sur son travail et sur le fonctionnement concret de l'école. Ainsi, la sociologue Anne Barrère note que si la plupart des enseignants rejettent formellement le cours magistral en déclarant, par exemple, que « c'est eux [les élèves] qui font le cours », ils se montrent plus mesurés dans les faits. Pour faire face aux difficultés posées par une massification sans moyens supplémentaires, ils concèdent qu'« il y a des moments où c'est magistral », notamment avec les classes qui posent le plus de difficultés de comportement[7]. Les déclarations de principe peuvent donc éclipser la réalité des pratiques si l'on ne prend pas la peine d'y jeter un œil.

Mais c'est encore incomplet. Il faudra peut-être insister pour que notre interlocuteur nous parle des conseils de classe, des formations, des réunions diverses et variées. Et il est très peu probable qu'il nous invite à observer ce qui fait pourtant une bonne partie de son activité professionnelle et de ses heures de travail : la préparation des cours et, surtout, la correction des copies (sorte de tonneau des Danaïdes dans lequel il faudrait aller chercher le rocher de Sisyphe*). Si on le lui demande, il y a fort à parier qu'il s'étonne et dise que ça ne présente aucun intérêt : qui pourrait bien avoir envie de regarder quelqu'un lire et annoter des dizaines de dissertations ou de questions de cours ? Un ou une sociologue se doutera pourtant qu'il y a des choses à y apprendre, comme les façons de corriger des fautes d'élève que l'on n'avait pas imaginées à l'avance.

Cet exemple nous permet de comprendre que, dans le travail comme dans la plupart des activités humaines, il y a la scène – ce que l'on montre à d'autres dans l'intention de produire sur eux un certain effet, une certaine impression – et il y a les coulisses, que l'on cache et dont on ne parle pas[8]. Une partie des tâches nécessaires à la réalisation d'un travail particulier peut se trouver ainsi en coulisse : limiter le temps de travail des enseignants aux seuls moments devant élèves est une erreur grossière dans laquelle ne peuvent guère tomber que les polémistes de plateau télé et les hommes politiques qui ne s'intéressent pas à l'école. Ce n'est certainement pas, d'ailleurs, une spécificité de cette profession : un footballeur ne travaille pas que pendant un match, un cadre pendant une réunion, et un chauffeur seulement pendant qu'il transporte des passagers (il faut bien aller jusqu'à eux et revenir, entretenir sa voiture, y mettre de l'essence, etc.).

* Une fois de plus, toute lecture autobiographique de ce passage fera l'objet de vives dénégations.

Le sale boulot

Mais le cas des enseignants est particulièrement intéressant parce qu'il souligne que, du point de vue même des travailleurs, les différentes tâches ont une valeur et une signification très différentes. Si l'on poussait encore un peu l'analyse et que l'on prenait un peu plus de temps pour observer notre ami enseignant, peut-être découvririons-nous que, même pendant son temps « sur scène », il ne se consacre pas autant à, disons, la transmission des savoirs et des connaissances qu'il peut le penser. Cet aspect « noble » ne peut très bien occuper qu'une place mineure dans ses journées ou même dans une séance de cours : avant de transmettre, il faut créer les conditions idoines (obtenir le silence, capter l'attention, etc.), et par la suite, il faut faire respecter les règles et l'ordre scolaire en gérant notamment les « éléments perturbateurs » – ce qui passe par des sanctions, jusqu'à l'exclusion de cours et la gestion de ses conséquences (écriture de rapports, suivis, conception et contrôle d'exercices supplémentaires, etc.). Comme le note encore Anne Barrère à propos des entretiens qu'elle a menés avec des enseignants : « Les tâches d'autorité sont aujourd'hui décrites comme un préalable envahissant, et dans l'ensemble mal considéré. À bien des moments de l'enquête, les enseignants ont réaffirmé qu'ils "ne sont pas des flics"[9] », non pas que ces tâches leur apparaissent anormales, mais plutôt qu'ils estiment que leur proportion est bien trop importante dans leur travail. En conséquence, la chercheuse classe ces éléments dans ce que les sociologues appellent le « sale boulot ».

Cette notion vient, encore une fois, d'Everett C. Hughes, mais fait aujourd'hui partie de la boîte à outils générale de l'analyse du travail[10]. Il ne s'agit pas, bien sûr, d'un jugement de valeur de la part des chercheurs. La notion désigne la partie du travail qui est déconsidérée tant par le regard extérieur que par les travailleurs eux-mêmes. On peut penser spontanément aux tâches considérées comme « physiquement dégoûtantes » ou qui « symbolisent quelque chose de dégradant ou d'humiliant[11] » : c'est le cas par exemple de la manipulation des déchets qui, aussi utile soit-elle, souffre d'une déconsidération dont sont notamment victimes les éboueurs. Dans le cas de ces derniers, les recherches ont pointé qu'ils géraient cette situation en se référant à la « virilité » – l'idée que c'est un boulot d'homme, qui demande force et résistance, puisque ces métiers sont peu féminisés – ce qui permet de supporter le stigmate, même s'il y a des recompositions[12].

Mais la notion est utilisée de façon bien plus large : au sein de chaque métier, de chaque activité, il y a du « sale boulot » à effectuer, des tâches qui vont « à l'encontre de nos conceptions morales les plus héroïques[13] ». Les enseignants doivent sanctionner, les chercheurs préféreraient faire moins d'administratif (notamment remplir des demandes de financement, démarcher des institutions, etc.) et plus d'expériences, des cadres sont obligés d'imprimer des dossiers ou de vérifier des enveloppes alors qu'ils estiment avoir des choses plus importantes à faire, bien des chirurgiens préféreraient se concentrer sur la complexité d'une opération plutôt que d'avoir à discuter et à rassurer leur patient[14], des policiers doivent gérer du tapage nocturne et des cas d'ivresse publique quand ils préféreraient s'attaquer à des crimes plus graves (et eux aussi se plaignent de tous ces papiers à remplir que leur impose leur hiérarchie), etc. Toutes ces opérations sont importantes et souvent nécessaires. Certaines sont mêmes considérées de façon extrêmement positive à l'extérieur de la profession en question, au point de parfois constituer le cœur de métier d'une autre. Si dans certaines spécialités médicales on fait peu de cas de la relation avec le malade, ce n'est pas une vérité générale : les infirmiers et aides-soignants y accordent, pour leur part, beaucoup d'importance[15]. Le sale boulot, c'est donc d'abord la part cachée du travail, celle dont on ne veut pas trop parler, voire dont on s'efforce d'oublier l'existence.

Repérer ce « sale boulot » est particulièrement utile parce que, même lorsqu'il est perçu comme déplaisant par le plus grand nombre, il faut bien que quelqu'un le fasse. La question de sa répartition et de sa valorisation est par conséquent fondamentale. Souvent, ceux qui en ont les moyens vont chercher à externaliser cette part du travail vers d'autres personnes, moins bien placées au sein des organisations : les professeurs, pour reprendre cet exemple, vont ainsi souvent laisser les problèmes de discipline et de sanctions à la vie scolaire (soit le CPE – conseiller principal d'éducation – et ses AED – assistants d'éducation que l'on appelle encore souvent « pions » ou « surveillants »). D'une façon plus générale encore, bien des gens se satisfont de ne pas savoir comment est réalisé le sale boulot dont pourtant ils profitent : ce que deviennent leurs déchets, qui prend soin des personnes âgées, comment les produits arrivent jusqu'au pas de notre porte, etc. Tout cela est finalement très proche du travail domestique – tenu d'ailleurs pour un sale boulot par bien des personnes, ce qui explique que dans des sociétés patriarcales, il retombe majoritairement sur les épaules des femmes. Et comme pour ce dernier, s'obliger à voir et à parler du sale boulot est un moyen de remettre le travail sur le devant de la scène.

Non qualifié, vraiment ?

Certains penseront peut-être que si ces différentes tâches sont tenues pour du « sale boulot », c'est peut-être pour des raisons objectives : elles sont physiquement dures, mettent en contact avec des choses dégoûtantes et, surtout, pour importantes qu'elles soient, elles ne demandent que peu de compétences et de savoir-faire, de telle sorte que n'importe qui est capable de s'en acquitter et qu'il n'y a pas lieu d'en être fier. Les premiers éléments sont faciles à rejeter : être chirurgien met le corps et l'esprit à rude épreuve et on est obligé d'y manipuler toutes sortes de choses que beaucoup de personnes préféreraient ne jamais avoir à toucher. Pourtant, il ne s'agit pas de « sale boulot » au sens de Hughes – ce sont au contraire les tâches les moins éreintantes et les plus « propres » qui peuvent être mal jugées par cette catégorie de médecins, à commencer par toute la paperasserie (un point commun avec bien des professions d'ailleurs). Reste donc la dernière remarque : il y a des emplois qualifiés et d'autres qui ne le sont pas. Là encore, l'observation et la description des situations de travail s'avèrent nécessaires, car elles conduisent à remettre en cause ce point de vue.

Comme pour les prostituées de Tosquelles, il faut bien envisager que bien des métiers que nous tenons pour « non qualifiés » dans les grilles statistiques et les catégories officielles demandent bien plus de compétences que ce qu'on pourrait penser au premier regard. Prenons l'exemple de ce qui constitue peut-être l'archétype en la matière : les « équipiers » de la restauration rapide, et tout particulièrement de McDonald's. Ce type de travail est souvent utilisé comme menace ou comme blague : vous ne savez rien faire, vous n'avez aucune compétence utile ? Vous servirez des frites chez McDo, bien fait pour vous[16] (une remarque qui est souvent faite par des gens qui, par ailleurs, prétendent croire à la « valeur travail »). Et il est vrai que le caractère taylorien de cette organisation du travail, comme souligné plus haut, peut donner l'impression que le boulot est à la portée de n'importe qui. Pourtant, quand les sociologues s'y penchent, ils relèvent des exigences bien plus élevées comme, selon le chercheur Jean-Claude Benvenuti, « une capacité de réception, de traitement et de concrétisation pratique d'informations[17] » afin de réagir et de traiter rapidement les commandes des clients pendant les heures d'affluence et de tenir des postes différents lorsque celle-ci diminue. Certes, ces compétences ne sont pas inaccessibles, mais on pourrait de fait dire la même chose pour pratiquement tous les postes et métiers : l'ingénieur a bien dû apprendre à faire des mathématiques, le salarié de fast-food à traiter l'information et à tenir le rythme, le balayeur à couvrir efficacement une surface en minimisant l'effort pour ne pas user son corps trop vite. Si l'on prend la peine de décrire les différents travaux, on est obligé de prendre conscience des compétences qu'ils exigent et l'idée d'un travail « non qualifié » fait long feu.

D'ailleurs, le simple fait qu'il existe un tel travail « non qualifié » ne va pas de soi. Comme bien d'autres aspects du travail contemporain, cette idée n'apparaît qu'avec les révolutions industrielles et la division du travail. Moins comme une conséquence inévitable du machinisme que comme la résolution d'un problème pour les entreprises : celles-ci se trouvent dépendantes de leurs salariés si ceux-ci disposent de compétences reconnues qu'ils peuvent aller vendre ailleurs. En divisant le travail au point de créer des postes « non qualifiés », cette menace disparaît. Mais ces postes exigent tout de même une certaine formation « ne serait-ce que pour se plier à la discipline de l'atelier et pour lire les fiches d'instruction », comme le note la sociologue Sylvie Monchatre[18]. Elle poursuit en remarquant : « Un partage des rôles entre l'entreprise et l'école a ainsi été instauré : à l'école d'apporter la formation générale, ce que l'on peut appeler la formation "instituée", et à l'entreprise d'assurer la "formation socialisée", c'est-à-dire le développement des compétences. » Si certains postes apparaissent ainsi comme « non qualifiés », ce n'est pas qu'ils n'exigent aucune compétence, mais plutôt que celles-ci sont invisibilisées en étant prises en charge par la puissance publique au travers de la formation scolaire. D'ailleurs, pour des emplois que « tout le monde peut faire », les fast-foods ont tendance à puiser dans le vivier de main-d'œuvre constitué par les jeunes étudiants, sans doute parce que ceux-ci sont « corvéables » du fait de leur statut, mais aussi parce qu'ils ont quelques qualités en termes d'apprentissage et d'adaptation quand on entend ne pas trop pousser la formation en interne[19].

Le travail domestique offre, une fois de plus, un bon point de comparaison. Travail « non qualifié » par excellence, il n'en demande pas moins un apprentissage, des compétences, des techniques. Mais tout cela est invisibilisé par l'idée que ce sont des choses inhérentes aux femmes et à la féminité, ce qui fait que l'acquisition de ces façons de faire n'est pas vraiment reconnue – sauf lorsque ce sont des « influenceurs ménage » masculins qui « donnent un coup de balai aux stéréotypes » (comme le titrait le journal *Le Monde*[20]) et où, alors, les compétences deviennent d'un seul coup visibles (puisqu'il faut en doter les hommes) et méritent attention et admiration. Notons que, de façon intéressante, des générations d'hommes ont appris à laver les sols et faire le lit au cours de leur service militaire[21] sans que cela n'ait eu d'impact sur la répartition des tâches domestiques. Cela nous montre comment des compétences peuvent être naturalisées au point de devenir invisibles ou, au moins, de voir leur importance négligée. Des emplois de ménage ou de soins peuvent apparaître comme d'autant plus « non qualifiés » qu'ils sont confiés prioritairement à des femmes dont on suppose qu'elles sont « naturellement » qualifiées. Le genre peut même faire écran aux exigences réelles de l'emploi : il est facile d'oublier qu'un métier du *care* comme les aides à domicile demande aussi de porter des charges lourdes, ne serait-ce que le corps des patients qu'il faut aider à se lever, à entrer ou à sortir d'une baignoire, etc[22]. Ici encore, il faut se méfier du sens commun et des représentations que l'on a du travail et s'efforcer de le voir tel qu'il est vraiment.

Tout travail est collectif

Dernier aspect auquel devrait prendre garde toute discussion sérieuse sur le travail : son caractère fondamentalement collectif. Ce point peut sembler évident. On travaille avec les autres, au sein d'équipes, de collectifs, d'organisations. Mais comme beaucoup d'évidences, il est facile de l'oublier, d'en ignorer la signification ou encore d'en avoir une acception trop étroite.

Considérons une forme de travail qu'il est extrêmement facile de penser comme solitaire : celui de l'artiste. Par la seule force de son génie, de son individualité, de sa liberté, celui-ci produit une œuvre dont la caractéristique déterminante est qu'elle est de lui – c'est du moins ainsi qu'un certain idéal romantique, toujours largement partagé, le présente. C'est, de façon significative, le nom, la signature du créateur ou de la créatrice que l'on recherche et qui peut, à elle seule, changer toute la signification et la valeur d'un objet, aussi bien pour Marcel Duchamp apposant sa marque sur des *ready-made* (un objet déjà fait, comme un urinoir ou un porte-bouteilles) que lorsqu'un un tableau anonyme se voit attribuer à un grand maître et recompose alors toute l'histoire de l'art.

Dans l'art contemporain, l'un des noms les plus connus et les plus recherchés est celui de l'italien Maurizio Cattelan : l'une de ses œuvres, *Comedian* (2019), consiste simplement en une banane scotchée sur un mur blanc – vendue pour la modique somme de 120 000 dollars. En 2022, il a été au centre d'une affaire juridique et artistique qui a interrogé le sens même de la création artistique[23]. Le sculpteur Daniel Druet a demandé à la justice de le reconnaître comme auteur de quelques-unes des œuvres les plus connues de l'artiste star. La raison ? C'est à lui que Cattelan s'est adressé pour la réalisation matérielle de certaines de ses idées. Parmi elle, *La Nona Ora* (1999), une représentation du pape Jean-Paul II foudroyé par une météorite : l'Italien en a formulé le concept, mais c'est Druet, en spécialiste des statues de cire (il travaille notamment pour le musée Grévin), qui a donné corps à sa partie principale – contre rémunération bien entendu (10 671 euros, d'après les informations données par la presse). Pourtant, l'œuvre ne porte que la signature du premier, lequel dispose également de tous les autres droits afférents, notamment économiques.

La justice a tranché en défaveur de Druet, estimant notamment que sa demande – la pleine paternité des œuvres en question – faisait fi du travail de Cattelan en termes de mise

mise en scène, d'intention et, finalement, de création (pour *La Nona Ora*, il a scié les jambes de la sculpture commandée, l'a placée sous une verrière, sur un tapis rouge, entourée de bris de verre[24]). Mais cela ne clôt ni le débat artistique ni, pour ce qui nous intéresse, la réflexion sociologique.

Car, si Druet n'est peut-être pas l'auteur exclusif des œuvres revendiquées, il n'en a pas moins contribué de façon significative à leur existence. Même si Cattelan est à l'origine du concept et a dirigé les opérations, les produits finaux n'auraient pas été les mêmes sans ce collaborateur particulier. Peut-être les sculptures n'auraient-elles pas été aussi convaincantes, peut-être les œuvres n'auraient-elles pas produit le même effet sur le public – peut-être même n'auraient-elles pas existé du tout, car Cattelan aurait pu être contraint d'abandonner le projet faute de trouver la bonne « main-d'œuvre ».

Druet illustre ici la notion de « personnel de renfort » qu'utilise Howard Becker dans son analyse classique des « mondes de l'art[25] ». Si l'œuvre est généralement attribuée à un artiste, celui-ci doit souvent rassembler le travail de toutes sortes de personnes plus ou moins spécialisées : ici, un sculpteur pour suppléer l'artiste conceptuel, là, un ingénieur du son pour assurer l'enregistrement et le mixage de l'album d'un groupe de musique, ailleurs, un directeur de la photographie pour assurer la qualité de l'image pour le compte d'un réalisateur, qui devra aussi faire appel à des cameramen, éclairagistes, preneurs de son, costumiers, décorateurs, cascadeurs, spécialistes des effets spéciaux, monteurs, animateurs… sans oublier, bien sûr, les acteurs ou les producteurs plus ou moins nombreux, plus ou moins impliqués – l'histoire du cinéma est d'ailleurs remplie d'anecdotes sur comment telle ou telle personne a fait ou défait un grand succès, tel que la fin perdue de

La splendeur des Amberson d'Orson Welles (1942) à cause d'un studio qui voulait un *happy end* ou, dans l'autre sens, un producteur exécutif de la Fox menaçant de virer Ridley Scott du tournage d'*Alien* (1979) à cause de sa première idée de fin (la mort de l'héroïne et un alien imitant une voix humaine), débouchant sur celle que l'on connaît, bien meilleure. Même l'écrivain, apparemment encore plus solitaire que l'artiste conceptuel, a besoin a minima d'une maison d'édition et, en son sein, de toutes sortes de métiers, du correcteur au commercial qui démarche les librairies pour les convaincre de prendre le livre et de le mettre en avant. Or, et c'est le propos de Becker, le travail de toutes ces personnes n'est pas sans conséquence sur la production artistique. « L'artiste, écrit-il, se trouve ainsi au centre d'un réseau de coopération dont tous les acteurs accomplissent un travail indispensable à l'aboutissement de l'œuvre[26]. » Et chaque participant intervient avec son propre talent, ses propres ressources, et, surtout, ses propres intérêts.

Le sociologue illustre ce dernier point par le cas d'un artiste recourant aux services d'un atelier de lithographie. Ayant conçu des dessins comportant de grandes surfaces de couleurs uniformes, il se vit expliquer par les artisans que c'était là un problème : de tels aplats faisaient courir le risque de voir apparaître les traces des rouleaux servant à encrer les pierres lithographiques. Qu'à cela ne tienne, l'artiste décida d'exploiter ces traces pour en faire un motif esthétique volontaire. Refus des lithographes : « Les traces de rouleau étaient le signe évident (aux yeux de leurs confrères) d'un manque de savoir-faire, et l'idée qu'une estampe présentant des traces de rouleau pourrait sortir de leur atelier leur semblait insupportable[27]. »

Becker va encore plus loin en soulignant qu'au-delà de ce personnel de renfort, il faut envisager le rôle de bien d'autres acteurs. Les œuvres d'art ne pourraient exister sans galeristes et conservateurs de musées pour les exposer, les faire connaître, les vendre, en expliquer la signification et l'importance – et si un artiste a produit de magnifiques pièces mais d'une taille si imposante qu'elles ne passent la porte d'aucune galerie ni d'aucun musée, il aura plus de mal à se faire connaître. Les possibilités artistiques elles-mêmes peuvent dépendre de techniques et de techniciens très divers : que seraient les peintres sans les fabricants de peinture, les chimistes, les agriculteurs et mineurs même qui produisent certains pigments ? Les succès de Pixar n'auraient pas été possibles sans les avancées de l'informatique. Les critiques et le public, enfin, influencent également la production artistique : si ce dernier a l'habitude de regarder des films de deux ou trois heures, il sera difficile de projeter une œuvre qui en dure une vingtaine. C'était le projet d'Alejandro Jodorowsky pour son adaptation du *Dune* de Frank Herbert[28], et s'il est courant d'imputer l'abandon de ce projet à la frilosité des producteurs, il apparaît plus probable que le film ne respectait pas suffisamment les normes du monde cinématographique de l'époque pour exister. Mais, au-delà de leur capacité à recevoir une œuvre, les membres du public travaillent aussi souvent à en produire le sens et la réception : *Star Wars* ne serait sans doute pas le mastodonte culturel que l'on connaît aujourd'hui si tout un *fandom* ne s'était pas mobilisé pendant plusieurs décennies pour non seulement voir les films (et lire les livres, comics, séries, émissions spéciales, produits dérivés, etc.), mais aussi pour produire des *fanfictions*, des encyclopédies spécialisées *(Wookieepedia)*, des conventions, etc. – allant d'ailleurs jusqu'à influencer les œuvres*, de la même façon que des lecteurs avaient, jadis, obtenu la résurrection de Sherlock Holmes. Plus classiquement, le bouche-à-oreille est connu des professionnels pour être un mode de marketing particulièrement efficace bien qu'imprévisible – et, dans une certaine mesure, gratuit (les « influenceurs » tels qu'on les connaît aujourd'hui sur les réseaux n'ayant fait qu'en marchandiser certaines formes[29]).

Au final, l'idée de Becker peut se résumer ainsi : une œuvre d'art est le produit de tout un « monde de l'art », un ensemble fait de conventions esthétiques (et ceux qui les font vivre, les apprennent, les transmettent, les transforment), de ressources (et ceux qui les produisent ou les distribuent), d'acteurs divers et variés. Ces mondes changent dans l'espace et dans le temps : il y a un monde du cinéma d'auteur et un monde des blockbusters, un monde de la littérature « blanche » et un monde de la littérature de genre, etc. Mais les artistes s'inscrivent dans ceux-ci et ils influent par là de bien des façons sur les œuvres, dans leurs formes comme dans leurs interprétations. Autrement dit, toute œuvre d'art est, par nature, collective.

Des nains et des géants

Le cas de la production artistique n'est ici qu'un cas particulier du travail en général : on se rend facilement compte que ce qui est valable pour les mondes de l'art l'est pour les autres secteurs d'activité. Non seulement les productions les plus

* La neutralité axiologique interdit ici à l'auteur de dire ce qu'il a pensé de cette influence lors de son visionnage de *Star Wars, épisode IX : L'Ascension de Skywalker* (réalisé par J. J. Abrams, 2019).

classiques demandent la coopération entre bien des acteurs au sein d'entreprises ou d'organisation, mais en plus, elles demandent également la mobilisation ou la participation d'un plus grand nombre d'acteurs.

Les marques de mode française, par exemple, bénéficient largement du marketing gratuit offert par le mythe, longuement construit, de Paris et de « la Parisienne » comme symbole du chic et du style[30] – de même, d'ailleurs, que le secteur du tourisme. Si la série *Emily in Paris* (2021) de Netflix a pu inciter certaines personnes à visiter la capitale ou à s'intéresser aux produits français, elle ne vient que continuer ce que bien des productions cinématographiques avaient engagé par le passé (on peut penser, entre bien d'autres choses, à l'image de Brigitte Bardot). Le succès du luxe français n'est pas le fait du génie d'un Bernard Arnault solitaire ou même de services marketing particulièrement habiles, mais bien plutôt d'une production collective sur le long terme, celle d'un capital réputationnel dont certains parviennent plus que d'autres à s'approprier les fruits.

Que seraient les marques d'automobiles sans un État, des fonctionnaires et des ouvriers pour tracer et bâtir des routes ? Que seraient les entreprises d'une façon générale sans les investissements publics dans l'école et dans la formation générale dispensée au plus grand nombre et dont elles bénéficient de façon gratuite sous forme de main-d'œuvre ? Que feraient-elles s'il n'existait pas de services de crèche et de garde d'enfants, ou au moins des assistantes maternelles et des nounous, voire des grands-parents, pour libérer leurs travailleurs et travailleuses de leurs obligations familiales ? Que seraient, d'ailleurs, bien des grandes carrières masculines si, derrière, ne se cachaient pas des « femmes exceptionnelles » – exceptionnelles dans le sens où elles acceptent de sacrifier leurs propres ambitions pour soutenir celles de leur conjoint[31] ? Et comment pourrions-nous nous consacrer à la plupart de nos activités s'il n'y avait des gens pour ramasser nos poubelles ? Les grands génies du capitalisme, les entrepreneurs innovateurs, existeraient-ils sans la mobilisation de leurs familles, de leurs écoles, de leurs universités pour les former (même quand ils ont abandonné avant d'obtenir leurs diplômes, non sans y avoir acquis quelques connaissances ou noué quelques relations utiles[32]), et sans les effets d'entraînement d'une Silicon Valley qui, elle-même, n'existerait pas sans le travail de toutes sortes de petites mains invisibles ? Dans tous ces cas, et dans bien d'autres encore, on peut remonter les « chaînes d'interdépendance » pour mesurer à quel point tout travail, toute production est une entreprise collective. « Nous sommes des nains juchés sur les épaules de géants », dit une expression généralement attribuée à Isaac Newton. Elle n'est pas vraie que pour la science, mais aussi pour toute forme de travail, à la différence, peut-être, que c'est en fait un grand nombre de nains qui soutiennent tout le monde, grands ou petits.

« César vainquit les Gaulois. / N'avait-il pas au moins un cuisinier ? » écrit le poète Bertolt Brecht dans le poème dont l'incipit figure en exergue de ce livre. À cette idée déjà sociologique, puisqu'elle souligne le caractère collectif de toute entreprise, il ajoute une réflexion supplémentaire lorsqu'il continue : « Quand sa flotte fut coulée, Philippe d'Espagne / Pleura. Personne d'autre ne pleurait ? / Frédéric II gagna la guerre de Sept Ans. / Qui à part lui était gagnant ? » Si tout travail est collectif, il faut bien se demander s'il en va de même de ses joies et de ses peines. Pour reprendre l'exemple de l'artiste, et plus particulièrement du cinéma, il n'est pas rare que le réalisateur, l'acteur principal ou les producteurs obtiennent des parts plus que substantielles des profits, monétaires comme symboliques, là où d'autres auront travaillé plus ou moins (et souvent plus que moins) gratuitement… Dans l'histoire récente, on peut penser au film *Sonic the Hedgehog* (Jeff Fowler, 2022) où, suite aux réactions négatives envers la première bande-annonce, l'équipe d'animation fut contrainte de refaire entièrement et en urgence l'animation du personnage principal… avant d'être entièrement licenciée[33], pendant que le film s'avérait être un succès commercial et que le réalisateur obtenait la possibilité de tourner une suite. Ce n'est là qu'un cas particulier d'un problème plus général : les gains et les produits ne sont pas également répartis, et tous ceux qui participent à l'activité ne sont pas traités de façon égale, ni forcément justifiable.

Décrire le travail pour mieux en voir la part cachée nous pousse donc à l'interroger de bien des façons : sur sa répartition, sur ce qu'il demande et ce qu'il fait aux individus, sur le nombre de personnes qui sont impliquées. Autant de questions qui ne sont pas juste des interrogations de scientifiques un peu curieux, mais des problèmes concrets auxquels sont confrontés les travailleurs – et autour desquels, surtout, ils luttent pour faire valoir leur contribution.

11

De l'ombre à la lumière

Exhiber son travail

La sociologue Amélie Beaumont a consacré sa thèse aux employés de l'hôtellerie de luxe et, afin d'étudier leur travail au plus près, elle s'est elle-même fait engager dans un de ces établissements en tant que groom, d'abord comme stagiaire, puis comme « extra » (embauchée à la journée) et enfin en CDD. Cela lui a permis de faire de l'observation et de mener des entretiens informels avec ses collègues. Dans un extrait de son carnet de terrain, elle rapporte ainsi cette interaction avec un chasseur-groom nommé Marc : « Il y a un paquet à monter en chambre 405 ; comme il n'y a pas beaucoup de travail, nous montons tous les deux avec Marc, pour discuter et passer le temps. Arrivés au 4e étage, il m'arrête. "Attends, on va appeler le client avant, on lui demande s'il veut qu'on lui amène son paquet, tu vas voir." Il compose le numéro de la chambre : *"Hello sir, we have a package for you at the concierge desk, do you want us to bring it to you right now ? [...] Sure, we will be right there* !"

* « Bonjour Monsieur, nous avons un paquet pour vous à la conciergerie, voulez-vous que nous vous l'apportions immédiatement ? [...] Bien sûr, nous arrivons tout de suite » (ma traduction).

Puis il se tourne vers moi après avoir raccroché, souriant : “Tu vois maintenant on prend un peu notre temps pour marcher jusqu’à la chambre pendant que le client peut préparer son pourboire !”[1] [...]. »

Voici un moment d’apprentissage professionnel où l’ethnographe découvre les règles informelles du métier, celles qui ne figurent pas dans le curriculum officiel des formations ou dans les fiches de poste. Pour les enquêtés d’Amélie Beaumont, il s’agit surtout d’apprendre à susciter les pourboires – ceux-ci, reçus de la part de clients pour qui l’argent n’est définitivement pas un problème, peuvent représenter des sommes tout à fait importantes, souvent équivalentes au salaire mensuel. Et pour cela, il faut, comme le dit la sociologue, « exhiber son travail » : passer un coup de fil à l’avance permet non seulement de laisser au client le temps de trouver son portefeuille et un billet à donner au concierge, mais cela souligne aussi que l’effort réalisé (monter les étages) est la réponse à une demande du client. Dans d’autres cas, il s’agira de montrer l’engagement corporel et la dureté de la tâche, comme le montre cette interaction entre un bagagiste, Vincent, et Yann, un nouvel extra qui doit lui aussi faire sa socialisation professionnelle : « Vincent demande à Yann de prendre une paire de ciseaux au *desk* pour couper le plastique. Alors que ce dernier s’exécute et commence à découper le film en bagagerie, Vincent s’exclame : “Oh ! Mais qu’est-ce que tu fais ?! Ne fais pas ça ici, on va le faire devant les clients !” Il le rappelle très clairement à l’ordre des règles informelles du métier. De manière générale, les bagagistes font en sorte de manipuler les bagages sous les yeux des clients, que ce soit à leur arrivée ou à leur départ. L’aspect théâtral du service est souvent renforcé quand ils ont affaire à des clientes, surtout les plus aisées[2]. »

Pour ces employés de l'hôtellerie de luxe, faire voir son travail est un moyen d'obtenir rémunération pour celui-ci – une rémunération « supplémentaire », certes, mais qui est pour beaucoup dans l'attrait de ce métier et qui permet, par ailleurs, aux employeurs de ne pas avoir à se soucier d'augmenter les salaires eux-mêmes. Ils illustrent ainsi le fait que le travail ne va jamais de soi : il ne suffit pas de le voir, il faut encore *le faire voir*, le montrer, l'imposer aux autres, le rendre visible. Certaines professions développent des stratégies spécifiques pour y parvenir, mais il y a aussi des dispositifs de visibilisation plus larges et plus généraux.

Lumière sur les ouvriers : Marx et la valeur travail

Comment cela se passe-t-il ? Comment les principales formes de travail qui sont largement reconnues aujourd'hui sont-elles parvenues sur le devant de la scène ? Pour le comprendre, il n'est pas inutile de faire quelques détours historiques.

Tournons-nous à nouveau vers l'un des « pères fondateurs » de la sociologie : Karl Marx. Au-delà de l'analyse de l'exploitation abordée plus tôt, que fait donc le penseur allemand lorsqu'il écrit *Le Capital*, dont le premier tome paraît en 1867 ? Beaucoup de choses en fait, mais pour ce qui nous intéresse, on peut répondre ceci : il met en lumière le travail des ouvriers (et plus largement, selon ses termes, du prolétariat), et il le fait *contre* celui de leurs employeurs et des capitalistes – en fait, il nie même l'existence de celui-ci. Toute sa construction théorique vise, en quelque sorte, à répondre à la question : « Qui travaille *vraiment* ? »

C'est ainsi que l'on peut lire son recours à la « valeur travail », non pas comme une adhésion idéologique au caractère vertueux du labeur (même si, effectivement, Marx considère le travail comme expression de la puissance créatrice des humains – seulement en dehors du capitalisme), mais comme théorie explicative de la valeur. Il la reprend des économistes dits « classiques » qui l'ont précédé, notamment Adam Smith et David Ricardo. L'idée est simple : la valeur des produits dérive de la quantité de travail qu'ils incorporent. Plus il faut de travail pour produire un bien ou un service, plus la valeur de celui-ci sera élevée. Les économistes abandonneront par la suite cette approche, lorsque les marginalistes (futurs « néo-classiques ») y substitueront une approche subjective appuyée sur l'utilité marginale. Ce qui nous intéresse ici est moins la justesse de cette théorie que la façon dont elle permet d'attribuer la création de travail à un groupe particulier, ceux qui constituent le « facteur travail », ceux qui encore n'ont « que leur force de travail » (selon l'expression de Marx), c'est-à-dire le prolétariat.

Lorsque l'on convoque Marx au secours de la « valeur travail » dans le sens que le débat public français donne désormais à cette expression – c'est-à-dire celle d'un amour pour le dur labeur et les efforts pour eux-mêmes –, il n'est pas inutile d'avoir en tête que, dans son esprit, un Elon Musk, un Bernard Arnault ou un Jeff Bezos ne travaillent pas ou pas vraiment. Sa pensée s'est construite contre l'idéologie capitaliste qui fait du pouvoir créateur l'apanage des entrepreneurs. Lorsque les paroles de *L'Internationale* (écrite en 1871 par Eugène Pottier) disent « La terre n'appartient qu'aux hommes / L'oisif ira loger ailleurs », l'oisif en question n'est pas

« l'assisté » qui touche le RSA, mais bien l'actionnaire qui perçoit un revenu produit par autrui sans avoir à travailler.

Évidemment, comme l'artiste dont l'œuvre n'est jamais aussi solitaire qu'on veut bien le croire, Marx n'a pas imposé cette idée seul. C'est parce que ses idées vont être reprises largement par le mouvement ouvrier qu'elles acquièrent, par le même coup, la force nécessaire pour modifier les perceptions courantes du travail et orienter les regards vers le prolétariat ou la classe ouvrière. Manifestations, grèves, combats, luttes, partis, syndicats : autant d'acteurs, de moments, d'activités qui non seulement ont maintenu le travail ouvrier visible et incontournable au sein des sociétés, mais qui étaient mêmes parvenus à s'approprier l'identité de « travailleurs », toujours contre d'autres prétendants au titre. Lorsqu'en 1969, le chanteur Jean Ferrat parle de « sa » France en disant qu'il « chante à jamais celle des travailleurs », tout le monde comprend, dans le contexte de l'époque, de qui et de quoi il parle : ni des entrepreneurs ni des innovateurs, pas même des cadres et des personnels de direction. Et lorsqu'il précise qu'il parle de « celle qui construisit de ses mains vos usines », le « vous » en question est tout à fait clair.

Politique du talent : un cauchemar signé Ayn Rand

C'est un geste tout à fait inverse à celui de Marx qu'a effectué l'écrivaine libertarienne Ayn Rand, notamment dans son roman *La grève*, publié originellement en anglais en 1957[3] et considéré comme l'un des livres les plus influents aux États-Unis – on dit qu'il y serait le plus vendu après la Bible. Dans un récit vaguement science-fictionnel, les entrepreneurs capitalistes décident de se retirer du monde, disparaissant tous mystérieusement, et laissent ainsi toute la société en déshérence puisque, sans eux, plus rien ne se fait. Analysant l'ouvrage, les sociologues Sylvie Monchatre et Marc Zune soulignent ce coup de force littéraire : « La fiction randienne les transforme en producteurs qui, à ce titre, méritent les profits et les jouissances qu'ils tirent d'un travail présenté comme étant exclusivement le leur. L'appropriation capitaliste est donc ici poussée à son comble, puisqu'elle va jusqu'à absorber le travail lui-même[4]. »

Comme dans le cas de Marx, montrer le travail des uns revient à souligner l'oisiveté des autres : les oisifs deviennent les salariés et tout particulièrement les fonctionnaires ainsi qu'à peu près toute personne renvoyant de près ou de loin à l'État. Ceux-ci sont décrits comme parfaitement inutiles, puisqu'on finit par découvrir que tous les entrepreneurs se sont simplement retirés dans une vallée perdue où ils construisent ensemble une parfaite utopie – visiblement sans avoir besoin de personne d'autre qu'eux-mêmes (des fans de l'ouvrage ont tenté de faire la même chose, mais leur projet de société idéale s'est rapidement effondré, notamment parce qu'elle a été incapable de gérer la présence d'ours sauvages, l'une des participantes refusant, au nom de sa liberté, d'arrêter de nourrir ceux-ci malgré les conséquences délétères pour tout le monde[5]...). Ceux que nous appellerions les travailleurs ne font, dans le monde de Rand, que vivre comme des parasites sur le dos des génies capitalistes qui ne demandent qu'à ce qu'on les laisse poursuivre leur intérêt personnel et individuel sans leur imposer règles et règlements forcément abusifs (un état d'esprit que partageait, de façon notable, Stockton Rush, PDG d'OceanGate qui a trouvé la mort dans l'explosion d'un sous-marin construit par sa firme, après s'être plaint que les réglementations empêchaient l'innovation[6]). Les rapports de classe apparaissent inverses de ceux que décrivait Marx : « Dans cette perspective, écrivent encore Sylvie Monchatre et Marc Zune, les classes laborieuses ne seraient plus placées au service des classes supérieures mais à l'inverse, en une subversion paradoxale, les premières devraient tout aux dernières[7]. »

Cette façon de voir les choses a également eu une influence considérable, et là encore, les qualités littéraires d'Ayn Rand (peu convaincantes, il faut bien le dire) n'expliquent pas tout. Si son influence individuelle n'a pas été aussi massive que celle de Marx, Sylvie Monchatre et Marc Zune en trouvent des traces dans la littérature managériale : l'écrivaine a sans doute à la fois inspiré et accompagné celle-ci. Dans ce champ particulier des sciences économiques, la « gestion des talents » est devenue une thématique essentielle, remplaçant les idées de gestion du personnel, des qualifications ou mêmes des compétences. Or la définition même de « talent » est très randienne : c'est un « qualificatif réservé à un pool limité de quelques personnes "clés" sans lesquelles la performance de l'entreprise est censée être compromise[8] ». Impossible donc de le mesurer ou de l'objectiver, il serait la caractéristique de quelques « élus » que le marché et les entreprises devraient simplement révéler, ce qui inverse, une fois de plus, la relation salariale – ce ne sont plus des salariés qui vendent leur force de travail à l'entreprise, mais celle-ci qui leur permet de s'accomplir… Contrairement aux qualifications, qui peuvent se mesurer, s'acquérir et se développer, le « talent » ne peut être enfermé dans des négociations collectives : c'est fondamentalement le capital qui en est l'arbitre via la mise en concurrence des travailleurs sur le marché.

Cette façon de voir le travail et le talent se trouve mise en œuvre concrètement dans des pratiques et des politiques d'entreprise. *Talent manager* est une fonction et une profession pour laquelle on recrute des experts et on consacre des budgets. La gestion de « hauts potentiels » (avec parfois des degrés différents, de telle sorte qu'il peut y avoir des hauts potentiels chez les hauts potentiels…) distingue des carrières et des perspectives au sein des entreprises, et peut ainsi constituer à la fois le fondement et la légitimation d'écarts de rémunérations considérables. En effet, tout cela renvoie à ceux et celles qui ne sont pas identifiés comme « talent » ou « haut potentiel » que leur contribution est moindre ou négligeable et que leur travail n'a pas la même valeur, voire pas de valeur du tout. Si la littérature du management et ses lecteurs ne constituent pas un « mouvement social » comme l'était le mouvement ouvrier, il ne s'agit pas moins d'un ensemble vaste de personnes qui s'emploient à montrer le travail de certains et à minimiser celui d'autres, bien que de façon tout à fait différente.

Qui lave vos chaussettes ?

Un dernier exemple de visibilisation du travail : celle du travail domestique. Sans doute les choses sont-elles, cette fois, claires d'entrée de jeu : c'est l'œuvre d'un mouvement social, le féminisme. S'il est possible aujourd'hui de présenter les activités domestiques comme du travail, d'en dire et d'en penser la valeur ou les compétences, c'est grâce à la mobilisation d'un nombre considérable de femmes, de militantes et de citoyennes. « Travailleurs de tous les pays, qui lave vos chaussettes ? » scandait le MLF (Mouvement de libération des femmes) dès les années 1970, soulignant la part invisible du travail – invisible aussi bien pour les capitalistes que pour le mouvement ouvrier[9].

Il est toutefois possible d'observer de plus près les opérations qui ont permis de rendre cette forme de travail visible (à défaut d'entièrement incontournable, du chemin restant à faire en matière de reconnaissance et d'égalité). Outre les slogans, dont l'utilité n'est pas négligeable[10], une certaine théorisation a été nécessaire. Montrer que les femmes travaillent lorsqu'elles s'acquittent des tâches domestiques a, comme précédemment, nécessité de dire *pour qui* elles le faisaient, c'est-à-dire qui en profite. Là-dessus, deux approches se sont affrontées au sein du féminisme : d'un côté, les féministes marxistes telles que Silvia Federici, qui affirment que ce sont les capitalistes qui profitent du « travail de reproduction » de la force de travail fourni à titre gratuit par les femmes ; de l'autre, les féministes matérialistes radicales, notamment Christine Delphy, qui défendent l'idée que la classe des hommes bénéficie de la subordination patriarcale des femmes, et que cette dernière pourrait se poursuivre même en dehors du capitalisme[11]. Sans trancher ce débat, il suffit ici de noter qu'il s'agit encore une fois, en visibilisant une forme de travail, de dire qui ne l'effectue pas ou, pour le dire autrement, qui sont les oisifs – la question du travail apporte toujours celle de sa répartition.

Une autre opération doit être soulignée : mesurer et compter le travail. À partir des années 1970-1980, il est devenu courant d'en proposer des évaluations : on peut l'estimer en nombre d'heures (60 milliards en 2010, 34 heures/semaine pour les mères en couple) ou en pourcentage du PIB (il pourrait représenter l'équivalent d'un tiers de celui-ci selon certaines des estimations de l'Insee[12]). Médias et politiques sont friands de chiffres, et ils permettent parfois de faire l'actualité ou de justifier et d'organiser des politiques[13]. Cette opération ne va cependant pas sans difficultés techniques – par exemple, comment donner une valeur monétaire à ce qui n'en a pas ? – qui impliquent toujours des choix politiques, souvent difficiles. Ainsi, si l'on décide de valoriser le travail domestique à sa valeur marchande équivalente à un moment donné, ne perpétue-t-on pas la dévalorisation de celui-ci ? Ramener le travail domestique à sa seule dimension économique n'efface-t-il pas la spécificité de certaines activités (notamment, l'éducation des enfants), jusqu'au point où certains pourraient y voir un simple « gisement d'emploi » à exploiter[14] ? Les questions soulevées sont nombreuses[15], mais on ne peut nier pour autant l'efficacité de la technique.

Une autre manière de montrer le travail domestique, qui découle pour partie de la mesure de celui-ci, mérite que l'on s'y arrête : réclamer qu'il soit payé. C'est ce qu'avait fait Silvia Federici en 1975 en lançant le mouvement Wages against Housework, dont la politiste québécoise Louise Toupin a reconstitué l'histoire[16]. Il s'agissait alors de demander à ce que le travail ménager soit salarié par l'État, celui-ci représentant la collectivité dans son ensemble et non les seuls hommes. Puisque ce travail produit de la valeur dont le bénéfice est collectif (d'autant que, comme dit plus haut, pour Federici, il s'agit d'un travail de reproduction de la force de travail et de la société), alors il mérite d'être payé.

À l'époque, la proposition a rencontré une forte résistance non seulement chez les adversaires du mouvement féministe, mais aussi à l'intérieur de celui-ci – et nul doute qu'elle est toujours aussi choquante aujourd'hui. On peut y voir, en effet, un moyen réactionnaire d'enfermer les femmes dans l'espace domestique et, de fait, des propositions ressemblantes ont pu être faites par des mouvements conservateurs et d'extrême droite – en France, le Rassemblement national porte depuis longtemps l'idée d'un « revenu parental » ou d'un « salaire maternel », dont l'objectif est bien de sortir le maximum de femmes de la vie active afin qu'elles ne prennent pas des postes aux hommes… Mais il faut comprendre que l'objectif de ce mouvement était peut-être moins d'obtenir effectivement une rémunération pour le travail ménager que de *politiser* celui-ci.

Qu'est-ce que cela veut dire ? Imaginons que le travail domestique soit effectivement rémunéré, alors, avancent les féministes qui ont défendu cette idée, il serait possible de négocier et de construire un rapport de force autour de celui-ci : on devrait parler des grilles de salaire, du nombre d'heures, des tâches à effectuer, des risques et des protections à fournir à celles (et potentiellement à ceux) qui l'exerceraient. Dès les premières lignes de son ouvrage fondateur, Silvia Federici écrivait que « chaque fausse couche est un accident du travail » ou que les « névroses » et « suicides » des femmes au foyer sont des « maladies professionnelles ». L'enjeu est donc moins le salaire que le pouvoir et le contrôle collectif sur des activités qui sont autrement imposées. « Le salaire n'est pas juste un peu d'argent, écrivait encore Silvia Federici avec Nicole Cox, mais l'expression fondamentale d'une relation de pouvoir entre le capital et la classe laborieuse[17]. » La revendication d'un salaire a avant tout servi de moyen pour imposer largement l'idée que ces tâches-là étaient bien du travail.

Travailler pour faire voir le travail

Que peut-on retenir de ces retours sur différentes formes de visibilisation du travail ? La première leçon, la plus importante, est que montrer le travail est une activité en soi : elle demande que différents acteurs s'y consacrent, qu'ils mobilisent de l'énergie et des ressources, qu'ils l'inscrivent dans des pratiques, des gestes, et même des rituels.

Les professions jouent souvent ce rôle au travers d'organisations spécifiques ou de syndicats. Par exemple par le port d'un uniforme auquel va s'attacher une signification particulière : rester toute la journée debout à côté d'une porte pourrait donner l'impression de « ne rien faire » sauf si on porte un uniforme de garde ou de concierge d'un hôtel de luxe[18], auquel cas il apparaîtra clairement qu'il s'agit de travail. De la même façon, même si l'on dit que l'habit ne fait pas le moine, passer sa journée à prier et à parler de Dieu n'est un métier méritant rémunération qu'à la condition d'avoir quelques marqueurs distinctifs… D'autres rituels peuvent également être mobilisés : la vente des calendriers par les éboueurs ou les pompiers, par exemple, est un moyen pour ces activités peu visibles de s'installer un peu dans le quotidien de leurs usagers ; la kermesse de l'école est un temps où peut se souligner aussi bien le travail des élèves (par l'exposition de certaines de leurs productions, par exemple), des enseignants (en dirigeant la chorale) et des représentants des parents d'élèves (dont c'est la partie la plus visible d'un travail bien plus important). Dans tous les cas, il faut bien de l'organisation et du temps pour parvenir à mettre tout cela en place.

Ces rituels existent également de manière plus générale. Le mouvement ouvrier a imposé le 1er mai comme la Journée internationale des travailleurs, devenu dans le langage courant la Fête du travail[19] – un glissement en lui-même significatif de certaines des transformations pointées dans la première partie de ce livre. Les mouvements féministes ont repris la forme de la grève et peuvent chercher à l'instituer notamment à l'occasion du 8 mai[20]. Et les hérauts du capitalisme qui professent qu'ils sont les seuls à travailler savent se mettre en scène : comme évoqué plus haut, le mythe de l'entrepreneur est une construction consciente et collective qui met en jeu journalistes, fictions et représentations diverses. Dans tous les cas, il y a bien du travail… juste pour faire voir le travail.

Il est d'ailleurs notable que certaines mobilisations visant à rendre visible le travail échouent faute d'avoir été suffisamment « travaillées ». En 2016, un appel à une « grève féministe » n'a eu que peu d'effets parce que, comme le soulignait alors la journaliste Nadia Daam, il s'agissait d'une initiative purement médiatique de la part de deux créatrices d'un site internet qui « ont décidé d'entrer en féminisme comme on se met à Snapchat parce qu'il "paraît que ça cartonne"[21] », sans véritable relais auprès des premières concernées ni travail de politisation et de mobilisation. Deux ans plus tard, l'Espagne connaîtra une grève générale féministe ayant rassemblé, selon les organisateurs, plus de 5 millions de personnes autour du slogan « Sans nous, le monde s'arrête[22] ». Ce succès aura demandé un lourd investissement de la part de plus de cent collectifs et partis politiques différents, ainsi que la constitution de différentes commissions aux niveaux national, régional et local pour organiser et encourager le mouvement[23].

En un sens, on peut avancer qu'il n'y a pas de travail (du moins de travail visible, reconnu, valorisé) sans mouvement social pour le soutenir. « Mouvement social » doit ici s'entendre au sens large : pas seulement les grandes manifestations dans la rue (même si elles ne sont pas sans lien avec la question), mais des réseaux informels entre des acteurs divers qui se mobilisent autour de questions conflictuelles en fonction de leurs croyances et représentations communes[24]. C'est au travers de la mobilisation de syndicats, de partis, de militants, d'organisations professionnelles, de chercheurs, d'intellectuels et, bien sûr, des travailleurs eux-mêmes que s'élaborent et se maintiennent aussi bien la visibilité que l'existence sociale des différentes formes de travail.

Voir et faire voir : un geste politique

Un autre trait marquant des différentes formes de visibilisation du travail évoquées ici réside dans le caractère fondamentalement conflictuel de la question : travailleurs contre capitalistes et vice-versa, femmes contre patriarcat, ceux qui font le boulot contre ceux qui en profitent, etc. Le travail est, comme on l'a souligné au chapitre précédent, une activité fondamentalement collective. Que ce soit à l'échelle la plus individuelle ou à celle de l'ensemble de la société, il suppose toujours la coopération. Seul Robinson sur son île échappe peut-être à cela, du moins aussi longtemps qu'il n'a pas rencontré Vendredi – et encore, dans le roman, il utilise des outils et des techniques qui ont été produits par d'autres et qu'il a récupérés du naufrage ou tirés de ses souvenirs. Mais cette nécessaire coopération n'exclut ni les désaccords ni les inégalités et il apparaît que faire voir son travail se fait bien souvent contre celui d'un autre.

Dans ce sens, la question du travail, de ses frontières et de sa visibilité, est une question profondément politique, au sens où elle met en jeu l'organisation même de la société. Il ne s'agit pas simplement d'un problème technique, de savoir comment organiser de la façon la plus efficace la production de richesses ou de ressources rares – question qui va être, typiquement, celle des économistes. On peut et on doit évidemment s'interroger sur les modes de production et leur efficacité relative : vaut-il mieux, par exemple, confier la production de tel bien ou de tel service à l'État ou au marché, et alors à quelle organisation du marché ? Mais cela n'épuise jamais entièrement la question du travail. Les manufactures et usines nées dans les révolutions industrielles ont permis une augmentation formidable de la production, mais la reconnaissance du travail des ouvriers ne s'en est pas moins posée : non seulement en termes de représentation – il leur a fallu lutter pour exister dans le processus productif –, mais aussi en termes plus bassement pécuniaires. La même question se pose aujourd'hui avec le travail numérique, notamment celui que nécessitent les intelligences artificielles : peut-être ces technologies permettront-elles des avancées positives, mais encore faut-il que ceux et celles qui leur permettent de fonctionner ne soient pas invisibilisés, que leurs efforts soient justement récompensés et que leurs intérêts soient pris en compte.

La façon dont on se représente le travail et dont se répartissent ses mérites nous en dit ainsi beaucoup sur les positionnements politiques que l'on adopte. Reconnaître ou non les tâches ménagères comme du travail domestique qui découle non d'une nécessité naturelle mais bien de rapports sociaux de genre et d'organisations spécifiques vous place immanquablement en adversaire ou en allié du féminisme. Voir dans la réussite d'une entreprise avant tout le travail de l'entrepreneur innovateur ou au contraire celui des ouvriers et autres salariés vous situe sur l'axe gauche-droite sans trop de doutes.

La sociologie ne peut pas entièrement trancher ces questions : elle peut décrire le travail, en montrer l'étendue, le caractère collectif, l'importance au-delà des seules frontières conventionnelles. Certes, la représentation caricaturale qui veut que Jeff Bezos ait produit la richesse d'Amazon à la seule force de ses petits bras ou de son gros cerveau ne sera pas tenable pour qui prend la peine d'écouter les sociologues, mais au-delà de cela il restera encore de nombreux problèmes à régler : Comment évaluer l'apport de chacun ? Où fixer les limites entre travail et hors-travail ? Comment répartir de façon juste les richesses produites ? Voilà des questions qui devraient être, en tout cas, au cœur des débats politiques et qui, malheureusement, en sont bien souvent absentes…

12
Politiser

Attentions aux pauvres ! : le cas du Joker

Sorti en 2019, le film *Joker* de Todd Phillips aborde la question des classes sociales de façon particulièrement frontale. Cette *origin story* du méchant le plus emblématique de Batman fait beaucoup d'efforts pour faire oublier qu'il s'agit d'un film de super-héros en adoptant une esthétique réaliste et un propos volontairement « adulte » – un terme qui semble signifier pour Hollywood « violent et désespéré ». On y suit le parcours d'Arthur Fleck, un comique raté qui vit dans une Gotham City copiée-collée du New York de *Taxi Driver* (Martin Scorsese, 1976) où il exerce la profession de clown. Dès la séquence introductive, il se fait tabasser par une bande de gamins des rues. Affecté par une maladie mentale qui le fait éclater de rire aux moments les moins opportuns, il ne cesse d'être maltraité par une société du chacun pour soi où – le film insiste lourdement là-dessus – les antagonismes entre les riches et les pauvres sont extrêmes. Lorsqu'il est agressé dans le métro par trois hommes ivres qui se moquent de ses rires intempestifs, il est souligné qu'il s'agit de trois traders façon

Wall Street. Notre « héros » les tue grâce à un pistolet offert un peu plus tôt par un collègue, et ce meurtre va provoquer des manifestations puis des émeutes de soutien de la part d'une population qui n'en peut plus des riches, surtout après que le milliardaire Thomas Wayne, employeur des trois victimes, ait tenu des propos méprisants à l'égard des « clowns » qui cherchent à excuser leurs échecs en blâmant les autres. « Tuer les riches » *(« kill the rich »)* devient un slogan populaire pour les manifestants et va servir de leitmotiv visuel du film, que ce soit sur les pancartes des protestataires ou en une des journaux. Pendant que la ville s'embrase, la situation d'Arthur Fleck se dégrade encore : les services sociaux qui lui fournissaient suivi médical et traitement pour sa maladie ferment, redoublant encore le manque de considération de l'ensemble de la société envers les plus fragiles. En même temps, sa participation à une scène ouverte pour présenter ses blagues est un échec cuisant. Elle lui attire toutefois l'attention de Murray Franklin, un présentateur de talk-show qu'il adule, qui l'invite à son émission… mais seulement pour se moquer de lui. C'est donc en direct qu'Arthur craque (ou met en œuvre son plan, ce point est laissé à l'interprétation du spectateur), dit ses quatre vérités à une société « où tout le monde est affreux », « où il n'y a plus de bonnes matières », et abat Murray d'une balle dans la tête avant d'aller rejoindre les émeutiers et de devenir, enfin, le Joker.

Impossible d'ignorer les résonances entre ce scénario et les inégalités sociales contemporaines. Ni la critique ni le public ne s'y sont trompés : qu'ils encensent le film pour sa critique sociale ou qu'ils lui reprochent de faire l'apologie de la violence ou d'adopter des accents populistes[1], la question des rapports de classes est toujours présente dans les commentaires.

En France encore plus qu'aux États-Unis. Dans *Le Monde*, le critique Jacques Mandelbaum parle d'un « film dont la hargne anticapitaliste [...] ferait passer la maison Warner pour le siège du Komintern[2] ». Sur Twitter (devenu X depuis), l'avocat Juan Branco, certes pas vraiment connu pour son sens de la mesure, jubile même : « Ode aux luttes insurrectionnelles et aux Gilets jaunes en particulier », « symboliquement, c'est un énorme pas. Face à un ordre délirant et embrassant tous les excès, Hollywood choisit son camp avec courage, abattant Wayne & Batman[3] ». Alors que le mouvement des Gilets jaunes est encore vivace, les commentateurs français sont nombreux à établir des parallèles entre réalité et fiction, à voir une ressemblance entre les scènes d'émeutes du film et les images des manifestations bien réelles mais souvent réprimées qui envahissent alors l'actualité[4].

Et pourtant, si l'on adopte un œil de sociologue, on peut être étonné par l'oubli d'un élément essentiel aux analyses en termes de classes sociales : il s'agit, sans surprise ni *spoiler*, du travail. Au cours des quelque deux heures que dure le long-métrage, on verra illustrés en long, en large et en travers les difficultés et les souffrances des classes populaires, le mépris et l'indifférence des classes supérieures, mais on ne verra pas grand-monde travailler, créer des choses, fabriquer des objets, ni même vraiment produire des services. Ce marqueur clef de la classe – pour Karl Marx, celle-ci se définit précisément comme la position dans le processus de production – semble presque entièrement manquer à l'appel.

C'est particulièrement frappant dans le portrait des dominés que fait Todd Phillips : ceux-ci ne semblent exister que sous la forme de ce que Marx appelait le *lumpenprolétariat*, « cette putréfaction passive des couches les plus basses de la vieille société[5] », soit les strates sociales les plus pauvres et les plus atomisées, celles qui, précisément, ne travaillent pas et sont incapables de former une conscience de classe révolutionnaire. Cela pourrait être un choix pour montrer les conséquences désastreuses du chômage, mais celui-ci n'est pas non plus vraiment mis en scène, ou du moins il n'est pas clairement pointé dans le film comme la cause des problèmes. On pourrait même s'attendre à ce que Gotham City en général et la fortune des Wayne en particulier aient besoin de toutes sortes d'ouvriers, d'employés, de travailleurs et de travailleuses pour produire des richesses, mais ceux-ci restent absents de l'écran. On ne verra pas non plus la voisine d'Arthur Fleck réaliser le travail parental et domestique qu'implique la présence de sa fille. Quant au protagoniste, on ne le voit travailler que trois fois tout au long de l'histoire : d'abord en tenant un panneau publicitaire dans la rue (avant de se faire tabasser), ensuite comme clown d'hôpital (avant de se faire licencier pour avoir fait tomber un pistolet au milieu d'une chambre remplie d'enfants malades), et enfin comme comédien (où, entre ses rires incontrôlés et ses blagues minables, il fait bien évidemment un four). Bref, soit il est inutile, soit il est dangereux, soit il est mauvais… Si ce Joker est censé incarner les classes populaires, il ne représente certainement pas la fierté ouvrière, ni même l'exploitation – au final, la vraie souffrance matérielle que lui infligent les classes supérieures, c'est la fermeture de services publics dont l'existence semble dépendre de la philanthropie et non de la mise en commun des richesses créées.

Cet oubli du travail n'est pas sans conséquences sur le propos général du film. Les rapports de classes qui y sont mis en scène s'en tiennent à de l'animosité ou du mépris : il y a les riches et les pauvres ; les pauvres ne servent pas à grand-chose, mais si les riches les ignorent trop longtemps, alors ils peuvent devenir dangereux. Dans son monologue final, Arthur Fleck reproche aux plus fortunés de manquer d'empathie, de ne pas se mettre à la place des autres : dans le contexte de l'histoire, cela semble se justifier parce que ces « autres » sont susceptibles de devenir dangereux, pas parce qu'ils auraient d'autres qualités positives, par exemple le fait de faire un travail utile mais injustement reconnu... En fait, le film semble retrouver dans les « classes laborieuses » ces fameuses « classes dangereuses », que craignait la bourgeoisie du XIXe siècle[6] – délinquance et instabilité sociale, tous les éléments sont là. Et, comme à l'époque, la question est celle de la maîtrise de cette menace sociale, que ce soit par la force, la charité paternaliste ou la distribution de services publics. Même si le propos du réalisateur penche clairement vers ces dernières solutions, on ne peut s'empêcher d'être un peu déçu, surtout après les interprétations révolutionnaires exprimées par certains spectateurs...

Qu'est devenue la classe laborieuse ?

Ce commentaire ne figure pas ici par pure batmanophilie, ni même pour le plaisir de critiquer un film dont les qualités purement cinématographiques (en termes de mise en scène ou de jeu d'acteur notamment) ne sont pas, ici, la question : *Joker* illustre un problème plus général, à savoir les risques qu'il y a à essayer de tenir un discours politique sans parler du travail. Même si les intentions sont bonnes – et il semble que Todd Phillips ait un souci sincère pour les plus pauvres et les personnes fragiles, il ne s'agit pas de nier cela –, l'oubli de cette problématique fondamentale conduit à un propos finalement très conservateur ou, à tout le moins, à une impossibilité de sortir d'un point de vue misérabiliste sur les classes populaires[7].

L'invisibilisation du travail que ce livre s'est attaché à décrire et à comprendre a ainsi des conséquences politiques qu'il est difficile d'ignorer. D'une façon générale, dans le monde politique français, les classes populaires sont de moins en moins vues comme des classes laborieuses. Si elles constituent un enjeu symbolique très fort – littéralement tous les partis s'en réclament d'une façon ou d'une autre –, elles ne sont le plus souvent caractérisées que par une collection de traits plus ou moins culturels : elles consomment de la viande, aiment la chasse, vivent à la campagne, regardent telle ou telle émission à la télévision, apprécient tel ou tel humoriste, n'aiment pas qu'on critique *Les lacs du Connemara* de Michel Sardou, etc. Par exemple, en 2020, un conseiller d'Emmanuel Macron, cité par la journaliste Solenn de Royer, expliquait le choix du président de rencontrer différentes personnalités de cette façon particulièrement troublante : « Entre un Bigard, un Zemmour, un Raoult ou un Philippe de Villiers [...], il y a un lien : la France populaire[8] » – dans la mesure où les noms cités ne sont pas exactement ceux de prolétaires, il faut bien en conclure que dans l'esprit d'une partie des politiques, la France populaire, ce sont les gens qui aiment bien ou écoutent ces différentes personnes... De l'autre côté de l'échiquier politique, le secrétaire général du Parti communiste, Fabien Roussel, adoptait finalement la même vision en s'offusquant, en 2022, que « certains nous font la leçon tous les jours. Il faudrait interdire le Tour de France, les sapins verts, la viande et les centrales nucléaires. Nous, nous voulons répondre aux attentes des classes populaires[9] ! ». Dans un cas comme dans l'autre, du travail et de ce que font ces fameuses classes populaires, ce qu'elles apportent, ce qu'elles créent, la façon dont elles participent et jouent un rôle essentiel dans la société, de tout cela il n'est pas question. Même lorsque l'on s'intéresse aux agriculteurs, c'est plus souvent pour parler de tradition et de patrimoine que pour souligner le caractère nécessaire de leur activité.

Les grilles de lecture utilisées par une partie assez importante du monde politique excluent non seulement la question du travail, mais aussi l'identité même des travailleurs. L'essayiste Christophe Guilluy a ainsi connu un grand succès à la fois dans les médias et auprès des décideurs en popularisant l'idée d'une « France périphérique », malgré les nombreuses faiblesses empiriques que les chercheurs et chercheuses ont pourtant très tôt soulignées[10]. Dans cette version, les classes populaires sont définies comme marginalisées par la mondialisation et donc finalement par leur exclusion hors du processus productif dominant… Et lorsque ses ouvrages opposent, de façon particulièrement récurrente, la « classe ouvrière » et les « minorités », c'est en oubliant bien opportunément que ces « minorités » sont aussi bien souvent des ouvriers ou, tout au moins, des travailleurs. C'est un langage identitaire qui s'impose ainsi, surtout lorsque cette « France périphérique » devient celle des « petits Blancs[11] » – on est bien loin de Jean Ferrat. Même la question de l'insécurité économique serait, à suivre Guilluy et ceux qui le reprennent, moins importante que « l'insécurité culturelle ». Il ne s'agit là que d'un élément d'un processus plus long où la représentation des classes sociales caractérisées par le travail se voit remplacer par une lecture « culturaliste » : c'était déjà ce que faisaient, entre autres, la figure des « bobos » ou la thématique du « communautarisme »[12]. On peut aussi penser à la façon dont le très médiatique Jérôme Fourquet, directeur à l'Ifop, est apprécié pour ses analyses du type « les électeurs de Macron ont des machines à café à capsules tandis que ceux de Le Pen ont des machines à dosettes » – là où il serait plus clair et pertinent (mais moins distinctif sur le grand marché des invités de plateaux télé) d'utiliser les positions sociales mesurées par les professions[13]. Dans tous les cas, les grilles de lecture et commentateurs les plus en vue n'ont que peu d'intérêt pour le travail en général, et tout spécialement pour penser les classes sociales en fonction de celui-ci. Elles laissent la place à des conflits de valeur – entre élites mondialisées progressistes et couches populaires conservatrices refermées sur elles-mêmes – qui ne peuvent véritablement trouver de résolution, si ce n'est dans des mouvements de fermeture et de radicalisation.

Rhétorique de l'assistanat et montée de l'extrême droite

Le problème se comprend mieux si l'on regarde comment on répond généralement à cette question soulevée plus tôt : « Qui sont les oisifs ? » De plus en plus souvent, le monde politique français a tendance à répondre « ce sont les chômeurs/les assistés » – avec en outre souvent des colorations racistes appliquées à cela (les fameux immigrés qui vivent d'allocations sans travailler, tout en volant malgré tout les emplois aux Français...). Non seulement cela produit une rupture de solidarité au sein des classes populaires (et également des classes moyennes) entre ceux qui ont un emploi et ceux qui n'en ont pas, mais en outre, on fait sentir aux premiers que s'ils venaient à perdre leur poste, ils ne se contenteraient pas d'être victimes d'un coup de malchance, des circonstances ou même d'une situation injuste : ils passeraient carrément à l'ennemi, dans le camp des profiteurs. Aucun compromis n'est alors possible.

Dans une enquête menée sur une campagne en déclin, le sociologue Benoît Coquard note que ses enquêtés, de jeunes ouvriers qui n'ont fait que peu d'études et ont choisi de rester dans une région à la démographie déclinante, déclarent volontiers et sans honte voter à l'extrême droite (« je suis 100 % Le Pen[14] ») : ils le portent comme un signe d'appartenance, une forme de fierté, qui permet de dire qu'ils ne font pas partie des « assistés », des « fainéants » ou encore des « Mélenchons », comme le chercheur constate que sont surnommés, sur son terrain, ceux qui remettent en cause les inégalités[15]. Cela s'explique par le fonctionnement particulier du marché du travail local : trouver un emploi est essentiellement une affaire de réseaux et de réputation. Les artisans et chefs d'entreprise ayant plutôt tendance à pencher à droite ou à l'extrême droite, afficher une opinion politique comparable est finalement un acte de conformisme qui permet de ne pas s'exclure des réseaux de sociabilité et des opportunités que ceux-ci présentent. C'est ce que fait l'un des enquêtés de Benoît Coquard, Éric, « qui se dit “bien de droite” (au sens de conformément de droite) en présence de ses amis eux-mêmes de droite et plus dotés socialement (surtout les artisans et agriculteurs), alors qu'il a voté Mélenchon en 2012 puis s'est engagé dans le mouvement des Gilets jaunes[16] ».

Le lien entre le vote d'extrême droite et le travail a également été fait par l'économiste Thomas Coutrot. En étudiant les résultats de l'élection présidentielle de 2017, celui-ci relève notamment que la faible autonomie au travail est statistiquement liée à l'abstention et au vote Le Pen – et cela, même en tenant compte du travail domestique si souvent oublié[17]. L'explication réside probablement dans le fait que le vote pour le Rassemblement national est également lié à un faible bien-être subjectif (le fait de se déclarer insatisfait de sa situation personnelle ou malheureux) et que les conditions de travail affectent fortement celui-ci. Même son de cloche chez le politiste Bruno Palier lors des législatives de 2024 : l'opposition à la réforme des retraites de 2023 témoignait, selon son analyse, des profondes difficultés rencontrées par un grand nombre de Français dans leurs conditions de travail et, à défaut d'avoir été entendues, celles-ci se traduisent par des votes vers le parti qui prétend représenter « ceux qui travaillent dur[18] » – même s'il ne propose rien de concret en la matière… Comme bien d'autres, ces chercheurs relèvent que les partis de gauche sont peu mobilisés sur les questions de travail, non pas faute d'adhérer à la fameuse « valeur travail », mais surtout parce qu'ils ne prennent pas vraiment en charge les mécontentements et les questionnements autour du travail – ce que ne fait pas plus, notons-le bien, la droite classique. Au-delà des promesses en matière d'augmentation des salaires, il y a toute une réflexion à mener.

Évidemment, la montée de l'extrême droite n'est pas un phénomène réductible à une seule cause. Il faudrait a minima évoquer la place du racisme et de sa normalisation[19]. Mais il faut envisager que l'invisibilisation du travail soit l'une des clefs de l'équation et que, à trop ignorer celui-ci, on finisse par engendrer des monstres politiques…

De la valeur du non-travail

Politiser (ou, peut-être, repolitiser) le travail est donc un enjeu important. Il est nécessaire pour cela de sortir du cadrage moral qui s'est imposé autour de la « valeur travail ». Il n'y a pas de sens à être « pour » ou « contre » le travail dès lors que l'on prend conscience que celui-ci se trouve de toute façon au cœur de toute activité, et même de toute communauté humaine. Ceux et celles qui voudraient plus de temps libre ne sont pas opposés au travail en général, mais seulement à une de ses formes particulières : l'emploi salarié capitaliste. Ce qu'ils réclament, c'est la possibilité de se consacrer à d'autres tâches qui leur paraissent tout aussi sensées et non moins productives – prendre soin des autres, s'occuper de sa famille ou de ses proches, créer des liens, participer à des associations, etc.

En fait, une fois armé du regard sociologique que propose ce livre, on peut commencer à se poser des questions dérangeantes. Même des activités qui sont typiquement vues comme relevant du loisir mériteraient que l'on réfléchisse à leur statut : si je consacre une heure à faire du sport et à entretenir ma santé, on peut dire que je le fais pour moi... sauf qu'en contribuant à réduire les risques et les coûts en matière de soins pour plus tard, j'allège également les dépenses futures pour les systèmes de protection sociale ; si je consacre quelques soirées à préparer une partie de jeu de rôle pour mon groupe de joueurs, j'utilise du temps, de l'énergie et même des compétences pour créer du bien-être autour de moi ; et si je lis et me tiens au courant de l'actualité, si je perfectionne ma connaissance du monde et affûte mon esprit critique, je contribue au bon fonctionnement de la démocratie. Il ne s'agit pas de dire que toutes ces activités sont nécessairement du travail, encore moins qu'elles devraient faire l'objet d'une rémunération ou de gratifications extérieures – sauf à rêver d'un système totalitaire qui accorderait du « crédit social » à chacun en fonction de toutes sortes de critères nécessairement arbitraires, vision dystopique s'il en est[20]... Mais on peut reconnaître chaque fois quelques traits communs avec le travail : la demande d'efforts, de discipline, de temps, et la création de valeur – les économistes parleraient même d'externalités positives, les conséquences non visées d'une activité pour d'autres personnes que celles qui la réalisent. Certaines font même l'objet d'incitations collectives tout à fait officielles : « Ayez une activité physique régulière », « Mangez au moins cinq fruits et légumes frais par jour » (et donc faites attention à vos courses et passez du temps en cuisine), « Mangez, bougez », « Engagez-vous » et, bien sûr, « Lisez ! » (comme le répètent à l'envi l'école et tous les professeurs de France et de Navarre). Elles nous montrent ainsi qu'il n'y a pas d'opposition morale à faire entre le travail nécessairement vertueux et le non-travail qui ne serait que paresse et abrutissement. Même le repos et la grasse matinée ont, on le sait, des vertus pour le corps, l'esprit et la société – moins de stress, moins de maladies professionnelles, etc.

De l'utilité de certains métiers (ou non)

La question qu'il faut poser est celle de l'utilité de ce que l'on fait, et donc du travail. Si la « valeur travail » n'a guère de sens, s'interroger sur la valeur du travail est tout au contraire une urgence. Est-ce que tous les métiers, toutes les tâches, tous les emplois notamment sont véritablement utiles ? Et les mieux rémunérés sont-ils également les plus utiles, de telle sorte que le prix du travail fixé par le marché joue son rôle de signal et oriente les forces collectives vers le bien commun ? Il semble y avoir un besoin collectif important à mener cette réflexion. C'est celle qui s'est posée avec une acuité toute particulière en 2020, lors du grand confinement : on a alors vu apparaître l'idée de métiers « essentiels », de « première » ou de « seconde ligne » (les personnels soignants qui s'efforçaient de gérer la crise, mais aussi les caissiers et caissières, livreurs et livreuses, etc.), et, trop brièvement, la prise de conscience que malgré leur indéniable utilité, c'était là bien souvent des emplois précaires et mal rémunérés[21]. L'enjeu était alors clair : il fallait désigner quels métiers étaient essentiels et, comme le notait la sociologue Dominique Méda, même dans une situation d'urgence et de nécessité la chose n'était pas simple : « Toute la question est de savoir ce que l'on considère comme une activité essentielle. Par exemple, on peut s'interroger sur le métier de livreur ou du moins sur le fait qu'ils sont tellement mis à contribution. Est-ce vraiment nécessaire ? Doivent-ils prendre des risques dans les entrepôts pour livrer des biens et services qui ne sont pas toujours essentiels ? [...] Les plus aisées achètent le temps des autres et achètent tout simplement, comme cela se passait avant pour la conscription, le fait que des gens prennent des risques à leur place. Il y a là toute une géographie sociale très problématique et qui invite à revoir drastiquement la hiérarchie des métiers et leurs rémunérations[22]. »

Mais la prise de conscience politique a fait long feu, emportée par le « retour à la normale » et le *business as usual*. La promesse faite par Emmanuel Macron le 13 avril 2020

– « il nous faudra nous rappeler que notre pays tient tout entier sur des femmes et des hommes que nos économies reconnaissent et rémunèrent si mal » – ne sera jamais tenue, peut-être parce que trop opposée, comme le disait le journaliste Romaric Godin, à la « structure idéologique[23] » du président. Une fois sorti officiellement de la crise (même si l'épidémie persiste), c'est l'ensemble des forces politiques qui se sont détournées de l'interrogation sur le caractère essentiel des différents métiers, à de très rares exceptions près.

La question revient pourtant, de loin en loin, avant comme après ce moment charnière. En 2016, les journalistes Julien Brygo et Olivier Cyran la posaient déjà dans un ouvrage très clairement titré *Boulots de merde !*. Prenant leur distance avec les *bullshit jobs* de David Graeber, ils présentaient aussi bien des emplois désignés comme utiles mais dont l'exercice et les conditions d'exercice se sont détériorés (notamment celui de facteur que les auteurs considèrent comme l'un des rares « métiers instantanément perçus comme bienfaisants par à peu près tout le monde[24] ») que des emplois qu'ils désignent très clairement comme nuisibles : notamment les agents des douanes chargés de traquer des migrants qui fuient la guerre et la misère et, surtout, les traders et autres spécialistes des marchés financiers. La charge est rude, mais elle a l'avantage de mettre clairement de la politique dans le travail et d'obliger à regarder en face un problème difficile : à quoi servent nos métiers ? Comment justifie-t-on ce que l'on fait ?

Dans le même esprit, le militant de la décroissance et du revenu universel Baptiste Mylondo s'interrogeait en 2023 sur les justifications de nos rémunérations, le salaire que l'on reçoit[25]. Il soulignait notamment que, pour l'instant, la question ne se pose généralement que de façon individuelle, c'est-à-dire lors d'une négociation avec l'employeur ou en termes de pouvoir d'achat et de protection contre la vie chère. Or, comme il l'expliquait très clairement, l'enjeu est on ne peut plus collectif : « En dernière instance, nous n'achetons que le travail des autres, et par conséquent, notre pouvoir d'achat dépend directement du prix auquel nous payons ce travail. Autrement dit, ce qui est plus ou moins cher dans notre vie, c'est le travail des autres, et son coût est toujours relatif. C'est en cela que le salaire instaure une véritable hiérarchie sociale des métiers, hiérarchie symbolique, mais aussi économique, définie notamment par la capacité plus ou moins grande que l'on a de s'offrir le travail d'autrui, et par la capacité, plus ou moins grande elle aussi, que les autres ont à s'offrir le nôtre[26]. »

Quel travail voulons-nous ?

Ces deux livres se réfèrent de façon notable à une même source : un travail de recherche publié en 2009 par le think tank britannique New Economics Foundation et intitilé *A Bit Rich. Calculating the Real Value to Society of Different Professions*[27] – soit « une mesure de la valeur sociale réelle de quelques professions ». Le titre est assez transparent : les trois économistes à l'origine de ce travail, Eilís Lawlor, Helen Kersely et Susan Steed, se sont employées à comparer entre elles six professions (auxiliaire de puériculture, agent d'entretien dans un hôpital, agent de tri des déchets, banquier à la City, cadre dans la publicité, gestionnaire de fortune) du point de vue de ce que chacune apporte à la société, en s'efforçant de chiffrer cela en monnaie. Cela conduit à des conclusions du type « nous avons estimé que chaque livre sterling versée à un agent d'entretien dans un hôpital génère plus de 10 livres de valeur collective » ou « pour un salaire compris entre 50 000 et 12 millions de livres, les cadres exécutifs de la publicité détruisent 11 livres de valeur pour chaque livre qu'ils produisent[28] ». L'étude a été d'autant plus marquante que, bien que l'échantillon de métiers étudiés soit limité, elle suggère en conclusion que les métiers les mieux payés et les plus reconnus socialement sont en fait non seulement les moins utiles, mais en outre les plus destructeurs, tandis que des professions volontiers méprisées sont, elles, bien plus utiles.

Évidemment, une telle mesure a peu de chances de laisser indifférent (particulièrement si on appartient aux professions décrites comme nuisibles), et l'on aura beau jeu de critiquer les choix effectués par les autrices. Par exemple, lorsqu'elles imputent aux banquiers, et plus particulièrement à leurs hautes rémunérations, la responsabilité de la crise de 2008 – ce qui explique la très forte désutilité de la profession dans leur rapport –, nul doute qu'il se trouverait du monde pour dire que « c'est un peu plus compliqué que cela » (dans l'autre sens, on pourrait se demander pourquoi si peu d'entre eux ont assumé des conséquences juridiques ou économiques pour ce même événement). De même, estimer la contribution des publicitaires à la surconsommation (notion déjà difficile à mesurer avec précision) ou encore les destructions écologiques engendrées par les différentes activités n'est pas simple et tout calcul sera par nature discutable[29].

C'est que l'exercice demande à ce que l'on fasse des choix et pas seulement techniques, mais aussi politiques. Imaginons que l'on souhaite mesurer l'utilité de la profession d'enseignant et de l'existence des écoles : sans doute bien des gens auront envie de dire que c'est là un travail tout à fait utile (à commencer par l'auteur de ces lignes). Mais pourquoi cela ? Parce que les enseignants permettent aux enfants d'accéder à la culture et de créer des liens de citoyenneté ? Parce que les écoles fournissent une main-d'œuvre efficace aux entreprises ? Que fait-on des traumatismes et autres souffrances produits par le système scolaire ? En allant plus loin, si l'on considère que l'école est une institution profondément capitaliste qui broie les enfants comme dans une chanson de Pink Floyd[30], ne considérera-t-on pas que les professeurs sont aussi nuisibles que les traders ? Selon les réponses que l'on donne à ces différentes questions, on dessinera des visions différentes non seulement du métier d'enseignant, mais aussi de l'éducation et plus généralement, encore de la société. Ainsi, parler de l'utilité du travail, c'est avant tout dire dans quelle société nous voulons vivre.

Un besoin sans réponse

Il semble bien y avoir aujourd'hui un besoin d'avoir une telle discussion sur l'utilité et plus généralement encore sur le sens du travail. On se souviendra, par exemple, de ces étudiants de l'école d'ingénieurs AgroParisTech qui, à l'occasion de la remise de leur diplôme en 2022, avaient choisi de prendre la parole pour annoncer leur décision de « déserter » l'agro-industrie qui participe, selon eux, « aux ravages sociaux et écologiques en cours », tout en invitant d'autres à les suivre[31] – d'autres prises de position équivalentes auront lieu d'ailleurs dans différentes grandes écoles. Le happening a eu un retentissement particulièrement important, s'attirant quelques éloges mais surtout beaucoup de critiques, de moqueries et même d'agressivité – « traités d'amish, d'irresponsables décroissants, de zadistes déserteurs de la vraie cause écologiste ou d'égoïstes déconnectés, promoteurs d'une agriculture incapable de nourrir la planète », rapportait le journaliste Thomas Legrand[32]. Pourtant, loin de constituer un simple rejet du monde existant, leur discours soulignait également, selon les mots du sociologue Morgan Meyer, « ce à quoi ils tiennent : leurs choix professionnels, leurs valeurs, leurs façons de voir le monde[33] ». Leur principale aspiration était de continuer à travailler, souvent dans des domaines proches de leurs études ou s'appuyant sur leur expertise, mais d'une façon qui soit à leurs yeux plus utile. D'ailleurs, un an plus tard, lorsque différents titres de presse chercheront à savoir ce qu'ils sont devenus, on les découvrira apiculteurs, maraîchers, ou encore ouvrières agricoles[34]. Ils expliqueront aux journalistes être satisfaits de faire des travaux « d'intérêt public », « qui ont du sens », bien que se trouvant à l'autre bout de l'échelle sociale communément admise (et souvent également de l'échelle des rémunérations).

Ces étudiants ne sont d'ailleurs pas les seuls. De nombreux reportages, articles et livres se sont intéressés à des cadres qui ont quitté leurs emplois intellectuels et bien payés pour se tourner vers des activités manuelles ou artisanales bien moins valorisées, au moins au plan monétaire[35]. L'image du surdiplômé qui plaque tout pour aller ouvrir une chambre d'hôte ou se lancer dans un CAP pâtisserie est même devenue une caricature en soi. Le plus connu d'entre tous est sans doute Matthew B. Crawford, diplômé de philosophie, employé par un think tank de Washington, qui a tout laissé tomber pour aller réparer des motos – et écrire des livres sur cette expérience et sur combien le travail artisanal est chose merveilleuse en laissant bien souvent son associé seul devant les moteurs[36]. Succès de librairie, son ouvrage témoigne d'une certaine fascination pour ce type de parcours et plus largement pour la question de l'utilité et du sens du travail. De même, l'ouvrage du journaliste Jean-Laurent Cassely, *La révolte des premiers de classe*, tente d'y lire une transformation globale de la société[37]. Il y a ainsi une insatisfaction au travail qui cherche à s'exprimer, au point de « prendre une place notable dans l'espace social dès les années 2000 », selon les sociologues Catherine Negroni et Oliver Mazade[38].

N'est-ce là qu'un problème de riches ? Le caprice de quelques sales gosses trop gâtés par la vie ou de ceux qui ont le temps et les moyens de se poser des problèmes philosophiques et d'exercer des professions peu rémunératrices en ayant la sécurité d'un diplôme et souvent d'un petit capital ? Probablement pas : plutôt le symptôme d'une aspiration beaucoup plus générale à effectuer du travail qui ait du sens, laquelle est transversale aux différentes classes sociales. C'est ce que suggère en tout cas le travail des économistes Thomas Coutrot et Coralie Perez : en s'appuyant sur les enquêtes menées par la Dares (Direction de l'animation de la recherche, des études et des statistiques du ministère du Travail), ils parviennent à mesurer si les personnes en emploi trouvent ou non du sens dans le travail qu'elles effectuent et même à identifier des trajectoires où ce sens se perd[39]. Ils relèvent alors que lorsqu'un tel événement arrive, lorsque quelqu'un ne trouve plus d'utilité et de satisfaction dans les tâches qui lui sont données, cela produit une dégradation de sa santé, notamment une augmentation nette des symptômes dépressifs – et ce, aussi bien chez les ouvriers et les employés que chez les cadres. Autrement dit, pour toutes les catégories sociales, un travail dénué de sens est un facteur de souffrance et peut même tuer, le risque de suicide existant toujours.

Le sens du travail n'a pas forcément pour signification ici de servir une noble cause comme la sauvegarde de la planète, mais simplement de se sentir utile (y compris auprès des autres, puisque Thomas Coutrot et Coralie Perez relèvent que les métiers du *care* sont particulièrement appréciés de ce point de vue par ceux qui les exercent), d'être reconnu dans ses compétences et ses savoir-faire et d'avoir des possibilités d'apprentissage et de progression. Il arrive d'ailleurs que ce soit moins l'activité elle-même qui n'ait pas de sens que les conditions dans lesquelles on l'exerce qui pose problème : les pressions de la hiérarchie, la réduction des coûts, etc., qui les empêchent de faire ce qu'elles estiment être du bon travail ou de constater le résultat de leurs efforts.

Pourtant, ce besoin de sens, ce besoin d'utilité dans le travail ne trouve que peu de relais dans le débat public et tout particulièrement dans les propositions politiques. Même quand journalistes et chercheurs essayent de le mettre en avant, il reste lettre morte du côté des partis et des décideurs. Il y a un décalage entre une expérience quotidienne du travail qui ne demande qu'à s'exprimer et des discours politiques qui évitent très largement la question. D'où la nécessité, plus que jamais, non seulement de se donner les moyens de voir le travail partout où il se trouve, mais aussi de le politiser.

CONCLUSION

Et si tout le monde travaillait ?

Parvenu·e à la fin de ce livre, le lecteur ou la lectrice se trouvera peut-être affligé·e de la pathologie sociologique évoquée en introduction, celle qui consiste à voir du travail partout. C'est le malheur de tout regard scientifique : le physicien voit en permanence des forces qui s'exercent tout autour, l'astronome ne peut lever les yeux vers un ciel étoilé et y voir seulement de jolies lumières accrochées à une voûte, le climatologue ne peut profiter d'un automne particulièrement doux sans se souvenir que la planète se meurt et le sociologue voit du social en toutes choses. Peut-être sera-t-il difficile, à présent, de voir un parent jouer avec ses enfants sans penser « travail parental », de croiser un bénévole d'association sans se questionner sur la « gratuité » de ce travail, ou encore de se demander si l'on n'est pas en train de faire le « sale boulot » de quelqu'un d'autre.

La chose peut sembler gênante dans une certaine mesure, un questionnement sans fin pouvant représenter une certaine charge mentale – et donc encore du travail, décidément… Il faut cependant rappeler que le regard scientifique s'ajoute à nos autres façons de voir sans forcément s'y substituer. Connaître les secrets de la photosynthèse n'a jamais empêché quiconque d'apprécier la couleur des jonquilles, pourquoi voir du travail dans, par exemple, les tâches d'éducation au sein de la famille réduirait-il le plaisir que l'on y prend et la valeur que l'on y prête ? Cela pourrait même nous les faire apprécier davantage : ce n'est pas un instinct biologique et incontrôlable qui nous y pousse, ce n'est pas non plus un plaisir égoïste que l'on s'accorde pour satisfaire une certaine disposition psychologique, mais bien plutôt une contribution que nous apportons non seulement au développement de notre progéniture, mais aussi à l'ensemble de la société, puisque des enfants plus heureux et plus choyés contribueront plus facilement au bien-être de tous. Peut-être que relire pour la énième fois de la journée l'histoire d'Elmer l'éléphant bariolé prendra alors un tout autre sens.

D'une façon plus générale encore, peut-être vaut-il mieux voir un peu « trop » le travail que « pas assez ». Bien des gens ont aujourd'hui non seulement l'impression de travailler dur, mais en outre d'être les seuls à le faire. Lorsque les sociologues évoquent l'existence des inégalités scolaires et les meilleurs résultats qu'obtiennent les enfants des classes supérieures, il n'est pas rare que certaines personnes, se sentant visées, s'indignent : « Oui, mais moi, j'ai beaucoup travaillé pour cela ! Et mes parents ont fait beaucoup d'efforts et de sacrifices pour que je réussisse ! » Et il sera bien difficile de leur donner tort : le fils ou la fille de cadres supérieurs ou d'enseignants qui entre à Science Po, à HEC ou à Polytechnique n'a sans doute pas ménagé ses efforts. Pour y parvenir, il a sans doute fallu une mobilisation parentale assez forte, mais l'enfant lui-même a dû réviser des leçons, ingurgiter des savoirs, lire des livres, préparer et réussir des épreuves – et sans doute, dans ces exemples au moins, passer par des classes préparatoires qui ne sont pas les dernières en matière de valorisation quantitative du travail[1]. Cela signifie-t-il pour autant que les enfants des classes populaires qui ont moins de chances d'obtenir ces diplômes et de passer ces concours ont moins travaillé ? Non. Les enfants qui se retrouvent, parfois contre leur souhait, dans les baccalauréats technologiques et qui, par suite, occupent les emplois d'ouvriers ou d'employés ont bien souvent eux aussi le sentiment d'avoir bossé dur, et il serait ridicule de leur donner tort.

Et les parents des classes populaires, peut-on dire qu'ils ne font aucun effort ? Les enquêtes au plus près des familles montrent également que ce n'est pas le cas, que les « parents démissionnaires » sont un mythe[2]. Au contraire, dans les classes populaires, ceux-ci souhaitent souvent la réussite scolaire de leurs enfants et font bien des sacrifices pour eux. Par contre, ils sont plus souvent confrontés à des difficultés matérielles qui font que cela fonctionne moins bien, comme le rapporte la sociologue Chloé Riban à propos des mères des classes populaires à qui certains acteurs politiques reprochaient de ne pas « tenir » leurs enfants dans le contexte des émeutes de juillet 2023 : « Les mères témoignent quand on les rencontre que leur journée "est un parcours du combattant". Il faut enchaîner la prise en charge des enfants, l'emploi salarié quand il y en a un, les rendez-vous des différents membres de la fratrie dans un contexte de précarité qui crée un rapport au temps très incertain, parce que quand on est en intérim, on ne sait pas quels vont être nos horaires le lendemain. Parfois, leurs enfants doivent avoir des prises en charge diverses, donc elles sont dans un rapport au temps où tout le quotidien est compliqué. [...] Leur dire qu'elles ne tiennent pas leurs enfants, je pense que c'est une injustice vraiment flagrante compte tenu de l'ensemble des actes qu'elles posent précisément pour que cela tienne et pour que les enfants grandissent malgré tout. Cela revient à leur faire porter une responsabilité qui, probablement, est beaucoup plus collective[3]. »

Voir tout ce travail permet de sortir des injonctions morales et des discours faciles. Certes, celles et ceux qui ont réussi ont travaillé dur, mais c'est également le cas de celles et ceux qui ont « échoué » ou qui se sont retrouvés sur des trajectoires moins valorisées et moins rémunératrices. En la matière, il est préférable que nous soyons conscients que tout le monde travaille – et que nous puissions ainsi interroger les autres mécanismes qui font que le travail ne paie pas autant pour tous.

Le futur du travail

Revenons, pour finir, sur la question qui donne son titre à ce livre : qui travaille vraiment ? Il existe une façon particulièrement inquiétante d'y répondre : les machines. Comme évoqué en introduction, les entreprises du secteur de la bien mal nommée « intelligence artificielle » dessinent un futur où certaines des tâches les plus créatives (le cinéma, la littérature, et plus généralement les arts) ou les plus a priori « humaines » (l'éducation, le *care*) seraient prises en charge par des logiciels et des robots. C'est sur ces nouvelles technologies que l'on devrait désormais compter pour produire des richesses et poursuivre la croissance économique vers des sommets toujours plus hauts. *Exit* donc la vieille valeur travail de Marx et des économistes classiques : le capital deviendrait alors le seul facteur véritablement productif.

Et les humains dans tout ça ? Il pourrait leur rester toutes les tâches que les machines laisseront : nettoyer, faire la vaisselle, le linge et le ménage (puisque les lave-linge et lave-vaisselle qui ont déjà automatisé ces tâches ne semblent pas destinés à connaître des évolutions notables leur permettant de se passer d'une intervention extérieure), passer l'aspirateur (puisque 20 ans d'existence n'ont pas permis aux Roomba et autres versions automatisées de remplacer leurs concurrents manuels), et bien d'autres travaux, pour lesquels la Silicon Valley ne semble pas pressée de faire quoi que ce soit… Il faut dire que les IA, si elles sont déjà incroyablement gourmandes en ressources (électricité et eau pour le fonctionnement des serveurs), demeurent plus facilement reproductibles et généralisables que des équipements ménagers qui nécessiteraient usines, industries et production en grandes séries. Le robot-majordome qui prendrait en charge la tenue de la maison demeure encore un rêve de la science-fiction, depuis Isaac Asimov jusqu'au film *Les Mitchell contre les machines* (Mike Rianda, 2021). Si des robots humanoïdes sont bien en développement et ont connu des progrès importants, ils sont plutôt destinés à l'industrie et spécifiquement à s'insérer dans des espaces où les humains travaillent également – sans les remplacer, donc. Et, sinon, les humains seront sans doute toujours sollicités pour nourrir les bases de données des IA, choisir parmi les dizaines de propositions qu'elles feront, ou encore corriger leur production. La grève des scénaristes qui a frappé Hollywood en 2023 a en partie été motivée par la crainte de voir les IA utilisées pour produire des scénarios à la chaîne alors que les humains seraient cantonnés à les retoucher[4]. Bref, le futur qui nous est aujourd'hui offert est celui où les machines prendraient en charge certaines des tâches les plus créatives, les plus valorisées et, souvent, les plus porteuses de sens et laisseraient aux humains une grande partie du « sale boulot ». Joyeuse perspective.

L'avenir le plus sombre n'est donc pas celui de la fin du travail, mais celui de la poursuite de son invisibilisation. À la rigueur, la possibilité d'une disparation du travail pouvait prendre le sens de celle de l'emploi, au sens capitaliste, au profit d'une société de loisirs et du temps libre. L'invisibilisation en promet tous les inconvénients, mais avec le maintien du labeur. Cette perspective est d'autant plus inquiétante que si « le grand remplacement par les machines » n'est pour l'heure qu'une vue de l'esprit démentie par toutes les enquêtes, scientifiques et journalistiques[5], l'invisibilisation est, elle, une tendance déjà à l'œuvre et fortement enracinée tant dans les évolutions récentes du travail que dans les fondements même du capitalisme – c'est un futur qui est déjà là.

Ne pas perdre le travail de vue

Ce n'est évidemment pas une fatalité. Face aux futurs sans travail visible dessinés par les grandes entreprises et leurs dirigeants enthousiastes, il est possible de résister en s'obstinant à continuer de voir le travail partout où on occulte son existence. Cela est nécessaire pour perturber les narratifs dominants et éventuellement en proposer de nouveaux. Contre la montée des machines, il faut rappeler la place du travail humain. Contre la nostalgie du temps des ouvriers, rappeler que ceux-ci existent encore et que le travail ne s'écrit pas qu'au masculin. Contre les appels à travailler gratuitement parce que « cette boîte, c'est une grande famille » ou au nom de l'amour de la famille ou de la patrie, mettre en avant les efforts et le besoin de justice. Contre l'oubli du travail domestique, souligner le temps et les compétences qu'il demande. Contre la mise en avant des innovateurs comme génies isolés, leur intégration dans des chaînes de dépendance et ce qu'ils doivent aux « petites mains », etc.

La sociologie est pour cela une aide précieuse – c'est du moins ce que ce livre voulait montrer. Elle donne des outils et, surtout, une certaine forme de regard qui oblige à aller au-delà des apparences et des lieux communs. Le sociologue, disait Norbert Elias, est un « chasseur de mythe[6] », celui qui va proposer une représentation plus juste du fonctionnement de la société que les idéologies qui la traversent, celui aussi qui va mettre à l'épreuve les représentations que la société a d'elle-même. Si l'on croit à l'égalité et à la méritocratie, les sociologues vont aller vérifier si ces idéaux sont ou non réalisés. Si l'on affirme la toute-puissance de l'individu et du libre arbitre, ils vont se donner pour tâche de voir s'il n'y a pas quelques déterminations sociales qui nous échappent. Et donc, dans des sociétés capitalistes, ils vont confronter nos mythes sur le travail à la triste réalité. Lorsque l'on chante la « valeur travail » sur tous les tons, il est difficile de ne pas penser que cela cache quelque chose – et, comme on l'a dit, c'est bien souvent le travail lui-même.

Mais, bien sûr, la sociologie ne saurait suffire à résister à cette grande invisibilisation. Révéler l'existence du travail et de certaines de ses formes ignorées, les décrire de façon à faire ressortir leurs traits et leurs caractéristiques les plus souvent occultées, montrer les liens qui nous font dépendre du labeur d'autrui : tout cela ne « mériterait pas une heure de peine », pour paraphraser Émile Durkeim[7], s'il ne s'agissait que de produire une prise de conscience individuelle. Il est bon que chacun se rende compte du travail qu'il effectue et de celui que font les autres. Mais pour faire voir le travail, il faudra aussi des actions collectives, des mouvements sociaux et, finalement, du débat public. En d'autres termes : du politique. La science peut nous aider à mieux voir mais, ensuite, c'est à nous tous de choisir ce que nous voulons en faire.

Il restera donc toujours, à la fin d'un livre de sociologie, une partie non écrite : celle de la réflexion politique et du débat démocratique. Si l'on voit mieux le travail à présent, il reste à savoir ce que l'on en fait – et ce n'est pas le travail du sociologue que de le dire.

NOTES

1. *Histoires d'almanach*, trad. de Ruth Ballangé et Maurice Regnaut, Paris, L'Arche, 1973.

Introduction

1. Isabelle Ficek, « Près de deux Français sur trois jugent qu'il y a trop "d'assistanat" », *Les Échos*, 6 octobre 2022 [disponible en ligne].

2. « Contre "la France des allocations", Roussel maintient ses propos », *Le Point*, 23 novembre 2022 [disponible en ligne].

3. « Retraites : Gérald Darmanin fustige le "gauchisme paresse et bobo" », *Le Figaro*, 28 janvier 2023 [disponible en ligne].

4. Olivier Beaumont, « "Moi, je crois au travail" : à Rungis, Macron en président de la France qui se lève tôt », *Le Parisien*, 21 février 2023 [disponible en ligne].

5. « Rungis : François Hollande, le président qui se lève tôt », *Le Point*, 27 décembre 2012 [disponible en ligne].

6. INA, « Nicolas Sarkozy, Rungis et "la France qui travaille" en se levant tôt », *L'INA éclaire l'actu*, 21 février 2023 [disponible en ligne].

7. Anne Lambert et Laetitia Langlois, « Horaires atypiques de travail : les femmes peu qualifiées de plus en plus exposées », *Population et sociétés*, n° 599, avril 2022.

8. Titiou Lecoq, *Libérées ! Le combat féministe se gagne devant le panier de linge sale*, Paris, Fayard, 2017 ; Christine Delphy et Diana Leonard, *L'exploitation domestique*, Paris, Syllepse, 2019.

9. Maud Simonet, *Travail gratuit : la nouvelle exploitation ?*, Paris, Textuel, 2018.

10. « Quand Gabriel Attal applaudit les associations pour… les coûts qu'elles "évitent" aux pouvoirs publics », *L'Obs*, 31 octobre 2019 [disponible en ligne].

11. Insee, *Enquête Emploi en continu 2022.*

12. Insee, « Au premier trimestre 2023, l'emploi salarié augmente de 0,3 % », *Informations rapides*, n° 146, 8 juin 2023.

13. Sébastien Marrec, « Pourquoi la pénurie de travailleurs saisonniers s'accentue ? », *Basta !*, 7 juillet 2023 [disponible en ligne].

14. Julien Vincent, « Le "travail invisible", un terme hérité des années 1970 qui est toujours d'actualité », *Le Monde*, 7 septembre 2022 [disponible en ligne].

15. John Krinsky et Maud Simonet, *Who Cleans the Park ? Public Work and Urban Governance in New York City*, Chicago, University of Chicago Press, 2017.

16. Erving Goffman, *Les cadres de l'expérience*, Paris, Minuit, 1991.

17. Didier Fassin, *La force de l'ordre. Une anthropologie de la police des quartiers* (2011), Paris, Points, 2015.

18. Voir par exemple Constance Grady, « How 70 Years of Cop Show Taught Us to Valorize the Police », *Vox*, 12 avril 2021. Pour une approche critique de cette question, voir Noah Tsika, *Screening the Police. Film and Law Enforcement in the United States*, Oxford, Oxford University Press, 2021.

19. Voir respectivement Solenn de Royer, « Nicolas Sarkozy défend la "valeur travail" », *Le Figaro*, 22 février 2012 [disponible

en ligne] ; Programme électoral d'Emmanuel Macron, 2017, disponible en ligne sur https://en-marche.fr/ ; « "Nous voulons une République qui rassemble", insiste Manuel Valls », *Le Point*, 14 décembre 2015 [disponible en ligne] ; Julie Carriat, « Contre la réforme des retraites, la gauche forcée d'examiner son rapport au travail », *Le Monde*, 1er février 2023 [disponible en ligne] ; Déclaration de Fabien Roussel sur Cnews, le 4 octobre 2022.

20. « "Oui au droit à la paresse" : quand Sandrine Rousseau défend le "droit à la retraite à 60 ans" à l'Assemblée », *La Dépêche*, 7 février 2023 [disponible en ligne].

21. Paul Lafargue, *Le droit à la paresse* (1880), Paris, La Découverte, 2010.

22. « "Droit à la paresse" : Fabien Roussel cible Sandrine Rousseau et les "fléministes" qui "sont pour la flemme" », *Le Figaro*, 17 janvier 2023 [disponible en ligne].

23. Anne Chemin, « Le "cancer" de l'assistanat : origine d'un préjugé », *Le Monde*, 26 octobre 2017 [disponible en ligne].

24. Réalisé par Andrew Stanton, 2008.

25. William Audureau, « Les affirmations réductrices d'Emmanuel Macron sur le temps de travail des Français », *Le Monde*, 15 octobre 2021 [disponible en ligne].

26. John Maynard Keynes, « Perspectives économiques pour nos petits-enfants » (1930), in *Sur la monnaie et l'économie*, Paris, Payot, coll. « Petite Bibliothèque Payot », 2009.

27. Jérémy Rifkin, *La fin du travail. Le déclin de la force globale de travail dans le monde et l'aube de l'ère post-marché* (1995), Paris, La Découverte, 1996.

28. Martin Ford, *L'avènement des machines. Robots & intelligence artificielle : la menace d'un avenir sans emploi*, Paris, FYP éditions, 2017.

29. Léna Corot, « Véhicules autonomes : Fin de la hype et retour à la réalité ? », *L'usine digitale*, 20 décembre 2022 ; Christian Wolmar, « Driverless Cars Were the Future but Now the Thruth Is

Out : They're on the Road to Nowhere », *The Guardian*, 6 décembre 2023 [disponibles en ligne].

30. Juan Sebastián Carbonell, *Le futur du travail*, Paris, Amsterdam, 2022, notamment p. 15-16 ; Bettina Büchel et Dario Floreano, « Tesla's Problem : Overestimating Automation, Underestimating Humans », *The Conversation*, 2 mai 2018 [disponible en ligne].

31. Pierre François et Claire Lemercier, *Sociologie historique du capitalisme*, Paris, La Découverte, 2021. Je me permets également de renvoyer à mon propre ouvrage sur la question, où je justifiais déjà cette chronologie : Denis Colombi, *Pourquoi sommes-nous capitalistes (malgré nous) ? Dans la fabrique de l'homo œconomicus*, Payot, Paris, 2022.

32. Robert Castel, *Les métamorphoses de la question sociale*, Paris, Folio, 1999.

33. Marie-Anne Dujarier, *Troubles dans le travail. Sociologie d'une catégorie de pensée*, Paris, PUF, 2021, p. 89.

34. Karl Marx et Friedrich Engels, *Manifeste du Parti communiste*, 1848.

35. Louis Chevalier, *Classes laborieuses et classes dangereuses pendant la première moitié du XIXᵉ siècle* (1959), Paris, Perrin, coll. « Tempus », 2007.

36. Jean-Michel Berthelot, *La construction de la sociologie*, Paris, PUF, coll. « Que sais-je », 2005, p. 9-15.

37. Émile Durkheim, *De la division du travail* (1893), Paris, PUF, coll. « Quadrige », 2013.

38. Robert A. Nisbet, *La tradition sociologique* (1966), Paris, PUF, coll. « Quadrige », 2011.

39. Max Weber, « Enquête sur la situation des ouvriers agricoles à l'Est de l'Elbe. Conclusions prospectives », *Actes de la recherche en sciences sociales*, vol. 65, novembre 1986, p. 65-69.

40. Max Weber, *L'« esprit » du capitalisme* (1904-1905), Paris, Payot, coll. « Petite Bibliothèque Payot », 2019.

41. Pierre-Michel Menger, « La théorie simmelienne de la valeur du travail et de la hiérarchie des catégories de travail. Une lecture du chapitre 5 de la Philosophie de l'argent », *in* Denis Thouard et Bénédicte Zimmermann (dir.), *Simmel, le parti-pris du tiers*, Paris, CNRS Éditions, 2017.

42. Everett C. Hughes, *On Work, Race, and the Sociological Imagination*, Chicago, University of Chicago Press, 1994 ; Jean-Michel Chapoulie, *La tradition sociologique de Chicago 1892-1961* (2001), Paris, Seuil, 2018 ; Abbott, Andrew, « Actualité de la tradition sociologique de Chicago », *Raisons politiques*, vol. 60, n° 4, 2015, p. 9-43.

43. Sur ces métiers, voir respectivement : Antonio A. Casilli, Paola Tubaro, Clément Le Ludec, Marion Coville, Maxime Besenval, Touhfat Mouhtare et Elinor Wahal, *Le micro-travail en France. Derrière l'automatisation, de nouvelles précarités au travail ?*, Paris, Institut de recherches économiques et sociales, 2019 ; Christelle Avril, *Les aides à domicile, un autre monde populaire*, Paris, La Dispute, 2014 ; Sylvie Guigon et Dominique Jacques-Jouvenot, « Choupette et Pimprenelle : "Les bêtes curieuses" aux abattoirs », *Travailler*, vol. 17, n° 1, 2007, p. 179-196 ; Marlène Benquet, *Encaisser ! Enquête en immersion dans la grande distribution*, Paris, La Découverte, 2015 ; François-Xavier Devetter et Julie Valentin, *Deux millions de travailleurs et des poussières. L'avenir des emplois du nettoyage dans une société juste*, Paris, Les Petits matins, 2021.

44. Paola Tabet, *La grande arnaque. Sexualité des femmes et échange économico-sexualité*, Paris, L'Harmattan, 2004 ; Christophe Broqua et Catherine Deschamps (dir.), *L'échange économico-sexuel*, Paris, Éditions de l'EHESS, 2014.

45. Ashley Mears, *Very Important People. Argent, gloire et beauté : enquête au coeur de la jet-set*, Paris, La Découverte, 2023.

46. « Le travail », *Scriptopolis*, août 2015 [disponible en ligne].

47. Corey Dolgon, *Kill It to Save It : An Autopsy of Capitalism's Triumph over Democracy*, Bristol, Bristol University Press, 2017.

48. Émile Durkheim, *Les règles de la méthode sociologique* (1895), Payot, coll. « Petite Bibliothèque Payot », 2021.

49. « Bernard Arnault : “Les vrais emplois sont les emplois marchands” », *BFM Business*, 3 février 2016 [disponible en ligne].

50. Il est vrai que le PIB ne prend pas en compte certaines productions non marchandes, ainsi que la production domestique, mais cela est généralement considéré comme une limite d'un indicateur forcément imparfait et non comme une réalité indépassable, sauf par ceux et celles que cet oubli arrange bien.

51. Raymond Boudon, *L'idéologie, ou l'origine des idées reçues* (1986), Paris, Points, 2011.

52. Pierre Bourdieu, avec Loïc J. D. Wacquant, *Réponses. Pour une anthropologie réflexive*, Paris, Seuil, 1992, p. 221.

53. *Ibid.*

I
Où est passé le travail ?

1. Arcom, *La représentation de la société française à la télévision et à la radio. Exercice 2021 et Actions 2022*, rapport au Parlement, 2022 [disponible en ligne].

2. Martin Thibault, « La fin du monde ouvrier, vraiment ? », *in* Fondation Copernic, *Manuel indocile de sciences sociales. Pour des savoirs résistants*, Paris, La Découverte, 2019, p. 494-506.

3. « “La représentation médiatique porte à croire que le monde ouvrier n'existe plus”. Entretien avec Ludivine Bantigny », propos recueillis par Juliette Labrancherie, *La revue des médias*, INA, 29 octobre 2019 [disponible en ligne].

4. Insee, *Nomenclature des professions et des catégories socioprofessionnelles (PCS 2020)*, 2022.

5. Virginie Forment et Joëlle Vidalenc, « Les ouvriers : des professions toujours largement masculines », *Insee Focus*, n° 199, 2020.

6. Louis Maurin, « Le traitement inégal des catégories sociales à la télévision », *Observatoire des inégalités*, 11 avril 2023 [disponible en ligne].

7. David Gaborieau, « Les ouvriers n'ont pas disparu », *Sciences humaines*, n° 337, juin 2021.

8. Stéphane Beaud et Michel Pialoux, *Retour sur la condition ouvrière. Enquête aux usines Peugeot de Sochaux-Montbéliard* (1999), Paris, La Découverte, 2012, p. 27.

9. Voir le dossier « De la classe ouvrière aux classes populaires », *Savoir/Agir*, vol. 4, n° 34, 2015.

1. Atomisé par l'individualisation

1. Xavier Vigna, *Les ouvriers. Dans la France des usines et des ateliers*, Paris, Les Arènes, 2014, p. 2-3.

2. Denis Woronoff, *Histoire de l'industrie en France, du* XVI*e siècle à nos jours*, Paris, Points, 1998, p. 297-304.

3. *Ibid.*, p. 435.

4. Robert Linhart, *L'établi*, Paris, Minuit, 1978.

5. *Ibid.*, p. 53-54.

6. Denis Woronoff, *Histoire de l'industrie en France, op. cit.*, p. 297.

7. *Ibid.*, p. 298.

8. Daniel Cefaï, « La construction des problèmes publics. Définitions de situations dans des arènes publiques » *Réseaux*, vol. 14, n° 75, 1996, p. 43-66 ; Joseph Gusfield, *La culture des problèmes publics. L'alcool au volant : la production d'un ordre symbolique* (1981), Paris, Économica, 2009.

9. Eric Hobsbawn, *L'ère des extrêmes. Histoire du court* XX*e siècle (1914-1991)* (1994), Paris, Agone, 2020.

10. Cité par Perrine Mouterde, « Qui sont les ouvriers aujourd'hui ? », *Le Monde*, 23 mai 2016 [disponible en ligne].

11. Juan Sebastián Carbonell, *Le futur du travail*, *op. cit.*, p. 132-133.

12. Martin Thibault, *Ouvriers malgré tout. Enquête sur les ateliers de maintenance des trains de la Régie autonome des transports parisiens*, Paris, Raisons d'agir, 2013.

13. Danièle Linhart, « Tout a commencé un jour de 1972 », *Le Monde diplomatique*, mars 2006.

14. Luc Boltanski et Ève Chiapello, *Le nouvel esprit du capitalisme* (1999), Paris, Gallimard, coll. « Tel », 2011.

15. Danièle Linhart, *La modernisation des entreprises*, Paris, La Découverte, coll. « Repères », 2010, p. 81.

16. « L'individualisation du travail (par Danièle Linhart) », *AlterNego*, 23 septembre 2011 [disponible sur YouTube].

17. Danièle Linhart, « Une précarisation subjective du travail ? », *Annales des Mines – Réalités industrielles*, vol. 2011, n° 1, 2011, p. 27-34.

2. Masqué par la division des tâches

1. Edna Bonacich et Jake B. Wilson, *Getting the Goods. Ports, Labor and the Logistics Revolution*, Ithaca, Cornell University Press, 2008.

2. Anna Tsing, « Supply Chains and the Human Condition », *Rethinking Marxism : A journal of Economics, Culture & Society*, vol. 21, n° 2, 2009, p. 148-176.

3. Alexis Magnaval, « Quand le rap se fait la voix des ouvriers », *France Culture*, 6 octobre 2021 [disponible en ligne].

4. « “Gilets jaunes” : les images de l'intrusion dans la cour du ministère de Benjamin Griveaux », *France Info*, 6 janvier 2019 [disponible en ligne].

5. Gurvan Kristanadjaja, « Sollicités comme jamais, les salariés d'Amazon travaillent la peur au ventre », *Libération*, 19 mars 2020 [disponible en ligne].

6. Juan Sebastián Carbonell, « Les ouvriers n'ont pas disparu ; mais au lieu de fabriquer les objets, ils les déplacent », propos recueillis par Antoine Reverchon, *Le Monde*, 22 mars 2022 [disponible en ligne].

7. Marie-Anne Dujarier, *Troubles dans le travail*, *op. cit.*, p. 10.

8. Marlène Benquet, *Encaisser !*, *op. cit.*

9. *Ibid.*, p. 78.

10. *Ibid.*, p. 83.

11. Film de René Goscinny et Albert Uderzo, 1976.

12. Andres Anter, Hinnerk Bruhns et Patrice Duran (dir.), « Max Weber et la bureaucratie », *Trivium, revue franco-allemande de sciences humaines et sociales*, n° 7, 2010.

13. David Graeber, *Bureaucratie* (2015), Paris, Actes Sud, coll. « Babel », 2017.

14. Béatrice Hibou, *La bureaucratisation du monde à l'ère néolibérale*, Paris, La Découverte, 2012.

15. David Graeber, « On the Phenomenon of Bullshit Jobs : A Work Rant », *Strike !*, août 2013 [disponible en ligne].

16. Impossible d'être exhaustif ici, sauf à vouloir consacrer l'ensemble de ce livre à cette seule affaire. Citons donc simplement quelques réactions typiques : Guillaume Gendron, « Vers une société de "jobs à la con" ? », *Libération*, 28 août 2013 (un compte rendu de l'article et de la polémique qu'il a suscitée) ; « On "Bullshit Jobs" », *The Economist*, 21 août 2023 (une réponse d'obédience libérale, réaffirmant l'utilité des métiers visés par Graeber, notamment au sein des grandes entreprises) ; Oliver Burkeman, « How to Tell whether You Have a Bullshit Job », *The Guardian*, 7 septembre 2013 (une des nombreuses adresses au lecteur sur le thème « et si c'était vous ? ») ; Laure-Emmanuelle Husson, « Ces jobs inutiles dont les entreprises se passeraient bien », *Challenges*, 11 septembre

2013 (une reprise de la notion dans une perspective managériale, la boucle est bouclée) [disponibles en ligne].

17. David Graeber, *Bullshit jobs* (2018), Paris, Les Liens qui Libèrent, 2019.

18. *Ibid.*, p. 9 (il s'agit d'un extrait de l'article original, repris en intégralité dans le livre).

19. *Ibid.*, p. 253-277.

20. Magadalena Soffia, Alex J. Wood et Brendan Burchell, « Alienation Is Not "Bullshit" : An Empirical Critique of Graeber's Theory of BS Jobs », *Work, Employment and Society*, vol. 5, n° 36, 2022, p. 816-840.

21. *Ibid.*

22. Béatrice Hibou, *La bureaucratisation du monde*, *op. cit.*

23. Danièle Linhart, « Les "responsables du bonheur" en entreprise ne soignent pas la souffrance au travail à sa source », propos recueillis par Nicolas Lepeltier, *Le Monde*, 23 mars 2019 [disponible en ligne].

24. Émile Durkheim, *De la division du travail social*, *op. cit.*

3. Invisibilisé par la féminisation

1. Philippe Alonzo, « Les rapports au travail et à l'emploi des caissières de la grande distribution. Des petites stratégies pour une grande vertu », *Travail et emploi*, n° 76, 1998.

2. Marlène Benquet, *Encaisser !*, *op. cit.*

3. *Ibid.*, p. 153-154.

4. Robert Linhard, *L'étabi*, *op. cit.*, p. 27.

5. *Femmes et hommes, l'égalité en question*, Insee Références, 2022.

6. Alain Desrosières et Laurent Thévenot, *Les catégories socioprofessionnelles*, Paris, La Découverte, coll. « Repères », 2002, p. 31-33.

7. Sylvie Schweitzer, *Les femmes ont toujours travaillé. Une histoire du travail des femmes aux XIXe et XXe siècles*, Paris, Odile Jacob, 2022.

8. Margaret Maruani, *Travail et emploi des femmes*, Paris, La Découverte, coll. « Repères », 2017.

9. Florence Aubenas, *Le quai de Ouistreham*, Paris, L'Olivier, 2010, p. 201.

10. *Ibid.*, p. 89.

11. Arlie Russel Hochschild, *Le prix des sentiments. Au cœur du travail émotionnel* (1983), Paris, La Découverte, 2017.

12. Gabrielle Schütz, « Jeunes femmes à tout faire et travail sous-traité : les hôtesses d'accueil », *Agora débats/jeunesses*, vol. 81, nº 1, 2019, p. 93-107.

13. Sébastien Bauvet, « Le genre au travail dans la sécurité privée », *La nouvelle revue du travail*, nº 10, 2017.

14. Marie Duru-Bellat, *La tyrannie du genre*, Paris, Presses de Science Po, 2017.

15. David Graeber, « Caring too much. That's the Curse of the Working Class », *The Guardian*, 26 mars 2014 [disponible en ligne] (ma traduction).

16. Film de Nigel Cole, 2010.

17. Gordon Gekko est le personnage emblématique du film *Wall Street*, réalisé par Oliver Stone, 1987 ; quant à Jordan Belfort, personnage réel passé à la postérité par l'interprétation de Leonardo DiCaprio, il apparaît dans le film de Martin Scorsese, *Le Loup de Wall Street*, 2013.

18. « Professeur, un métier sans évolution », propos recueillis par Marie-Estelle Pech, *Le Figaro*, 6 janvier 2014 [disponible en ligne]. Avec Anne-Charlotte Husson, nous avions souhaité à l'époque répondre à cette interview : « Compagnon persiste et signe. Ça tombe bien, nous aussi », *Une heure de peine*, 14 janvier 2014 [disponible en ligne].

19. « Polémique après les propos de Darcos : "Les profs de maternelle sont payés à changer des couches" », *Libération*, 17 septembre 2008 [disponible en ligne].

20. Emmanuelle Zolesio, « Des femmes dans un métier d'hommes : l'apprentissage de la chirurgie », *Travail, genre et sociétés*, vol. 22, n° 2, 2009, p. 117-133.

21. Caroline Ibos, Aurélie Damamme, Pascale Molinier et Patricia Paperman, *Vers une société du care. Une politique de l'attention*, Paris, Le Cavalier Bleu, 2019.

22. Frédérique Letourneux, « Les métiers du soin, d'invisibles à essentiels », *Sciences humaines*, n° 337, juin 2021.

23. Claire Cain Miller, « Why Men Don't Want the Jobs Done Mostly by Women », *The New York Times*, 4 janvier 2017 ; Susan Chira, « Men Don't Want to Be Nurses. Their Wives Agree », *The New York Times*, 24 juin 2017 [disponible en ligne].

24. Isabelle Collet, « La disparition des filles dans les études d'informatique : les conséquences d'un changement de représentation », *Carrefours de l'éducation*, vol. 17, n° 1, 2004, p. 42-56.

4. Caché derrière les machines

1. Shannon Liao, « Amazon Warehouse Workers Skip Bathroom Breaks to Keep their Jobs, Says Report », *The Verge*, 16 avril 2018 [disponible en ligne].

2. Will Knight, « Amazon's New Robots Are Rolling Out an Automation Revolution », *Wired*, 26 juin 2023 [disponible en ligne].

3. Angel Gonzalez, « Amazon's Robots : Job Destroyers or Dance Partners ? », *The Seattle Times*, 11 août 2017 [disponible en ligne].

4. Juan Sebastián Carbonell, « Entre délocalisations, intensification et digitalisation : travailler dans l'industrie automobile

aujourd'hui », in *Que sait-on du travail ?*, Paris, Presses de Sciences Po, 2023. Voir également, Juan Sebastián Carbonell, « The Factory of the Future ? The Contradictory Restructuring of an Assembly Line in France », *Sociologie del Lavoro*, n° 158, 2020.

5. Jens Beckert, *Imagined Futures : Fictionnal Expectations and Capitalist Dynamics*, Cambridge, Harvard University Press, 2016.

6. David Gaborieau, « Quand l'ouvrier devient robot. Représentations et pratiques ouvrières face aux stigmates de la déqualification », *L'Homme & la société*, vol. 205, n° 3, 2017, p. 245-268.

7. « "La chimère de l'usine sans ouvriers occulte la réalité du travail". Entretien avec David Gaborieau, sociologue du travail », *Z : Revue itinérante d'enquête et de critique sociale*, vol. 9, n° 1, 2015, p. 68-73.

8. *Ibid.*

9. Juan Sebastián Carbonell, *Le futur du travail*, *op. cit.*, p. 117.

10. Julien Bergounhoux, « Non, Sam Altman ne cherche pas à lever des milliers de milliards de dollars », *L'usine digitale*, 16 février 2021.

11. Dan Milmo, « "Impossible" to Create AI Tools like ChatGPT without Copyrighted Material, OpenAI Says », *The Guardian*, 8 janvier 2024 [disponible en ligne].

12. Olivier Houdé, « L'intelligence artificielle est-elle vraiment intelligente ? », *Sciences humaines*, n° 345, mars 2022 ; Daniel Andler, Maxime Amblard et Annabelle Blangero, « Intelligence artificielle et humaine sont-elles comparables ? », *Polytechnique insights*, 17 janvier 2024 ; Frédéric Landragin, « Robots mutiques et chatbots verveux, comment s'y retrouver ? », *Bifrost*, n° 133, janvier 2024, p. 157-165.

13. Antonio A. Casilli, *En attendant les robots. Enquête sur le travail du clic*, Paris, Seuil, 2019, p. 121.

14. *Ibid.*, p. 125.

15. *Ibid.*, p. 122.

16. Antonio A. Casilli *et al.*, *Le micro-travail en France. Derrière l'automatisation, de nouvelles précarités au travail ?*, *op. cit.*

17. Voir notamment *The Social Network*, 2010.

18. Antonio A. Casilli, *En attendant les robots*, *op. cit.*, p. 12.

19. Sarah Abdelnour, *Les nouveaux prolétaires*, Paris, Textuel, 2018 (voir notamment la préface).

5. Oublié au profit de l'emploi

1. « Raffineries : la CGT appelle à la grève reconductible dès le 6 mars », *La Tribune*, 20 févier 2023 [disponible en ligne].

2. Grégoire Poussielgue, « Pénurie de carburants : les grévistes peu soutenus par les Français », *Les Échos*, 12 octobre 2022 [disponible en ligne].

3. Dominique Seux, « Raffineries : la grève préventive, nouveau concept », *France Inter*, 10 octobre 2022 [disponible en ligne].

4. Emma Donada, « Les grévistes dans les raffineries de TotalEnergies gagnent-ils 5 000 euros par mois ? », *Libération*, 11 octobre 2022 ; Romain Geoffroy et Aline Leclerc, « Pénurie de carburants : les salariés en grève dans les raffineries de TotalEnergies gagnent-ils vraiment 5 000 euros par mois ? », *Le Monde*, 12 octobre 2012 [disponibles en ligne].

5. François Dubet, Valérie Caillet, Régis Cortésèro et David Mélo, *Injustices. L'expérience des inégalités au travail*, Paris, Seuil, 2006.

6. Dominique Méda, « Centralité du travail, plein emploi de qualité et développement humain », *Cités*, vol. 8, n° 4, 2001, p. 21-33 ; Emmanuel Renault, « Dewey et la centralité du travail », *Travailler*, vol. 28, n° 2, 2012, p. 125-148.

7. Paul Osterman et M. Diane Burton, « Ports and Ladders : The Nature and Relevance of Internal Labor Markets in a Changing

World », *in* Stephen Ackroyd *et al.* (dir.), *The Oxford Handbook of Work and Organization*, 2006.

8. *Ibid.* (ma traduction).

9. Michel Lallement, *Le travail sous tensions*, Auxerre, Éditions Sciences Humaines, 2010, p. 92. Le titre de cette section est inspiré du chapitre 5 de ce livre.

10. « Le recul du chômage profite aux jeunes et aux moins qualifiés », *Observatoire des inégalités*, 20 avril 2023 [disponible en ligne].

11. Stéphane Beaud et Michel Pialoux, *Retour sur la condition ouvrière*, *op. cit.*

12. *Ibid.*, p. 445.

13. *Ibid.*, p. 448.

14. *Ibid.*

15. « "La question, elle est vite répondue"... La petite phrase culte de "l'infuenceur" J. P. Fanguin devient un slogan publicitaire », *20 Minutes*, 28 juin 2020 [disponible en ligne].

16. « "Salut à toi, jeune entrepreneur" : l'influenceur empruntait la voiture de sa mère pour ses vidéos », *Ouest France*, 23 décembre 2020 [disponible en ligne].

17. Antoire Castagné, « "La question est vite répondue" : enquête sur Melius, cette société qui promet la fortune sur les réseaux sociaux », *Le Parisien*, 17 juin 2020 [disponible en ligne].

18. Mike Davis, *Le stade Dubaï du capitalisme*, Paris, Les Prairies ordinaires, 2007.

19. « Emmanuel Macron veut plus de "milliardaires" », *Le Journal du Dimanche*, 7 janvier 2015 [disponible en ligne].

20. Marine Richard, « Jacques, 32 ans : "On voulait arrêter de travailler et vivre de l'immobilier, mais les locataires mauvais payeurs nous ont vaccinés" », *Le Figaro*, 22 février 2024 [disponible en ligne].

II
La grande invisibilisation

1. Olivier Grenouilleau, *L'invention du travail*, Paris, Cerf, 2022.

2. Dominique Méda, *Le travail*, Paris, PUF, coll. « Que sais-je », 2022.

3. David Harvey, *Seventeen Contradictions and the End of Capitalism*, New York, Oxford University Press, 2014.

4. Karl Marx, *Le capital. Critique de l'économie politique. Livre premier* (1867), Paris, PUF, coll. « Quadrige », 1993.

6. Le capital contre le travail

1. Sylvain Delage, « Cinq ans après, que devient la Tesla envoyée dans l'espace par Elon Musk, le patron de Twitter ? », *Ouest France*, 7 février 2023 [disponible en ligne].

2. « Brownsville Woman, Musk Interact on Social Media », *The Brownsville Herald*, 7 février 2018.

3. Hervé Joly, « Pourquoi les grands patrons sont-ils si bien payés ? », *Telos*, 31 mars 2009 [disponible en ligne].

4. Philippe Steiner, *Les rémunérations obscènes*, Paris, La Découverte, 2011.

5. Laurent Thévenot et Luc Bolstanski, *De la justification. Les économies de la grandeur* (1991), Paris, Gallimard, coll. « Tel », 2022.

6. Joan Acker, « Gender, Capitalism and Globalization », *Critical Sociology*, vol. 1, n° 30, 2004, p. 17-41.

7. Anthony Galluzzo, *Le mythe de l'entrepreneur. Défaire l'imaginaire de la Silicon Valley*, Paris, Zones, 2023.

8. Walter Isaacson, *Steve Jobs*, Paris, Le livre de Poche, 2012.

9. Anthony Galluzzo, *Le mythe de l'entrepreneur*, *op. cit.*, p. 19-20.

10. *Ibid.*, p. 157.

11. Andrew Keen, cité par Anthony Galluzzo, *ibid.*, p. 171.

12. « Le faux-pas de Jeff Bezos en revenant de l'espace », *RTL*, 22 juillet 2021 [disponible en ligne].

13. *Ibid.*

14. Alexis Jenni, « L'hubris de Bezos », *La Croix*, 7 décembre 2021 [disponible en ligne].

15. Antonio A. Casilli, *En attendant les robots*, *op. cit.*, voir notamment le chapitre 6, « Travailler hors travail ».

16. Pierre Bourdieu et Yvette Delsaut, « Le couturier et sa griffe : contribution à une théorie de la magie », *Actes de la recherche en sciences sociales*, vol. 1, n° 1, janvier 1975, p. 7-36.

17. Neil Fligstein, « Le mythe du marché », *Actes de la recherche en sciences sociales*, vol. 139, n° 4, 2001, p. 3-12.

18. Manon Derdevet, « La France compte près de trois millions de millionnaires en 2022, un chiffre en hausse », *France Inter*, 16 août 2023 [disponible en ligne].

19. Karl Polanyi, *La grande transformation. Aux origines politiques et économiques de notre temps* (1944), Paris, Gallimard, coll. « Tel », 2009.

20. Pierre Bourdieu, *Raisons pratiques*, Paris, Seuil, 1994, p. 161.

21. « Palantir's Alex Karp Gets $1 Billion Payday in 2020 », Reuters, 29 avril 2021 [disponible en ligne].

22. Ingrid Vergara, « Grâce au boom de l'IA aux États-Unis, Palantir devient rentable », *Le Figaro*, le 6 février 2024 [disponible en ligne].

23. Philippe Steiner, *Les rémunérations obscènes*, *op. cit.*

24. Pierre François et Théo Voldoire, « Capital *vs* Travail : le retour ? », *in* Bruno Palier (dir.), *Que sait-on du travail ?*, Paris, Presses de Sciences Po, 2023.

25. Anthony Galluzzo, *Le mythe de l'entrepreneur*, *op. cit.*, p. 105-156.

7. Derrière les chiffres : la fabrique du travail sans qualité

1. Philippe Askenazy, « Les 35 heures en France : pourquoi sont-elles toujours en débat ? », *Dynamiques régionales*, vol. 10, n° 1, 2021, p. 43-57 ; Gaëtan de Capèle, « Temps de travail des Français : la facture des 35 heures », *Figaro Vox*, 6 décembre 2023.

2. Par exemple : Rémi Godeau, « Des 35 heures aux 64 ans : quelle valeur travail en France ? », *Xerfi Canal*, 20 juin 2023 [disponible en ligne].

3. Discours du président de la République à l'occasion de la présentation du Plan France 2030, 12 octobre 2021.

4. « Réduire le temps de travail pour sortir de la crise et changer de société », Site internet de la CGT, 20 août 2021 ; Sabine Germain, « La semaine de quatre jours revient en ordre dispersé », *Alternatives économiques*, 14 février 2023 [disponible en ligne] ; Éliane Lugassy, « La semaine de 4 jours, une fausse bonne idée », *Huffport*, 7 mars 2022 ; Sarah Proust, « La semaine de quatre jours : un nouveau symptôme de l'individualisation du travail ? », *Fondation Jean Jaurès*, 30 octobre 2023 ; Vincent Binetruy, « La semaine de 4 jours : révolution managériale ou fausse bonne idée ? », *Harvard Business Review*, 8 février 2024.

5. Fanny Guinochet, « Travail : la semaine en quatre jours proposée par Gabriel Attal », *France Info*, 27 mars 2024 [disponible en ligne].

6. François Vatin, « Le temps mesure-t-il le travail ? Propos épistémologiques », *in* Sylvie Monchatre et Bernard Woehl, (dir.),

Temps de travail et travail du temps, Paris, Éditions de la Sorbonne, 2014.

7. Marie-Anne Dujarier, *Troubles dans le travail*, *op. cit.*, p. 269-283.

8. Éric Gosselin et Martin Lauzier, « Le présentéisme. Lorsque la présence n'est pas garante de la performance », *Revue française de gestion*, vol. 211, n° 2, 2011, p. 15-27.

9. Jérôme Crest, « Le présentéisme, une maladie du travail qui ne dit pas son nom », *Forbes*, 7 juin 2023 [disponible en ligne].

10. Nicolas Santolaria, « Le présentéisme au travail ou les stakhanovistes de la pendule », *Le Monde*, 11 janvier 2019 [disponible en ligne].

11. François Vatin, « Le temps mesure-t-il le travail ? », in *Temps de travail, travail du temps*, *op. cit.*

12. *Ibid.*

13. *Ibid.*

14. Frederick W. Taylor, *The Principles of Scientific Management*, New York, Harper & Brothers Publishers, 1919, p. 45-46 (ma traduction).

15. Michel Lallement, *Le travail. Une sociologie*, Paris, Folio, 2007, p. 210.

16. Frederick W. Taylor, *The Principles of Scientific Management*, *op. cit.*, p. 40.

17. Danièle Linhart, *La comédie humaine du travail. De la déshumanisation taylorienne à la sur-humanisation managériale*, Toulouse, Érès, 2015.

18. Hélène Weber, « Contraindre et convaincre par le biais des normes temporelles. Le management chez McDonald's », *in* Danièle Linhart et Aimée Moutet (dir.), *Le travail nous est compté. La construction des normes temporelles du travail*, Paris, La Découverte, 2005.

19. Fleur Olagnier, « Pour Jeff Bezos, les employés sont des fainéants », *La Libre Belgique*, 26 juillet 2021 [disponible en ligne].

20. James Kwak, *Economism. Bad Economics and the Rise of Inequality*, New York, Pantheon Books, 2017.

21. Bernard Gazier et Héloïse Petit, *Économie du travail et de l'emploi*, Paris, La Découverte, 2019.

22. Pierre Cahuc, Stéaphne Carcillo et André Zylberberg, *Labor Economics*, 2e édition, Cambridge, The MIT Press, 2014.

23. Adam Smith, *Recherches sur la nature et les causes de la richesse des nations*, 1776.

24. Arnaud Parienty, « Comment se forment les salaires ? », *Alternatives économiques*, 1er octobre 2010 [disponible en ligne].

25. Denis Anne et Yannick L'Horty, *Économie de l'emploi et du chômage*, Paris, Armand Colin, 2013.

26. Dominique Méda, « Pourquoi parle-t-on de "charges" sociales ? », *France culture*, 10 novembre 2021 [disponible en ligne].

27. Laurent Cordonnier, *Pas de pitié pour les gueux ! Sur les théories économiques du chômage* (2002), Paris, Seuil, 2020.

28. Carl Shapiro et Joseph E. Stiglitz, « Equilibrium Unemployment as a Worker Discipline Device », *The American Economic Review*, vol. 3, n° 74, 1984, p. 433-444.

29. Laurent Cordonnier, *Pas de pitié pour les gueux !*, *op. cit.*, p. 91.

30. Frédéric Lebaron, *La croyance économique. Les économistes entre science et politique*, Paris, Seuil, 2000.

31. « Réforme de l'assurance chômage : "Il y a une politique d'appauvrissement des personnes qui sont sans emploi", pour l'économiste Michaël Zemmour », *BFM TV*, 1er mars 2024 [disponible en ligne].

32. Marie-Anne Dujarier, *Troubles dans le travail*, *op. cit.*, p. 274.

33. Christophe Dejours et Pascale Molinier, « Le travail comme énigme », *Sociologie du travail*, 36e année, hors-série, 1994, p. 35-44 ; Marie-Anne Dujarier, *L'idéal au travail*, Paris, PUF, 2006, p. 43-54.

34. Marie-Anne Dujarier, *Troubles dans le travail*, *op. cit.*, p. 274.

35. *Ibid.*, p. 277.

36. Yves Clot, *Le travail à cœur. Pour en finir avec les risques psychosociaux*, Paris, La Découverte, 2010.

37. Pierre-André Juven, Frédéric Pierry et Fanny Vincent, *La casse du siècle. À propos des réformes de l'hôpital public*, Paris, Seuil, 2019.

38. Nicolas Latteur, *Critique populaire de l'exploitation. Ce que devient le travail*, Lormont, Le Bord de l'Eau, 2023, p. 33.

39. *Ibid.*, p. 34.

40. Sean O'Kane, « Tesla Recalls the Cybertruck for Faulty Accelerateor Pedals that can Get Stuck », *TechCrunch*, 19 avril 2019 [disponible en ligne] ; Olivier James, « Financiarisation, valse des dirigeants… Comment la quête de profits a mené Boeing dans le mur », *L'usine nouvelle*, 14 février 2024 ; Arnaud Leparmentier, « Chez Boeing, la finance contre les ingénieurs », *Le Monde*, 2024 [disponibles en ligne]. Sur les rapports entre la financiarisation et le travail des ingénieurs, voir aussi : Hadrien Coutant, « Un capitalisme d'ingénieurs : domestication de la financiarisation dans un groupe aéronautique », *Sociologie*, vol. 11, n° 1, 2020, p. 73-89.

41. Laurent Caron, Marylène Coppi, Laurence Théry et Alexandre Vasselin, « Devant l'impossibilité de faire le travail prescrit », *Revue Projet*, vol. 323, n° 4, 2011, p. 53-60. Pour une vue plus générale : Chrisophe Dejours et Isabelle Gernet, *Psychopathologie du travail*, Paris, Elsevier Masson, 2016.

42. Thomas Coutrot et Coralie Perez, *Redonner du sens au travail. Une aspiration révolutionnaire*, Paris, Seuil, 2022.

43. Philippe Zawieja, « La grande démission, un mythe ? », *Sciences humaines*, n° 357, avril 2023.

8. C'est pour mieux t'exploiter, mon enfant

1. Maud Simonet, *Travail gratuit*, *op. cit.*, p. 17-48.

2. Florence Jany-Catrice et Dominique Méda, « Femmes et richesse : au-delà du PIB », *Travail, genre et sociétés*, vol. 26, n° 2, 2011, p. 147-171.

3. Clara Champagne, Ariane Pailhé et Anne Solaz, « 25 ans de participation des hommes et des femmes au travail domestique : quels facteurs d'évolutions ? », Ined, *Document de travail*, n° 203, février 2014 ; « L'inégale répartition des tâches domestiques entre les femmes et les hommes », *Observatoire des inégalités*, 29 avril 2016 [disponible en ligne].

4. Hélène Couprié, « Sur le terrain des tâches domestiques, l'homme est sur le banc des remplaçants », *Blog de l'Insee*, 14 février 2023 [disponible en ligne].

5. Carmen Martínez, Consuelo Paterna et Carmen Yago, « Le discours des femmes sur la répartition des tâches domestiques et de soins », *Nouvelles Questions Féministes*, vol. 29, n° 1, 2010, p. 94-114.

6. Silvia Federici, *Wages against Housework*, Falling Wall Press and the Power of Women Collective, 1975 (ma traduction).

7. Maud Simonet, *L'imposture du travail. Désandrocentrer le travail pour l'émanciper*, Paris, 10/18, coll. « Aurore », 2024.

8. Pierre Tremblay, « Gabriel Attal voit dans les Restos du Cœur des "coûts évités" à l'État », *Huffington Post*, 31 octobre 2019 [disponible en ligne].

9. Bojack Horseman, crée par Raphael Bob-Waksberg, saison 6, épisode 6 : « Beaucoup de bruit pour "rein" », première diffusion le 25 octobre 2019 sur Netflix.

10. Giulia Mensitieri, *« Le plus beau métier du monde ». Dans les coulisses de l'industrie de la mode*, Paris, La Découverte, 2018, p. 120.

11. *Ibid.*, p. 121.

12. *Ibid.*, p. 127.

13. Lisa Wade, « Behind the "Perfect" Body : Models and Bodybuilders », *Sociological Images*, 4 décembre 2011 [disponible en ligne].

14. Ashley Mears, « How Supermodels Are Like Toxic Assets », *3 Quarks Daily*, 12 juillet 2010 [disponible en ligne].

15. Giulia Mensitieri, *« Le plus beau métier du monde »*, *op. cit.*, p. 133.

16. Marion Flécher, *Le monde des start-up : le nouveau visage du capitalisme ? Enquête sur les modes de création et d'organisation des start-up en France et aux États-Unis*, thèse de doctorat, Université Paris sciences et lettre, soutenue le 3 décembre 2021.

17. Olivier Alexandre, *La Tech. Quand la Silicon Valley refait le monde*, Paris, Seuil, 2023.

18. Marion Flécher, « Produire l'auto-engagement au travail. Modalités du travail d'organisation dans une start-up en croissance », *La revue de l'IRES*, vol. 1, n° 109, 2023, p. 7.

19. *Ibid.*, p. 15.

20. Marion Flécher, *Le monde des start-up*, *op. cit.*, p. 470.

21. Marion Flécher, « Produire l'auto-engagement au travail », art. cité, p. 15.

22. Christine Delphy et Diana Leonard, *L'exploitation domestique*, *op. cit.*

23. « Des hommes déconstruits ? », *Les pieds sur terre*, reportage de Pauline Chanu, réalisé par Yaël Mandelbaum, Laure-Hélène Planchet, *France Culture*, première diffusion 4 octobre 2022.

24. Arlie Hoschild avec Anne Machung, *The Second Shift. Working Families and the Revolution at Home* (1989), New York, Penguin Books, 2012 ; Jean-Claude Kaufmann, *La trame conjugale. Analyse du couple par son linge* (1992), Paris, Armand Colin, 2014. On pourra également lire avec profit la série de bande-dessinée « Faire faire le sale boulot sale » de Janine, publiée sur son blog (janinebd.fr) entre 2020 et 2023 : elle y revient non seulement sur

les stratégies masculines d'évitement du travail domestique mais aussi sur les stratégies qui peuvent permettre aux femmes d'y résister.

25. Clara Champagne, Ariane Pailhé et Anne Solaz, « 25 ans de participation des hommes et des femmes au travail domestique », art. cité, p. 23.

26. Christophe Ramaux, « Exploitation et plus-value chez Marx : fil à la patte ou fil d'Ariane ? », *Mouvements*, vol. 26, n° 2, 2003, p. 89-90.

27. Voir aussi Hugo Subtil, « Salaires et exploitation chez Marx », *Regards croisés sur l'économie*, vol. 27, n° 2, 2020, p. 120-125.

28. Sophie Bernard, « "Faire" son salaire : rémunérations variables et remontée de l'incertitude », *Regards croisés sur l'économie*, vol. 27, n° 2, 2020, p. 58-67. Voir également le dossier « Enquêter sur les rémunérations », dirigé par Sophie Bernard, Élodie Bethoux et Élise Penalva Icher, pour la revue *Terrains & travaux*, vol. 2, n° 35, 2019.

29. Amandine Mathivet, « Les Team Building », *Au turbin ! Le podcast qui parle du travail*, 5 novembre 2019 [disponible en ligne].

30. Damien Cartron, Vanessa Pinto et Guillaume Burnod, « Étudiants en fast-food : les usages sociaux d'un "petit boulot" », *Travail et emploi*, n° 83, 2000, p. 137-156.

31. Hélène Weber, *Du ketchup dans les veines. Pratiques managériales et illusions. Le cas McDonald's*, Toulouse, Érès, 2011.

32. Kathleen Kuehn et Thomas F. Corrigan, « Hope Labor : The Role of Employment Prospects in Online Social Production », *The Policial Economy of Communication*, vol. 1, n° 1, 2013, p. 10 (ma traduction).

33. Florence Ihaddadene, « Le service civique au service de l'"employabilité" des jeunes ? », *Salariat*, vol. 1, n° 1, 2022, p. 195-207.

34. Collectif Nos Services Publics, « L'explosion du recours aux vacataires, ou l'ubérisation de l'enseignement supérieur », note de synthèse, avril 2024 [disponible en ligne].

III
Comment (re)voir le travail

1. Justin Delépine, « Peut-on relocaliser en France la fabrication des vélos ? », *Alternatives économiques*, 13 juin 2024 [disponible en ligne].

2. « France : un plan vélo ambitieux pour décarbonner les transports », *La Dépêche*, 5 mai 2023 [disponible en ligne].

3. Jérôme Denis et David Pontille, *Le soin des choses. Politiques de la maintenance*, Paris, La Découverte, 2022.

9. Un puissant révélateur

1. Gérald Bronner, *Apocalypse cognitive*, Paris, PUF, 2021, p. 62.

2. « Gérald Bronner : "Nous avons huit fois plus de disponibilité mentale qu'au début du XIXe siècle !" », *France Inter*, 6 janvier 2021 [disponible en ligne].

3. « Gérald Bronner : "L'arme du crime idéale : l'écran" », propos recueillis par Guillaume Grallet, Sébastien Le Fol et Géraldine Woessner, *Le Point*, 30 décembre 2020 [disponible en ligne].

4. Gérald Bronner affirme que le titre est à prendre au sens de « révélation » (de notre nature humaine profonde) et non de « catastrophe », tout en assumant qu'il sera mal interprété (*Apocalypse cognitive*, *op. cit.*, p. 190). Je m'en voudrais donc de venir perturber un plan marketing aussi bien rôdé.

5. Layla Ricroch et Benoît Roumier, « Depuis 11 ans, moins de tâches ménagères, plus d'internet », *Insee Première*, n° 1377, 10 novembre 2011.

6. Bronner cite, à l'appui de ses affirmations, un ouvrage de Gérard Mermet, *Francoscopie*, Paris, Larousse, 2012, sorte de compilation de données dont les sources ne sont pas claires ou pas précisées, complétées par des envolées sur le futur de la France et du monde (et où énormément de mots sont mis en gras sans que l'on sache exactement pourquoi). Concernant le temps de travail, il y est évoqué des « estimations » sans plus de détails.

7. Gérald Bronner, *Apocalypse cognitive*, *op. cit.*, p. 64.

8. Il s'agit de Patrick Le Lay, qui, interviewé pour un livre sur les dirigeants d'entreprise, avait fait la déclaration suivante : « Il y a beaucoup de façons de parler de la télévision. Mais dans une perspective business, soyons réalistes : à la base, le métier de TF1, c'est d'aider Coca-Cola, par exemple, à vendre son produit. Or pour qu'un message publicitaire soit perçu, il faut que le cerveau du téléspectateur soit disponible. Nos émissions ont pour vocation de le rendre disponible : c'est-à-dire de le divertir, de le détendre pour le préparer entre deux messages. Ce que nous vendons à Coca-Cola, c'est du temps de cerveau humain disponible. » La formule a eu un incontestable succès, mais de façon négative, notamment avec la reprise par des collectifs antipublicités, et bénéficie même, aujourd'hui, d'une page sur Wikipédia.

9. Bernard Lahire, *La culture des individus. Dissonances culturelles et distinction de soi* (2004), Paris, La Découverte, 2006.

10. Pour une critique plus approfondie du livre de Gérald Bronner, on pourra se reporter à Jean-Michel Hupé, Jérôme Lamy et Arnaud Saint-Martin, « Effondrement sociologique ou la panique morale d'un sociologue », *Politix*, vol. 134, n° 2, 2021, p. 169-193.

11. Medhi Pfeiffer, « Luc Ferry : "Dans la vie quotidienne, les maths ne servent strictement à rien" », *Le Parisien*, 15 février 2018 [disponible en ligne]. À noter qu'un peu plus tard, le même Luc

Ferry se plaindra de ne pas arriver à vivre avec 4 000 euros de retraite, ce qui laisse à penser que les mathématiques ne lui auraient peut-être pas été si inutiles (voir Frédéric Sergeur, « Avec 4 000 euros par mois, Luc Ferry n'arrive "évidemment pas" à vivre. "Il me faut beaucoup plus" », *Capital*, 5 mai 2021).

12. Anne Barrère, *Travailler à l'école. Que font les élèves et les enseignants du secondaire ?*, Rennes, PUR, 2004.

13. Bastien Bonnefous, « Les écoles de production, fer de lance de la réindustrialisation », *Le Monde*, 19 février 2024 [disponible en ligne].

14. Gilles Moreau, « École : la double disqualification des lycées professionnels », *in* Stéphane Beaud, Joseph Confavreux et Jade Lindgaard, *La France invisible*, Paris, La Découverte, 2006.

15. Sandrine Garcia, *Le goût de l'effort. La construction familiale des dispositions scolaires*, Paris, PUF, 2018.

16. Howard Becker, *Les ficelles du métier. Comment conduire sa recherche en sciences sociales* (1998), Paris, La Découverte, 2002.

17. La traduction française de Jacques Mailhos traduit l'anglais *professions* par l'expression française « professions libérales », effectivement proche du sens dans lequel le terme est utilisé dans ce passage. Cette distinction n'est cependant pas utile pour mon propos ici, sans que cela ne change rien à l'intention d'Howard Becker.

18. Howard Becker, *Les ficelles du métier*, *op. cit.*, p. 183.

19. Everett C. Hughes, *Le regard sociologique. Essais choisis*, Paris, Éditions de l'EHESS, 1996, p. 76-77.

20. Florent Champy, *La sociologie des professions*, Paris, PUF, coll. « Quadrige », 2009, p. 50-53.

21. Marie Cartier, « Perspectives sociologiques sur le travail dans les services : les apports de Hughes, Becker et Gold », *Le Mouvement social*, vol. 2, n° 211, 2005, p. 39-40.

22. Howard Becker, « De quel côté sommes-nous ? », *in* Didier Fassin (dir.), *La question morale*, Paris, PUF, 2013, p. 475-489.

23. Stéphanie Pryen, « La prostitution de rue, un métier comme les autres ? », *in* Didier Demazière et Charles Gadéa, *Sociologie des groupes professionnels. Acquis récents et nouveaux défis*, Paris, La Découverte, 2009, p. 221-230. Voir aussi son ouvrage *Stigmate et métier. Une approche sociologique de la prostitution de rie*, Rennes, PUR, 1999.

24. Stéphanie Pryen, « La prostitution de rue, un métier comme les autres ? », in *Sociologie des groupes professionnels*, *op. cit.*

25. Voir Sandrine Nicourd, « Travail militant », *in* Olivier Fillieule, Lilian Mathieu et Cécile Péchu (dir.), *Dictionnaire des mouvements sociaux*, 2e édition, Paris, Presse de Sciences Po, 2020 ; Didier Demazière et Patrick Le Lidec (dir.), *Les mondes du travail politique. Les élus et leurs entourages*, Rennes, PUR, 2014 ; Pascale Molinier, *Le travail du care*, Paris, La Dispute, 2020 ; Florence Weber, *Le travail à-côté. Étude d'ethnographie ouvrière* (1989), Paris, Éditions de l'EHESS, 2001 ; Marie-Anne Dujarier, *Le travail du consommateur. De McDo à eBay : comment nous coproduisons ce que nous achetons*, Paris, La Découverte, 2014 ; Sandra Collavechia, « "Doing moneywork" : le travail domestique des femmes dans la gestion des finances familiales », *in* Hélène Belleau et Caroline Henchoz (dir.), *L'usage de l'argent dans le couple : pratiques et perceptions des comptes amoureux. Perspectives internationales*, Paris, L'Harmattan, 2008.

26. « Types of Sociology and Economics Papers : –) », *Economic Sociology & Political Economy*, 1er mai 2021 [disponible en ligne]. Il me semble que certains de mes propres écrits correspondent à ce dessin humoristique…

27. Cécile Thomé, « Dans les coulisses du désir spontané. Sexualité hétérosexuelle, travail des femmes et ordre du genre », *Revue française de sociologie*, vol. 63, n° 3, 2022, p. 283-309.

28. Arlie Russel Hochschild, *Le prix des sentiments. Au cœur du travail émotionnel*, *op. cit.*

29. Maud Simonet, *L'imposture du travail*, *op. cit.*, p. 19-20.

30. Aurélien Poissonnier et Delphone Roy, « La consommation faite maison », *in* Insee, *L'économie française. Comptes et dossier*, 2013.

31. Paola Tabet, *La grande arnaque. Sexualité des femmes et échange économico-sexuel*, Paris, L'Harmattan, 2004.

32. Wednesday Martin, « Poor Little Rich Women », *The New York Times*, 16 mai 2015.

33. Paola Tabet, *La grande arnaque*, *op. cit.*, p. 86.

34. Elsa Dorlin, « "Les putes sont des hommes comme les autres" », *Raisons politiques*, vol. 3, n° 11, 2003, p. 117-132.

35. Alice Pavie et Ambroise Masson, « Comment les normes sociales se construisent. Sociologie des "entrepreneurs de morale" », *Regards croisés sur l'économie*, vol. 14, n° 1, 2014, p. 213-215.

36. Baptiste Coulmont, « Mais que fabriquent les sociologues ? », *Le Monde*, 5 décembre 2018. Voir aussi, en complément, le billet consacré à cette question sur blog de l'auteur : « Sociologue, qu'est-ce que tu fabriques ? », *Blog de Baptiste Coulmont*, 4 décembre 2018.

10. La face cachée du travail

1. Joana Masó, « Du collectif avec des femmes. Soin et politique autour de l'hôpital psychiatrique de Saint-Alban, 1930-1960 », *Cahiers du genre*, vol. 73, n° 2, 2022, p. 233-262.

2. *Ibid.*, p. 250. Sur Everett C. Hughes, voir Florent Champy, *La sociologie des professions*, *op. cit.*, p. 52.

3. Christelle Avril, Marie Cartier et Delphine Serre, *Enquêter sur le travail. Concepts, méthodes, récits*, Paris, La Découverte, 2010.

4. Donald Roy, *Un sociologue à l'usine. Textes essentiels pour la sociologie du travail*, Paris, La Découverte, 2006.

5. Cité par Jean-Michel Chapoulie dans l'introduction de Donald Roy, *Un sociologue à l'usine*, *op. cit.*, p. 15-16.

6. Michel Lallement, *Le travail*, *op. cit.*, p. 212-224.

7. Anne Barrère, *Travailler à l'école*, *op. cit.*, chapitre 3.

8. Erving Goffman, *La mise en scène de la vie quotidienne*, t. 1 : *La présentation de soi*, Paris, Minuit, 1973.

9. Anne Barrère, *Travailler à l'école*, *op. cit.*, chapitre 3.

10. Everett C. Hughes, « Le travail et le soi » (1951), in *Le regard sociologique*, *op. cit.*, p. 75-85 ; Pauline Seiller et Rachel Silvera, « Sales boulots », *Travail, genre et sociétés*, vol. 43, n° 1, 2020, p. 25-30.

11. Everett C. Hughes, « Le travail et le soi », *op. cit.*, p. 81.

12. Hugo Bret, « Se dépenser et se préserver. Éboueurs et balayeurs du secteur public », *Travail, genre et sociétés*, vol. 43, n° 1, 2020, p. 51-66.

13. Everett C. Hughes, « Le travail et le soi », *op. cit.*, p. 81.

14. Emmanuelle Zolesio, « La chirurgie et sa matrice de socialisation professionnelle », *Sociologie*, vol. 3, n° 4, 2012, p. 377-394.

15. Anne-Marie Arborio, « Quand le "sale boulot" fait le métier : les aides-soignantes dans le monde professionnalisé de l'hôpital », *Sciences sociales et santé*, vol. 13, n° 3, 1995, p. 93-126.

16. Charlotte Barbier, « Comment exploiter les salariés ? – Socio McDo #1 », *Les langues de Cha'*, vidéo disponible sur YouTube, 2 juin 2020.

17. Jean-Claude Bevenuti, « Les salariés de McDonald's », *in* Pierre Cours-Salies et Stéphane Le Lay (dir.), *Le bas de l'échelle. La construction sociale des situations subalternes*, Toulouse, Érès, 2006, p. 46.

18. Sylvie Monchatre, *Sociologie du travail salarié*, Paris, Armand Colin, 2021.

19. Christophe Brochier, « Des jeunes corvéables. L'organisation du travail et la gestion du personnel dans un fast-food », *Actes de la recherche en sciences sociales*, vol. 138, n° 3, 2001, p. 73-83.

20. Nicolas Santolaria, « Ils nettoient, repassent, étendent le linge : de plus en plus d'hommes donnent un coup de balai aux stéréotypes », *Le Monde*, 29 janvier 2021 [disponible en ligne].

21. Mathieu Marly, « Faire son lit pour être un homme. Genre, classes et routine ménagère dans les casernes françaises de la Belle Époque », *Genèses*, vol. 111, nº 2, 2018, p. 9-29.

22. Christelle Avril, *Les aides à domicile*, *op. cit.*

23. Laure Narlian, « Une banane scotchée au mur vendue 120 000 dollars à la foire Art Basel de Miami », *France Info*, 7 décembre 2019 [disponible en ligne] ; Pascale Nivelle, « Le sculpteur de Maurizio Cattelan se rebiffe contre l'artiste-star », *Le Monde*, 18 mai 2022 [disponible en ligne].

24. Emmanuelle Jardonnet, « La justice donne raison à Maurizio Cattelan contre Daniel Druet », *Le Monde*, 8 juillet 2022 [disponible en ligne].

25. Howard Becker, *Les mondes de l'art* (1982), Paris, Flammarion, coll. « Champs », 1988.

26. *Ibid.*, p. 49.

27. *Ibid.*, p. 50.

28. Voir le documentaire *Jodorowsky's Dune* de Frank Pavich (2013).

29. Joseph Godefroy, « Des influenceurs sous influence ? La mobilisation économique des usagers d'Instagram », *Travail et emploi*, vol. 164-165, nº 1-2, 2021, p. 59-83.

30. Emmanuelle Retaillaud, *La Parisienne. Histoire d'un mythe. Du siècle des Lumières à nos jours*, Paris, Seuil, 2020.

31. Alban Jacquemart, « J'ai une femme exceptionnelle : carrière des hommes hauts fonctionnaires et arrangements conjugaux », *Connaissance de l'emploi*, nº 114, septembre 2014.

32. Voir l'excellente vidéo de Boris Ottaviano sur sa chaîne YouTube, « Devenir milliardaire sans diplôme ? – SocioloGeek # 10 », *Sociologeek*, 28 février 2024.

33. Cédric Voets, « The VFX Team Who Fixed Sonic Got Laid Off », *Cracked*, 13 décembre 2019 [disponible en ligne].

11. De l'ombre à la lumière

1. Amélie Beaumont, « Le pourboire et la classe. Argent et position sociale chez les employés de l'hôtellerie de luxe », *Genèses*, vol. 106, n° 1, 2017, p. 99.

2. *Ibid.*, p. 99-100.

3. Ayn Rand, *La grève* (1957), Paris, Les Belles Lettres, 2011.

4. Sylvie Monchatre et Marc Zune, « Justifier les privilèges de classe par l'utopie : Ayn Rand, le travail et la grève », *Mouvements*, vol. 108, n° 4, 2021.

5. Patrick Blanchfield, « The Town that Went Feral », *New Republic*, 13 octobre 2020 [disponible en ligne]. Voir également l'ouvrage sur lequel est appuyé cet article : Matthew Hongoltz-Hetling, *Chacun pour soi ! Libertariens, survivalistes, pro-armes… ours ! L'histoire vraie d'une cité idéale*, Paris, Arthaud, 2023.

6. « Derrière le sous-marin Titan, OceanGate, une entreprise déjà critiquée », *France 24*, 21 juin 2023 [disponible en ligne].

7. Sylvie Monchatre et Marc Zune, « Justifier les privilèges de classe par l'utopie », art. cité.

8. *Ibid.*

9. Sur l'histoire de la reconnaissance du travail domestique, voir notamment Annie Fouquet, « Pourquoi valoriser le travail domestique ? », *Cambouis, la revue des sciences sociales aux mains sales*, janvier 2021.

10. Mona Gérardin-Laverge, « "C'est en slogant qu'on devient féministe". Hétérogénéité du genre et performativité insurrectionnelle », *Semen*, n° 44, 2018.

11. Maud Simonet, *Travail gratuit*, *op. cit.*, p. 29-38.

12. Delphine Roy, « Le travail domestique : 60 milliards d'heures en 2010 », Insee Première, n° 1423, 2012.

13. Alain Desrosières, *La politique des grands nombres. Histoire de la raison statistique* (1993), Paris, La Découverte, 2010.

14. Annie Fouquet, « Le travail domestique : du travail invisible au “gisement” d’emplois », *in* Jacqueline Laufer, Catherine Marry et Margaret Maruani (dir.), *Masculin-Féminin questions pour les sciences de l’homme*, Paris, PUF, 2001, p. 99-127.

15. Lourdes Beneria, « Le travail non rémunéré : le débat n’est pas clos », *Revue internationale du travail*, vol. 138, n° 3, 1999, p. 317-342.

16. Voir Silvia Federici, *Wages against Housework*, *op. cit.* ; et Louise Toupin, *Le salaire au travail ménager. Chronique d’une lutte féministe internationale (1972-1977)*, Montréal, Éditions du remue-ménage, 2014.

17. Cité par Maus Simonet, *Travail gratuit : la nouvelle exploitation ?*, *op. cit.*, p. 33.

18. Thibaut Menoux, « L’étoffe d’un concierge. Socialisation vestimentaire et ajustements masculins au service de luxe », *Travail, genre et sociétés*, vol. 41, n° 1, 2019, p. 47-65.

19. Danielle Tartakowsky, *La part du rêve. Histoire du 1er mai en France*, Paris, Hachette, 2005.

20. Mathilde Guellier, « “Si on s’arrête le monde s’arrête” ou comment la grève féministe s’est installée en France », *The Conversation*, 8 mars 2024 [disponible en ligne].

21. Nadia Daam, « Le leure du féminisme choupi », *Slate*, 6 novembre 2016 [disponible en ligne].

22. François Musseau, « 8 mars : la clameur féministe prend l’Espagne par surprise », *Le Monde*, 9 mars 2018 [disponible en ligne].

23. Marie Montagnon, « “Sans nous, le monde s’arrête” : la première grève générale féministe en Espagne », *Mouvements*, vol. 96, n° 4, 2018, p. 155-163.

24. Donatella Della Porta et Mario Diani, *Social Movements : An Introduction* (1999), Oxford, Blackwell Publishing, 2e éd., 2006, p. 20.

12. Politiser

1. Micah Uetricht, « Joker Isn't an Ode to the Far Right – It's a Warning Against Austerity », *The Guardian*, 11 octobre 2019 [disponible en ligne] ; Matthew Rozsa, « "Joker" Is a Wildly Uneven Mess – and a Dangerous One in the Wrong Hands », *Salon*, 4 octobre 2019 [disponible en ligne].

2. Jacques Mandelbaum, « Le Joker, superméchant bien de ce monde », *Le Monde*, 9 octobre 2019 [disponible en ligne].

3. Cité par Mathile Serrell dans « Joker, le lanceur d'alerte ? », *France Culture*, 9 octobre 2019 [disponible en ligne]. Je profite de cette note pour souligner que, quoi qu'en dise Juan Branco, personne ne peut abattre Batman.

4. Voir par exemple l'émission *Signes des temps*, « Incel ou Gilet jaune ? Derrière le masque du Joker… », animée par Marc Weitzmann, *France Culture*, 27 octobre 2019 [disponible en ligne].

5. Karl Marx et Friedrich Engels, *Manifeste du Parti communiste*, 1848.

6. Louis Chevalier, *Classes laborieuses et classes dangereuses pendant la première moitié du XIXe siècle*, *op. cit.*

7. Claude Grignon et Jean-Claude Passeron, *Le savant et le populaire. Misérabilisme et populisme en sociologie et en littérature* (1989), Paris, Points, 2015.

8. Solenn de Royer, « Zemmour, Ruffin, Hanouna… Emmanuel Macron face à la peur des outsiders en vue de 2022 », *Le Monde*, 24 mai 2020 [disponible en ligne].

9. Post sur X (anciennement Twitter), le 18 janvier 2022. Voir aussi Laura Motet et Julie Carriat, « Les choix stratégiques de la campagne présidentielle de Fabien Roussel », *Le Monde*, 28 avril 2023 [disponible en ligne], où l'on notera la singulière absence de la question du travail.

10. Parmi les nombreuses critiques, on se reportera notamment à Éric Charmes, « Une France contre l'autre ? À propos de

Christophe Guilluy, *La France périphérique. Comment on a sacrifié les classes populaires* », *La vie des idées*, 5 novembre 2014 ; Olivier Galland, « Christophe Guilluy et la France périphérique », *Telos*, 14 décembre 2016 ; Violaine Girard et Colin Giraud. « La France périphérique existe-t-elle ? », *in* Serge Paugam (dir.), *50 questions de sociologie*, Paris, PUF, 2020, p. 205-214 ; Aurélien Delpirou et Achille Warnant, « La France périphérique un an après : un mythe aux pieds d'argile », *AOC*, 12 décembre 2019.

11. Cécile Gintrac et Sarah Mekdjian, « Le peuple et la "France périphérique" : la géographie au service d'une version culturaliste et essentialisée des classes populaires », *Espaces et sociétés*, vol. 156-157, n° 1-2, 2014, p. 233-239.

12. Voir Nicolas Truong, « Le débat intellectuel français est enferré dans la querelle de l'identité », *Le Monde*, 29 mai 2014 [disponible en ligne] ; Jean-Yves Authier, Anaïs Collet, Colin Giraud, Jean Rivière et Sylvie Tissot, *Les bobos n'existent pas*, Lyon, PUL, 2018 ; Fabrice Dhume-Sonzogni, *Communautarisme. Enquête sur une chimère du nationalisme français*, Paris, Demopolis, 2016.

13. Jean Rivière, « Un essai contre les sciences sociales ? À propos du *Tableau politique* dessiné par *La France d'après* (2/2) », *Métropolitiques*, 29 janvier 2024.

14. Benoit Coquard, *Ceux qui restent. Faire sa vie dans les campagnes en déclin*, Paris, La Découverte, 2019.

15. Benoît Coquard, « Les obstacles à "la reconquête du vote populaire rural" : discussion sur l'ouvrage de Cagé et Piketty », *The Conversation*, 20 septembre 2023 [disponible en ligne].

16. Benoit Coquard, *Ceux qui restent*, *op. cit.*, p. 192.

17. Thomas Coutrot, *Libérer le travail. Pourquoi la gauche s'en moque et pourquoi ça doit changer*, Paris, Seuil, 2018. (voir notamment le chapitre 9) ; Thomas Coutrot, « Le bras long du travail. Conditions de travail et comportements électoraux », *IRES Document de travail*, n° 1, février 2024 ; Thomas Coutrot, « Le manque

d'autonomie au travail favorise le vote d'extrême droite et l'abstention », *Alternatives économiques*, 18 février 2022 [disponible en ligne].

18. Bruno Palier, « En se présentant comme le parti de ceux qui travaillent dur, le RN récupère ce vote de ressentiment », *Le Monde*, 21 juin 2024.

19. Félicien Faury, *Des électeurs ordinaires. Enquête sur la normalisation de l'extrême droite*, Paris, Seuil, 2024.

20. Quelques éléments en ce sens ont été mis en place par la Chine mais sans tomber – pour l'instant – dans un contrôle du moindre comportement : voir Brice Pedroletti, « En Chine, le "crédit social" des citoyens fait passer les devoirs avant les droits », *Le Monde*, 16 janvier 2020 [disponible en ligne]. À noter qu'on peut y trouver certaines ressemblances avec les systèmes de *credit score* tels qu'ils existent déjà aux États-Unis par exemple : en fonction des comportements de consommation, l'accès au crédit (et donc à la propriété immobilière ou aux études supérieures) sera plus ou moins aisé. Voir Randy Martin, *Financialization of Daily Life*, Philadelphie, Temple University Press, 2002.

21. Thomas Amossé et Christine Erhel, « Des métiers essentiels mais une faible qualité du travail et de l'emploi » *in* Bruno Palier (dir.), *Que sait-on du travail ?*, *op. cit.*

22. Dominique Méda, « Il faut revoir l'échelle de la reconnaissance sociale et de la rémunération des métiers », propos recueillis par Catherine Petillon, *France culture*, 28 mars 2020.

23. Romaric Godin, « Comment récompenser l'utilité sociale des métiers », *Mediapart*, 17 mai 2020 [disponible en ligne].

24. Julien Brygo et Olivier Cyran, *Boulots de merde ! Du cireur au trader. Enquête sur l'utilité et l a nuisance des métiers*, Paris, La Découverte, 2016, p. 260.

25. Baptiste Mylondo, *Ce que nos salaires disent de nous*, Paris, Payot, 2023.

26. *Ibid.*, p. 26.

27. Eilís Lawlor, Helen Kersely et Susan Steed, *A Bit Rich. Calculating the Real Value to Society of Different Professions*, Londres, New Economics Foundation, 2009.

28. *Ibid.* (ma traduction).

29. Marion Fourcade, « Cents and Sensibility : Economic Valuation and the Nature of "Nature" », *American Journal of Sociology*, vol. 116, n° 6, 2011, p. 1721-1777.

30. Pink Floyd, « Another Brick In The Wall, Part II » (1979). Voir notamment la séquence correspondante dans le film *The Wall* (réalisation : Alan Parker, 1982). Pour une critique moins musicale mais tout aussi radicale de l'école, voir Ivan Illich, *Une société sans école* (1970), Paris, Seuil, 2015.

31. Mathilde Gérard, « Des étudiants d'AgroParisTech appellent à "déserter" des emplois "destructeurs" », *Le Monde*, 11 mai 2022 [disponible en ligne].

32. Thomas Legrand, « Le coup d'éclat des diplômes d'AgroParisTech : modernes plus qu'antimodernes », *France Inter*, 27 mai 2022 [disponible en ligne].

33. Morgan Meyer, « Réveil écologique des grandes écoles : ce que nous ont appris les discours de jeunes diplômés », *The Conversation*, 9 janvier 2023.

34. Lou-Eve Popper, « Un an après leur célèbre discours, où en sont les déserteurs d'AgroParisTech ? », *Alternatives économiques*, 1er juin 2023 [disponible en ligne].

35. Mariette Thom, « La reconversion, tout un travail ! », *Sciences humaines* n° 361, août-septembre 2023, p. 52-55.

36. Matthew B. Crawford, *Éloge du carburateur. Essai sur le sens et la valeur du travail*, Paris, La Découverte, 2016 ; pour une approche critique, voir Jean Frances et Stéphane Le Lay, « La pensée easy rider », *Zilsel*, vol. 1, n° 1, 2017, p. 335-349.

37. Jean-Laurent Cassely, *La révolte des premiers de la classe. Changer sa vie, la dernière utopie*, Paris, Arkhê, 2022.

38. Catherine Négroni et Olivier Mazade, « Entre contrainte et choix, regards sur les reconversions professionnelles subies et les reconversions professionnelles volontaires », *Recherche et formation*, n° 90, 2019, p. 87.

39. Thomas Coutrot et Coralie Perez, *Redonner du sens au travail*, *op. cit.*

Conclusion

1. Muriel Darmon, *Classes préparatoires. La fabrique d'une jeunesse dominante*, Paris, La Découverte, 2013.

2. Tristan Poullaouec, « Les familles populaires ne s'intéressent pas à la scolarité de leurs enfants », *in* Olivier Masclet, Séverine Misset et Tristan Poullaouec (dir.), *La France d'en bas ? Idées reçues sur les classes populaires*, Paris, Le Cavalier Bleu, 2019, p. 107-113.

3. Cholé Riban, « Dans les quartiers populaires, l'école cherche à acculturer les parents », propos recueillis par Cécile de Kervasdoué, *France Culture*, 13 juillet 2023 [disponible en ligne].

4. Ashley Cullins et Katie Kilenny, « As Writers Strike, AI Could Covertly Cross the Picket Line », *The Hollywood Reporter*, 3 mai 2023 [disponible en ligne].

5. Mathilde Farine et Anouch Seydtaghia, « Robots : le mirage du grand remplacement », *Le Temps*, 30 octobre 2022 [disponible en ligne].

6. Norbert Elias, *Qu'est-ce que la sociologie ?*, Paris, Pocket, coll. « Agora », 1993, chapitre 2.

7. Émile Durkheim, *De la division du travail social* (1893), Paris, PUF, coll. « Quadrige », 2013.

TABLE

II
La grande invisibilisation

III
Comment (re)voir le travail

pca
cmb
édition pré-presse
livres numériques

44400 Rezé

IMPRIM'VERT®

Achevé d'imprimer en septembre 2024 par Corlet Imprimeur - 14110 Condé-en-Normandie
Dépôt légal : septembre 2024 - N° d'imprimeur : 24070740 - Imprimé en France